Bärbel Schulze-Amme

MS Word 2007 - Textverarbeitungs-Software im ungewohnten Outfit

Ein Leitfaden für alle - Anfänger, Gelegenheitsnutzer oder Experten

disserta Verlag

Schulze-Amme, Bärbel: MS Word 2007 - Textverarbeitungs-Software im ungewohnten Outfit. Ein Leitfaden für alle - Anfänger, Gelegenheitsnutzer oder Experten, Hamburg, disserta Verlag, 2014

Buch-ISBN: 978-3-95425-612-9
PDF-eBook-ISBN: 978-3-95425-613-6
Druck/Herstellung: disserta Verlag, Hamburg, 2014

Bibliografische Information der Deutschen Nationalbibliothek:
Die Deutsche Nationalbibliothek verzeichnet diese Publikation in der Deutschen Nationalbibliografie; detaillierte bibliografische Daten sind im Internet über http://dnb.d-nb.de abrufbar.

© disserta Verlag, Imprint der Diplomica Verlag GmbH
Hermannstal 119k, 22119 Hamburg
http://www.disserta-verlag.de, Hamburg 2014
Printed in Germany

Textverarbeitung mit Word 2007

Inhaltsverzeichnis

Vorwort

Die Office-Suite 2007 ist die neueste Version des Microsoft Office-Paketes. Sie enthält neben anderen Programmen, wie Excel und Powerpoint das Textprogramm Word 2007. Heutige Textprogramme bieten eine Vielzahl von Funktionen, die weit über die reine Textverarbeitung hinausgehen und Word 2007 wurde gegenüber Word 2003 noch weiter aufgerüstet.

Microsoft ist mit seiner Office-Suite 2007 neue Wege gegangen. Die bisher bekannte Menüleiste ist einer sogenannten Multifunktionsleiste gewichen. Alle anderen Office-Pakete auf dem Markt arbeiten nach wie vor mit Menüleisten. Diese Tatsache erschwert den Umstieg auf die neue Version.

Vor allem für perfekte Office-Nutzer ist die Umstellung nicht ganz einfach. Wer lange mit den Word-Versionen bis Word 2003 gearbeitet hat und versiert damit umgehen kann, wird schwer zum Umsteigen zu bewegen sein, da nutzen auch die Neuerungen und angepriesenen Erleichterungen wenig. Dies ist wahrscheinlich der Grund, warum – vor allem Betriebe und Institutionen – nicht umsteigen und sich die neue Version dort nur schleppend durchsetzt.

Die nachfolgenden Ausführungen richten sich vorrangig an Einsteiger in die Arbeit mit einem Textprogramm und dann speziell an Word 2007-Anwender. Deshalb wird bei den Grundlagen angefangen. Bekanntermaßen ist es leichter, etwas neu zu lernen, als umzulernen. Aber auch gestandene Word-Anwender können dazulernen, wenn sie offen für Neues sind. Die bekannten Funktionen der Word-Vorgänger-Versionen sind auch im neuen Word alle vorhanden. Darauf wird an entsprechender Stelle hingewiesen. Wer unvoreingenommen an das neue Word herangeht, egal ob Neuling oder erfahrener Word-Anwender, wird für sich eine Reihe von Vorteilen entdecken.

Die Darlegungen zur Nutzung von Word beginnen bei den Grundlagen und enden bei der Beschreibung der Seriendruckfunktion, also vom Einstieg bis zur professionellen Nutzung.

Die Anleitung zum Einsatz von Word 2007 ist in sieben Teile (Kapitel) untergliedert. Jeder Teil ist in sich abgeschlossen, baut jedoch auf die vorhergehenden auf. Der Leser kann also, seinem Vorwissen entsprechend, die für ihn relevanten Kapitel auswählen.

Jedem Kapitel ist das zugehörige Inhaltsverzeichnis vorangestellt. Die Unterkapitel und Abbildungen sind nur innerhalb eines Teils durchnummeriert und nicht über die gesamte Publikation.

Teil 1: Grundkenntnisse Textverarbeitung

Inhaltsverzeichnis

1. Vorbemerkungen

Für Arbeitsgänge, die früher mit der Schreibmaschine erledigt wurden, benutzen wir heute Computer. Die meist genutzten Computer-Programme sind Textverarbeitungs- und Büroprogramme. Das aktuellste Textverarbeitungsprogramm auf dem Markt ist Word 2007 als Bestandteil von Microsoft Office 2007. Dieses Büropaket wird in sieben verschiedenen Office-Paketen ausgeliefert, die auf die unterschiedlichen Anwendergruppen zugeschnitten sind. In allen Suiten ist Word 2007 enthalten. Wer das neue Office 2007 nur für Text und Tabellenkalkulation nutzen will, ist mit der Grundversion (Office Basic) gut bedient. Diese enthält Word (Textprogramm), Excel (Tabellenkalkulation) und Outlook (Email-Programm). Vor dem Kauf einer der Office-Pakete sollte sich jeder Office-Anwender darüber informieren, welche Variante die benötigten Programme enthält

In diesen Ausführungen wird vorausgesetzt, dass der Anwender sich mit Windows ab Version 95 auskennt. Office 2007 sollte aber erst ab Windows XP installiert werden. Nach der Installation und der Aktivierung des Office-Paketes ist Word unter *Start / Alle Programme/Office 2007 / Word 2007* zu finden. Die nachstehenden Erläuterungen zeigen die Arbeit mit Word 2007 unter Windows-Vista. Die Unterschiede zu Word 2007 unter Windows XP sind vernachlässigbar. Sie betreffen auch nur das Outfit auf dem Desktop und im Startmenü. Wenn es Unterschiede gibt, wird darauf hingewiesen.

2. Was ist ein Textprogramm – Wie wird damit gearbeitet?

Im Zeitalter der elektronischen Kommunikation haben Computer die Aufgaben übernommen, die früher mit Schreib- und Rechenmaschinen erledigt wurden. Ein Textverarbeitungsprogramm ist ein Computerprogramm zum Verfassen von Textdokumenten, wie Arbeitsunterlagen, Briefe, Broschüren, Flyer und anderes. Textverarbeitungsprogramme gehören zu den Standardprogrammen, mit denen in Büros und Privathaushalten jede Art von Schriftverkehr erledigt wird. Um mit Textprogrammen arbeiten zu können, wird ein Computer, eine Computertastatur und eine Computermaus benötigt. Wird ein Laptop (Notebook) benutzt, sind beide Eingabegeräte nicht explizit erforderlich, da diese Computer über eine Tastatur und als Mausersatz über ein Touchpad verfügen. Dennoch besteht die Möglichkeit, beides anzuschließen.

Mit einem Textverarbeitungsprogramm werden Texte geschrieben, korrigiert, bearbeitet, auf einen Datenträger gespeichert und gedruckt. Die gespeicherten Texte können elektronisch archiviert und geordnet werden. Sie sind jederzeit abrufbar und können nach Bedarf auch später ausgedruckt werden. Die einfachen Korrekturverfahren ermöglichen ein zügiges Arbeiten. Auch der fertige Text kann noch korrigiert werden wenn sich nachträglich Fehler finden. Im Textprogramm wird flüssig und ohne Unterbrechungen bis zum jeweiligen Absatzende geschrieben, für die Zeilen- und Seitenumbrüche sorgt das Programm automatisch. Es ist also unnötig, am Zeilenende ein Return (Zeilenumbruch) einzugeben, das ergäbe ein unsauberes Schriftbild. Auf dem Computer entspricht ein Return immer einem Absatzumbruch, es wird eine Absatzmarke gesetzt, aber nicht angezeigt.

Textprogramme ermöglichen es, auf einfache Weise anspruchsvolle Dokumente zu gestalten, indem Grafiken, Bilder, Tabellen in den laufenden Text eingefügt werden. Die Schriftgestaltung bietet einen breiten Spielraum für kreatives Arbeiten. Den Texten können unterschiedliche Schriftgrößen und verschiedene Farben zugewiesen werden. Alle modernen Textprogramme sind mit einer automatischen Rechtschreibprüfung versehen. Rechtschreibfehler können während des Schreibens angezeigt werden oder aber erst nach Fertigstellung von Abschnitten bzw. des gesamten Textes. Das unterstützt die Fehlersuche und -korrektur. Ist die Silbentrennungsfunktion eigestellt, trennt das Programm nach festen Regeln automatisch die Wörter die nicht mehr auf eine Zeile passen. Die meisten Textprogramme verfügen auch über eine Thesaurus-Funktion. Hiermit werden Synonyme für Begriffe gesucht, die sich im Text vielleicht mehrfach wiederholen oder nicht dem gewünschten Stil entsprechen. Die Tabellen-funktion erleichtert das Erstellen optisch und inhaltlich ansprechender Tabellen. Innerhalb der Tabellen kann nach verschiedenen Kriterien sortiert und über Spalten summiert werden. Das Einfügen von mathematisch korrekten Formelzeichen ist ebenso möglich wie das Einfügen von auf der Tastatur nicht vorhandenen Sonderzeichen und Symbolen. Die Aufzählungsfunk-tion ermöglicht es, Aufzählungshierarchien zu automatisieren. Für Texte die fremdsprachige Schriftzeichen benötigen, so z. B. kyrillisch, gibt es die entsprechenden Zeichensätze zusätz-lich zu erwerben.

In den Grundfunktionen ähnelt die Arbeit mit Textprogrammen der Arbeit mit der Schreibma-schine, die Computertastatur hat in ihrem Hauptteil einen mit der Schreibmaschinentastatur vergleichbaren Aufbau. Die Tastatur wird als Eingabegerät bezeichnet, ein weiteres Eingabe-gerät ist die Computermaus.

Abbildung 1: Die Eingabegeräte Tastatur und Maus

3. Arbeiten mit Tastatur und Maus

Die Kommunikation mit dem Computer erfolgt über die Eingabegeräte Tastatur und Maus. Die Tastatur wird, wie von der Schreibmaschine gewohnt, benutzt. Die Maus ist ein Eingabe-gerät zur Steuerung der Texteingabe und -bearbeitung. Auch die Tastatur hat Steuerungsfunk-tionen, zum Beispiel über die Richtungstasten (Pfeil- bzw. Cursortasten), so dass es jedem Nutzer überlassen bleibt, welches Eingabegerät er vorwiegend benutzt. Beide Eingabegeräte gibt es kabelgebunden und als Funkvariante - also kabellos.

Die Computertastatur

Mit Hilfe der Tastatur wird Text eingegeben. Die meisten Tasten sind von der Schreibma-schine her bekannt und haben die gleiche Anordnung, soweit es sich um eine deutsche Tasta-tur handelt. Ausländische Tastaturen, zum Beispiel die mit englischem oder amerikanischem Layout, haben eine andere Anordnung der Sonderzeichen sowie der Buchstaben z und y, de-ren Positionen vertauscht sind, außerdem kennen sie keine Umlaute und kein ß.

Neben den von der Schreibmaschine her bekannten Tasten gibt es eine Reihe wichtiger Com-puter-Tasten, wie Löschen, Entfernen, Strg, Alt und die Windows-Taste. Moderne Tastaturen verfügen zusätzlich über eine €- und @-Taste (E-Mail). So können diese Zeichen direkt ein-getippt werden.

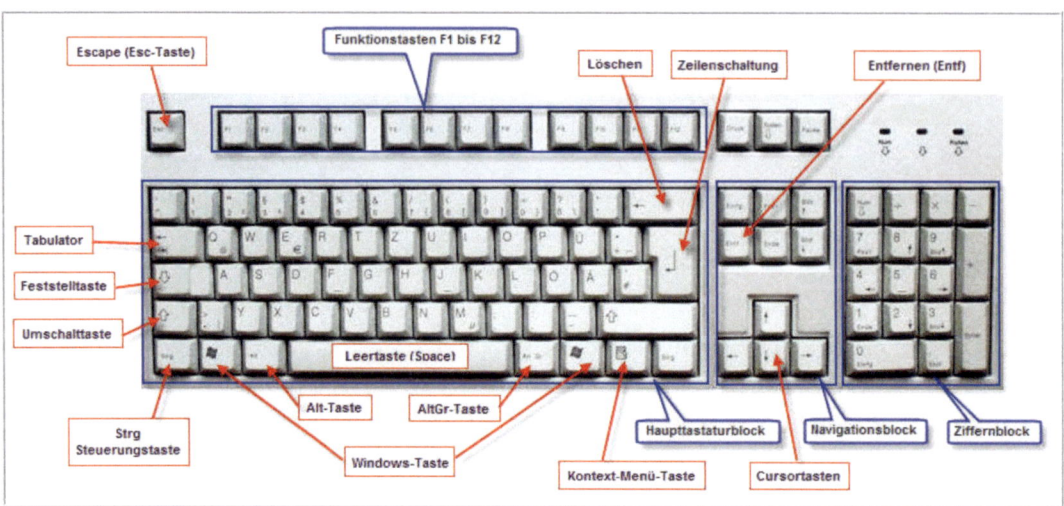

Funktionen der Computertastatur

Tabulator (Tab) ⇆	setzt die Einfügemarke (Cursor) auf die nächste Listenposition
Return, Enter ⏎	Zeilenschaltung, setzt die Einfügemarke auf die nächste Zeile
Leertaste (Space)	Fügt ein Leerzeichen ein
Umschalttaste ⇧	Schaltet auf Großbuchstaben um
Umschalt-Feststelltaste ⇩	Stellt die Umschalttaste fest, um mehrere Buchstaben groß zu schreiben
Windows-Taste	Öffnet das Startmenü
Löschen-Taste (Backspace) ←	Löscht Zeichen links von der Einfügemarke
Entfernen-Taste (Entf, Del)	Löscht Zeichen löscht rechts von der Einfügemarke
Strg	Steuerungstaste, steuert in Verbindung mit anderen Tasten verschiedene Funktionen
Alt	Ruft in Verbindung mit anderen Tasten Funktionen auf
AltGr	Schreibt Zeichen, die auf einigen Tasten zusätzlich rechts unten stehen, z.B. € oder @.
F1 bis F12	Funktionstasten, die mit Strg, Alt und/oder der Umschalttaste genutzt werden, siehe Anhang 1
Esc	Aktuellen Arbeitsgang abbrechen
Kontextmenü	Öffnet das Kontextmenü für markierte Objekte

Computertastaturen haben vier Funktionsteile (siehe Abbildung 2), den Haupttastaturblock, den Navigationsblock in der Mitte, den Ziffernblock rechts und die Funktionstasten (F1 bis F12) in der obersten Reihe.

Abbildung 4: Haupttastaturblock

**Abbildung 3:
Navigations- und Ziffernblock**

Abbildung 5: Funktionstasten

Die Maus

Die Maus ist ein Eingabe- und Navigationsgerät. Wird sie auf der Unterlage (Mauspad oder Schreibtischplatte) verschoben, übertragen sich ihre Bewegungen auf die Position des Mauszeigers auf dem Monitor (Computerbildschirm). Auf dem Desktop und in allen Menüs der Programme hat der Mauszeiger die Form eines nach links oben gerichteten ᐃ Pfeils. Innerhalb der Schreibfläche des Textprogrammes verwandelt er sich in einen senkrechten Strich mit kleinen waagerechten Balken oben und unten I. Mit einem Klick auf die linke Maustaste wird die Schreibposition festgelegt, es erscheint ein blinkender senkrechter Strich ohne Schnörkel, die Einfügemarke (Cursor), die die Schreibposition markiert. An dieser Position kann nun Text eingegeben oder korrigiert werden. Wird die Einfügemarke mit einem Klick in bereits vorhandenen Text gesetzt, kann hier Text zwischengeschoben oder auch heraus gelöscht werden. Je nach dem, wie viel Text eingegeben oder gelöscht wird, verschiebt sich der nachfolgende Text entsprechend automatisch, so dass das Schriftbild erhalten bleibt.

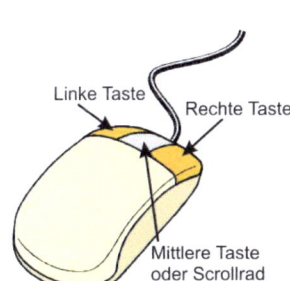

Linke Taste
Rechte Taste
Mittlere Taste
oder Scrollrad

Eine Computermaus hat in der Regel zwei, drei oder fünf Tasten und/oder ein Scrollrad. Mit Hilfe des *Scrollrades* wird der Text nach oben oder unten über den Monitor gerollt (gescrollt). Mit der Maus kann jede Position innerhalb des Textes angesteuert werden, das geht meistens schneller, als sich mit Hilfe der Pfeiltasten durch den Text zu navigieren.

Standard-Maustasten sind die linke und die rechte. Zusätzlich vorhanden Tasten können per Programm, das mit der Maus geliefert wird, Funktionen zugeordnet werden. Dazu gehören zum Beispiel *Datei öffnen* oder schließen, die *Suchen*-Funktion und Ähnliches. Mit der linken Maustaste wird, wie bereits beschrieben, im Textprogramm gearbeitet. Die rechte Maustaste wird benötigt, um beispielsweise für einen ausgewählten Text oder eine Grafik das Kontext-Menü zu öffnen (siehe Abschnitt Kontextmenü).

4. Schriftarten (Schriftfamilien)

Ein Neuling auf dem Gebiet der Computer-Textverarbeitung sieht sich einigen neuen Begriffen und Bezeichnungen gegenüber, die er von der Schreibmaschine her nicht kennt. Wer mit einem Textprogramm arbeitet, sollte sich auch mit den zur Verfügung stehenden Schriftarten und deren Charakteristik auskennen. Anders als bei der Schreibmaschine, stellt ein Textprogramm eine große Anzahl verschiedener Schriftarten zur Verfügung.

Der Begriff Schriftart, Schriftfamilie (oder Font) stammt aus der Typografie, er bezeichnet eine Gruppe zusammengehörender Schriftformen. Die bekanntesten sind Arial, Times, Bookman, Futura, Symbole. Fonts werden von Schriftdesignern entworfen und dürfen nur gegen ein Entgelt genutzt werden. Die in Windows und Office enthaltenen Schriften stehen frei zur Verfügung, sie wurden mit dem Kauf der Software erworben. Die in Windows verwendeten Fonts sind TTF-Fonts (True Type Fonts). True Type Fonts (true = echt, type = Schrift), setzen den geschriebenen Text, so wie er auf dem Monitor erscheint, für den Drucker um, unabhängig vom Druckermodell und egal ob Tintenstrahl- oder Laserdrucker.

Abbildung 6: Auszug aus den in Windows installierten Schriftarten

Die Schriftarten werden in zwei große Gruppen eingeteilt, in Serifen- und Serifenlose Schriftarten.

Serifenschriften (Serif) sind Schriftarten deren Zeichen (Buchstaben, Zahlen, Sonderzeichen) an den Enden mit einem kleinen Häkchen versehen sind, den Serifen. Eine Serifenschrift ist zum Beispiel die Schrift in dem vorliegenden Text. (Times New Roman). Serifenschriften eignen sich besser für längere Texte, Serifen erleichtern das Lesen.

Serifenlose Schriften (Sans Serif), dazu gehört zum Beispiel die Arial, haben keine Schnörkel und sind für kürzere Texte bzw. technische Beschreibungen besser geeignet.

Die bereits erwähnten Windows-Standardschriftarten Times New Roman und Arial sind sogenannte Proportionalschriften. Neben diesen gibt es die von der Schreibmaschine her bekannten nichtproportionalen Schriften.

Nichtproportionale Schriftarten

Sie werden auch als Schreibmaschinenschriften bezeichnet, weil auf Schreibmaschinen mit nichtproportionalen Schriften gearbeitet werden muss, da die Typen immer den gleichen Abstand haben. Diese Schriften besitzen eine feste Zeichenbreite, unabhängig davon, welche Form das einzelne Zeichen hat, auch die Leerzeichen haben die gleiche Breite: `i    o`. `Die bekannteste nichtproportionale Schrift ist die Courier.`

Proportionalschriftarten

Hier nimmt jedes Zeichen genau die Breite ein, die es optisch braucht: i o. Schmale Zeichen brauchen weniger Platz, breite Zeichen mehr. Die meisten auf Computern installierten Schriften sind Proportionalschriften. Beim Schreiben einer Zeile auf dem Computer ist zu beobachten, dass im Laufe des Schreibens der Platz, den die einzelnen Zeichen auf der Zeile einnehmen, einschließlich der Leerzeichen, ständig etwas variiert. Erst wenn die Zeile fertig geschrieben ist, stellt sich die Zeichenbreite endgültig ein, d. h. der Computer berechnet während des Schreibens ständig die erforderlichen Abstände der geschriebenen Zeichen. Es ist wichtig, über diese Computer-Schriften-Charakteristik Bescheid zu wissen, um zu verstehen, dass zum Beispiel beim Schreiben von Listen nicht mit Leerzeichen auf die nächste Position gewechselt werden sollte. Da auch die Breite der Leerzeichen von der Gesamtzeilenlänge abhängt, gelingt es in der Regel nicht, Zahlen oder Buchstaben exakt untereinander zu positionieren wie das bei der Schreibmaschine möglich war. Deshalb sollte in diesen Fällen immer mit dem Tabulator zur nächsten Position gesprungen werden.

Schriftschnitt

Jede Schriftart verfügt über mehrere Schriftschnitte, darunter verstehen wir im einfachsten Fall *fett, kursiv, unterstrichen*. Die möglichen Schnitte sind von Schriftfamilie zu Schriftfamilie unterschiedlich. Einige bieten nur die bereits genannten drei Schnitte, wie die Times New Roman, andere haben keine Fettschrift, wieder andere bieten die ganze Palette von sehr dünn über dünn, normal, fett, sehr fett, kursiv und kursiv fett usw.

Beispiele für die Schriftart Arial.

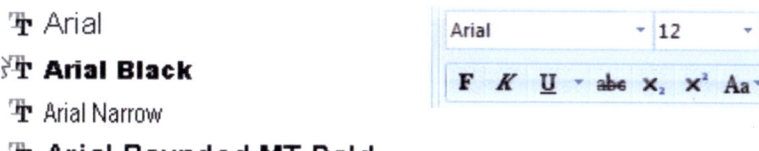

Das Zuweisen von Farben ist unabhängig von den Schriftarten. Jeder Schrift können alle Farben aus der Farbpalette zugewiesen werden. Schriftfamilien heißen auch Zeichensätze.

Symbole und Sonderzeichen einfügen

Viele der auf dem Computer installierten Schriftarten enthalten Sonderzeichen, die auf der Tastatur nicht vorhanden sind. Hierfür stehen spezielle Zeichensätze zur Verfügung, die über das Aufklappmenü Symbole genutzt werden können. Das Verfahren wird auf Seite 13 beschrieben.

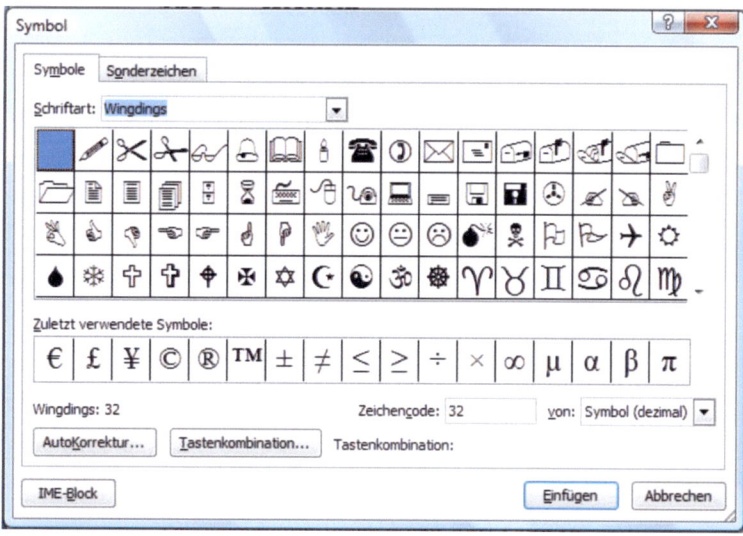

Abbildung 7: Sonderzeichen der Schriftart WinDings

Schriftgrößen

Die Größe der Computerschriften wird in pt (Punkt) gerechnet. Diese Größenbezeichnung leitet sich vom Bleisatz her. Ein pt entspricht 0,351 mm. Die Schriftgrößen sind in der Regel stufenlos einstellbar. Einige Zeichensätze stellen nicht alle Größen zur Verfügung, das heißt, das Schriftdesign sieht besonders große, besonders kleine oder Zwischengrößen nicht vor oder verfügt über keine Fettschrift. Die fehlenden Größen und Schnitte sind dennoch einstellbar, allerdings nicht in der sehr guten Qualität der designten Größen und Schnitte, da sie in diesem Fall vom Computer berechnet werden. Da nur für Bildverarbeitungs- und Grafikprogramme eine besonders hohe Qualität wichtig ist, vor allem wenn die Schriftzeichen stark vergrößert werden, wird nicht näher auf dieses Problem eingegangen In Textprogrammen fallen diese Unterschiede kaum auf und sind deshalb nicht relevant.

5. Das Textprogramm Microsoft Word 2007

5.1 Starten und Beenden von Word

Klicken Sie auf die *Start*-Schaltfläche und in dem nun geöffneten Startmenü auf *Alle Programme,* es öffnet sich die Liste der installierten Programme. Mit dem Klick auf *Microsoft Office* werden alle im aktuellen Office-Paket installierten Programme angezeigt. Hier klicken Sie auf *Microsoft Word 2007* und Word wird gestartet. Programme, mit denen häufig gearbeitet wird, werden vom System im Menü Start abgelegt, so dass der Umweg über *Alle Programme* entfallen kann. Wer oft mit dem gleichen Programm arbeitet, ist gut beraten, wenn er das Programmsymbol auf dem Desktop ablegt. Das geht folgendermaßen: Ein Klick mit der rechten Maustaste auf das zu wählende Programm im Startmenü (in unserem Fall Word 2007) öffnet ein Menü, in dem über die Funktionen *Senden an / Desktop (Verknüpfung erstellen)* das Word-Symbol (Icon) auf dem Windows-Desktop abgelegt wird. **Wichtig**: Nach diesem Verfahren wird nicht das Programm verschoben sondern nur eine Verknüpfung angelegt.

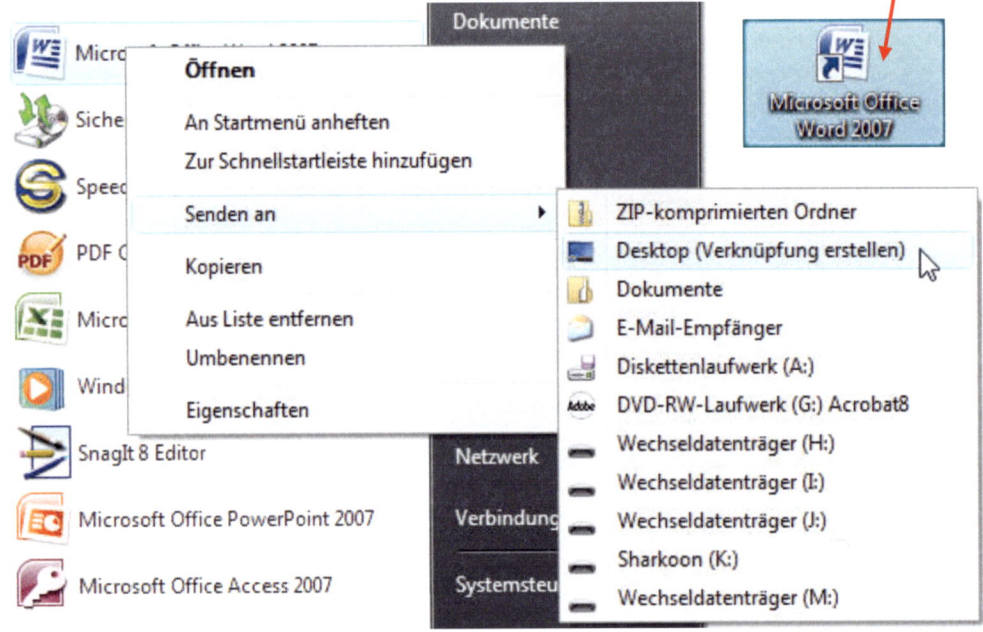

Abbildung 8: Arbeitsgänge zum Ablegen des Programmsymbols auf dem Desktop

Ist Word 2007 gestartet steht die Schreibfläche für die Arbeit zur Verfügung, nun kann Text eingegeben oder eine vorhandene Datei geöffnet werden. Bevor die Arbeit beendet oder unterbrochen wird, sollten Sie die Datei speichern. Wollen Sie die aktuelle Datei schließen, klicken Sie auf *Schließen* (im Startmenü). Haben Sie Ihre Datei noch nicht gespeichert, öffnet sich ein Fenster mit der Frage, ob Sie die Datei speichern wollen. Hier sollten Sie auf *ja* klicken, da sonst alle Eingaben seit dem letzten Speichern verloren gehen. Danach wird die Datei geschlossen, das Word-Programm bleibt aber geöffnet. Soll Word 2007 geschlossen werden, klicken Sie auf die *Office-Schaltfläche / Startmenü / Statuszeile* auf **X** *Word beenden:* oder auf das kleine Kreuz **X** (Schließfeld) rechts oben im Arbeitsfenster.

Zusätzlich zu den bereits erwähnten Methoden ist es möglich, Dateien mittels Tastaturkombinationen zu öffnen, zu schließen, zu speichern oder Word zu beenden. Die Tastenkombination *Strg+F12* zeigt das Fenster zum Öffnen einer Datei, *Strg+S* speichert die aktuelle Datei, *F12* öffnet das Fenster *Speichern unter*. Drücken Sie die Tasten *Strg+F4* um die aktuelle Datei zu schließen und *Alt+F4*, um Word zu beenden. Die Tastenkombinationen finden Sie im Anhang 1.

5.2 Die Benutzeroberfläche

Neben der reinen Schreibfläche bietet die Benutzeroberfläche eine Reihe von Hilfsmitteln für die Bearbeitung von Texten und die Ausarbeitung auch umfangreicher Dokumente.

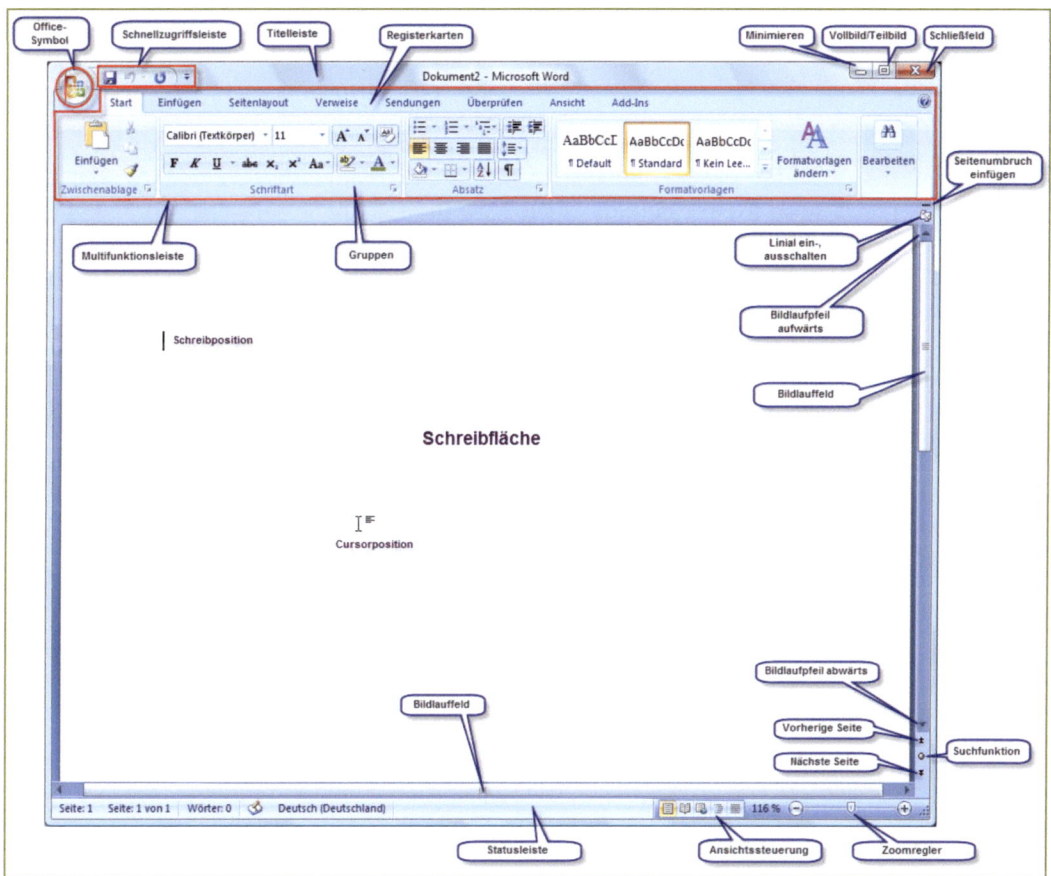

Abbildung 9: Die Benutzeroberfläche von Word 2007

Die Benutzeroberfläche ist unterteilt in die Schreibfläche, die Titelleiste, die Multifunktionsleiste, das Office-Symbol, die Schnellzugriffs- und die Statusleiste. Rechts neben der Schreibfläche befindet sich die Bildlaufleiste mit den Bildlaufpfeilen oben und unten. Mit Hilfe der Maus kann so das Bildschirmbild nach oben oder unten gerollt werden. Bildlaufleiste und Pfeile finden wir auch am unteren Rand der Arbeitsfläche in waagerechter Anordnung. Hier kann das Bild nach rechts oder links gerollt werden. Über dem oberen Bildlaufpfeil am rechten Rand des Arbeitsfensters befindet sich die Schaltfläche, mit der die Lineale ein- bzw. ausgeschaltet werden können. Unter dem unteren Bildlaufpfeil sind zwei Doppelpfeile und zwischen ihnen ein kleiner Kreis zu sehen. Mit den Doppelpfeilen kann im Text seitenweise nach oben oder unten geblättert werden.

Dieser Kreis bietet eine komfortable Suchfunktion: Wird auf ihn mit dem Mauszeiger geklickt, öffnet sich das links gezeigte Menü, das verschiedene Suchoptionen zur Verfügung stellt. Das gleiche erreichen Sie über die Tastenkombination *Alt / Strg / Pos 1*. Zeigt der Mauszeiger auf eins dieser Symbole, wird unterhalb der Schaltflächen angezeigt, welche Suchfunktion sich dahinter verbirgt.

Wenn Word geöffnet wird, zeigt sich die Benutzeroberfläche immer so wie in Abbildung 10 dargestellt, nämlich mit den Befehlsschaltflächen für die Textverarbeitung (*Registerkarte Start*), unabhängig davon, in welcher Ansicht Word geschlossen wurde. Die Multifunktionsleiste stellt die meisten Funktionen für die Arbeit mit Word bereit, sie ist unterteilt in die Standardregisterkarten *Start, Seitenlayout, Verweise, Sendungen, Überprüfen, Ansicht und Add-Ins*. Zu erwähnen sind noch die *Programmregisterkarten*, die *kontextbezogenen Registerkarten* und die *Kontextmenüs*. Diese werden erst angezeigt, wenn ein Arbeitsgang sie erforderlich macht. Dazu genügt es, mit der Maus auf ein Objekt, z. B. eine Grafik, zu klicken

5.2.1 Die Office-Schaltfläche

Wird auf die Office-Schaltfläche geklickt, öffnet sich ein Menü, in dem wichtige Befehle für die Arbeit mit Word angezeigt werden. In weiterführenden Menüs befinden sich z. B. die Funktionen für das Einrichten eines neuen Dokumentes und seiner Eigenschaften.

Die Office-Menübefehle: *Neu* – Anlegen einer neuen Datei, *Öffnen* – einer vorhandenen Datei, *Speichern* – speichert die aktuelle Datei unter dem bereits zugewiesenen Namen, *Speichern unter* – speichert die aktuelle Datei unter einen neuen Namen, *Drucken* – öffnet das Druckmenü zur Auswahl eines Druckers auf den die Datei dann gedruckt wird, *Schließen* – schließt die aktuelle Datei, *vorbereiten* – bereitet das Dokument für die Verteilung vor, *Senden* – sendet das Dokument als email oder Fax, *Veröffentlichen* – organisiert die Weiterleitung des Dokuments an andere Benutzer.

Neben der Office-Schaltfläche befindet sich standardmäßig die Schnellzugriffsleiste, die nach Belieben des Nutzers eingerichtet werden kann.

5.2.2 Die Schnellzugriffsleiste (Symbolleiste für den Schnellzugriff)

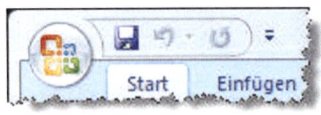

Die Symbolleiste für den Schnellzugriff befindet sich rechts neben der Office-Schaltfläche und ermöglicht, wie der Name suggeriert, einen schnellen Zugriff auf wichtige, oft genutzte Befehle. Standardmäßig stehen die Funktionen Speichern Rückgängig und Wiederholen zur Verfügung.

Der kleine nach untern zeigende Pfeil rechts neben der Schnellzugriffsleiste öffnet ein Menü, in dem mit der Funktion *weitere Befehle* eine Reihe von Befehlsschaltflächen in die Symbolleiste für den Schnellzugriff eingefügt werden können, je nach Bedarf des Nutzers. Die Standardposition der Schnellzugriffsleiste kann aber auch auf die Position unterhalb der Multifunktionsleiste verschoben werden. Mit einem Rechtsklick in die Registerebene der Multifunktionsleiste öffnet sich das Menü, in dem unter anderem der Befehl *Symbolleiste für den Schnellzugriff unter (über) der Multifunktionsleiste anzeigen* zur Verfügung steht. Es gibt eine weitere Möglichkeit, Symbole, die oft benötigt werden, in die Schnellzugriffsleiste einzufügen. Mit einem Klick auf die Microsoft Office-Schaltfläche links oben öffnet sich das (Datei)-Menü. In der Statusleiste dieses Menüs findet sich die Schaltfläche Word-Optionen. ein Klick darauf und im nächsten Fenster auf *Anpassen* führt zum Fenster, in dem die Befehle für die Schnellzugriffleiste ausgewählt werden können. Hier kann gewählt werden, ob alle Befehle anzuzeigen sind oder nur die häufig verwendeten. Aus den angezeigten Befehlen kann dann ausgewählt werden, welche in die Schnellstartleiste eingefügt werden sollen.

5.2.3 Die Multifunktionsleiste (Ribbon = Band)

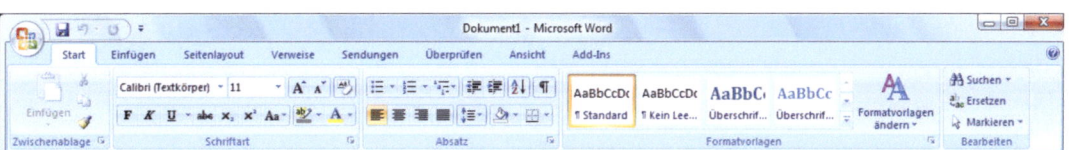

Abbildung 10: Die Multifunktionsleiste so wie sie nach jedem Start von Word 2007 angezeigt wird

Die Multifunktionsleiste zeigt sich ständig (wenn sie nicht abgeschaltet wird) wie ein Band oberhalb der Schreibfläche, sie wird deshalb auch als Ribbon bezeichnet. In ihrer oberen Reihe befinden sich die sieben Standardregisterkarten: *Start, Seitenlayout, Verweise, Sendungen, Überprüfen, Ansicht und Add-Ins*. Wird eine der Registerkarten angeklickt, zeigt die Multifunktionsleiste die zugehörigen Befehlsschaltflächen an. Diese sind in Gruppen zusammengefasst in denen die Word-Funktionen logisch geordnet sind. Die Namen der Gruppen werden am unteren Rand der Multifunktionsleiste angezeigt. Einige Befehlsschaltflächen führen einen Befehl sofort aus, andere (mit einem kleinen Pfeil gekennzeichnet) öffnen ein Menü mit weiteren Befehlen. Beim Start von Word 2007 hat die Multifunktionsleiste immer das in Abbildung10 gezeigte Aussehen, also die Befehlsschaltflächen der Registerkarte *Start*.

Über die Multifunktionsleiste lassen sich fast alle Befehle des Bürogramms aufrufen. Jede Registerkarte bezieht sich auf eine bestimmte Aktivität, z.B. Schreiben oder Grafiken bearbeiten. Wird auf (irgend)eine Schaltfläche in der Multifunktionsleiste gezeigt, öffnet sich ein kleines Fenster mit einer Kurzbeschreibung der Funktion dieses Symbols. Jeder weiß sofort, welche Funktionen für die gewählte Tätigkeit zur Verfügung stehen.

Die Multifunktionsleiste beansprucht Platz auf der Arbeitsfläche. Deshalb gibt es die Möglichkeit, wie oben bereits erwähnt, sie auszuschalten. Die Schreibfläche vergrößert sich um den Platz, den die Multifunktionsleiste eingenommen hat. Um das , zwischenzeitlich unsichtbar zu machen, genügt ein Klick mit der rechten Maustaste auf irgendein Register. Es öffnet sich das Kontextmenü, mit folgenden Aktionen zur Auswahl: *Symbolleiste für Schnellzugriff anpassen, Symbolleiste für den Schnellzugriff über der Multifunktionsleiste anzeigen, Multifunktionsleiste minimieren.* Ein Klick auf diesen Befehl lässt die Multifunktionsleiste verschwinden. Das ist zu empfehlen, wenn z. B. ein längerer Text zu schreiben ist, der erst später formatiert werden soll. Wenn nötig, wird die Multifunktionsleiste auf dem gleichen Weg (Rechtsklick auf eine Registerkarte) wieder eingeschaltet. Eine minimierte Multifunktionsleiste öffnet sich beim Klick auf eine Registerkarte, sie schließt sich wieder automatisch.

Die Standardregisterkarten

Start

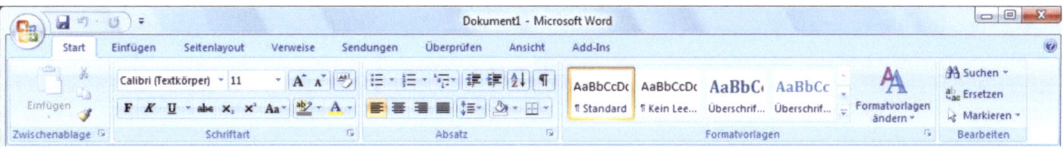

Die Registerkarte *Start* beinhaltet alle Funktionen, die für das Schreiben und das Formatieren von Texten benötigt werden.

Einfügen

Mit einem Mausklick auf die Registerkarte *Einfügen* ändert sich die Multifunktionsleiste in die Leiste mit den Befehlen für das Einfügen. Neben dem Einfügen von Grafiken, Bildern, Cliparts und Ähnliches, werden hier auch Seitenzahlen sowie Kopf- und Fußzeilen festgelegt .

Seitenlayout

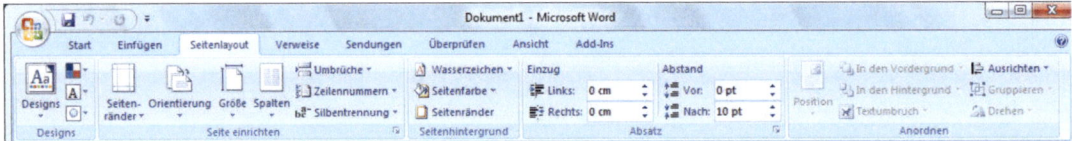

Die Registerkarte Seitenlayout stellt alle Funktionen für das Einrichten einer Seite zur Verfügung dazu gehören u.a. Hoch- oder Querformat, Seitenränder und Silbentrennung.

Verweise

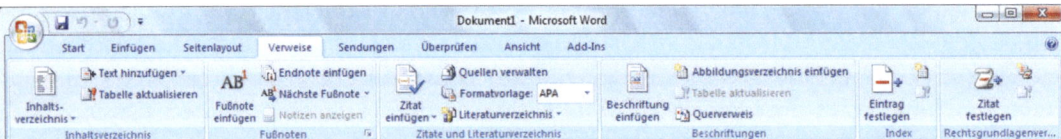

Wenn mit komplexen Dokumenten gearbeitet wird, finden Sie hier die benötigten Befehle. So können Inhaltsverzeichnisse, Literaturverzeichnisse und Fußnoten erzeugt werden.

Sendungen

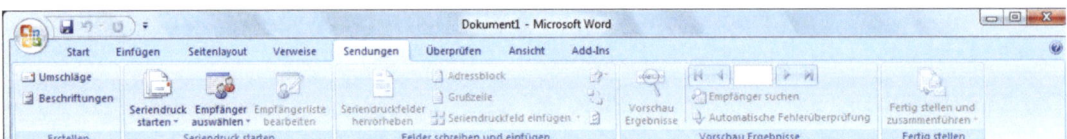

Unter der Registerkarte Sendungen sind alle Funktionen zusammengefasst, die für den Seriendruck erforderlich sind.

Überprüfen

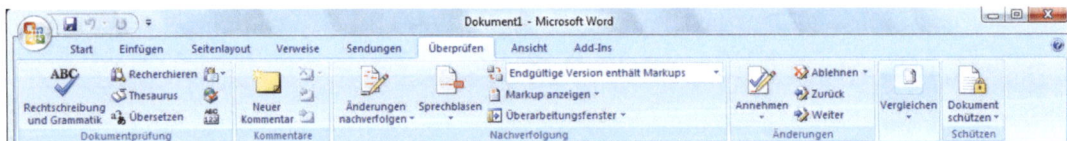

Die Registerkarte Überprüfen enthält die Prüfwerkzeuge, wie Rechtschreibung, Grammatik, Thesaurus und Werkzeuge für Fremdkorrekturen und Kommentare.

Ansicht

Über die Ansichtsregisterkarte können Dokumente in verschiedenen Ansichten angezeigt werden sowie Lineale und Gitternetzlinien ein- oder ausgeschaltet werden.

Add-Ins

Add-Ins sind Zusatzprogramme, die in Word integriert werden. Sind Add-Ins installiert, beispielsweise ein PDF-Konverter, werden sie hier angezeigt. Sind keine Add-Ins installiert, bleibt diese Multifunktionsleiste leer.

Programmregisterkarten

Zu Programmregisterkarten wechselt Word, wenn zu einer bestimmten Dokumentendarstellung umgeschaltet wird. In dem Fall werden Programmregisterkarten anstelle der Standardregisterkarten angezeigt. Programmregisterkarten enthalten, wie auch die Standardregisterkarten, Befehlsgruppen und die Befehlsgruppen Schaltflächen für die verschiedenen Aktionen. Als Beispiel dient die die Registerkarte Seitenansicht.

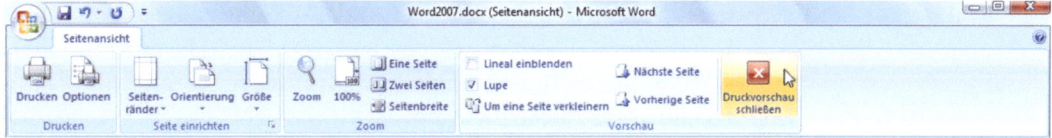

Wenn Sie die Office-Schaltfläche anklicken, auf Drucken zeigen und dann auf Seitenansicht klicken, werden die Schaltflächen der Registerkarte Seitenansicht eingeblendet. Die Funktionen für die Seitenansicht werden in Form einer eigenen Registerkarte gezeigt. Die Standardregisterkarten werden ausgeblendet, solange Sie sich in dieser Darstellungsart des Dokumentes befinden. Hier können Ränder, Seitenformat, Seitenausrichtung (Hochformat/Querformat) eingestellt werden. Diese Funktionen ermöglichen eine letzte Begutachtung und Aktualisierungen bevor das Dokument gedruckt oder weitergegeben wird.

Kontextbezogene Registerkarten

Registerkarten, die sich nach Bedarf ein- bzw. ausblenden, zeigen, wie bereits erwähnt, immer nur die Befehle, die in einem bestimmten Arbeitsschritt benötigt werden. Die kontextbezogenen Registerkarten verfolgen das gleiche Ziel. Sie stellen, abhängig davon, was im aktuellen Dokument markiert ist oder wo hinein geklickt wird, die Kontexttools zur Verfügung.

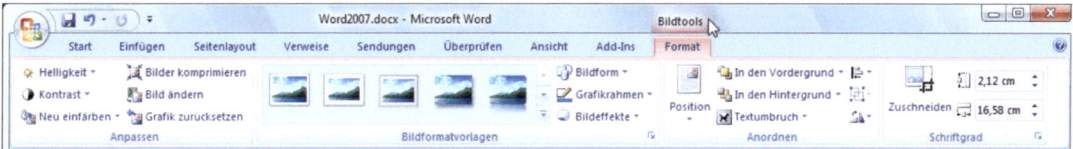

Abbildung 11: Kontextbezogene Registerkarte für Grafikanwendungen

Die Bezeichnung der jeweiligen Registerkarte wird oberhalb der Registerkartenleiste angezeigt. Ein Mausklick auf sie öffnet die zugehörigen Tools. Die Kontextregisterkarten werden von Word aus- und die Standardregisterkarte wieder eingeblendet, wenn mit dem Mauszeiger auf ein anderes Objekt, beispielsweise in den Text geklickt wird. Schneller geht es noch wenn Sie einen Doppelklick auf das Objekt, zum Beispiel eine Grafik, ausführen. Dann öffnet sich die Kontextbezogene Registerkarte sofort.

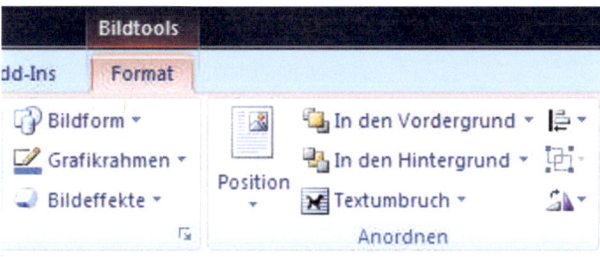

Abbildung 12: Ausschnitt aus Abbildung 11

Kontextmenüs

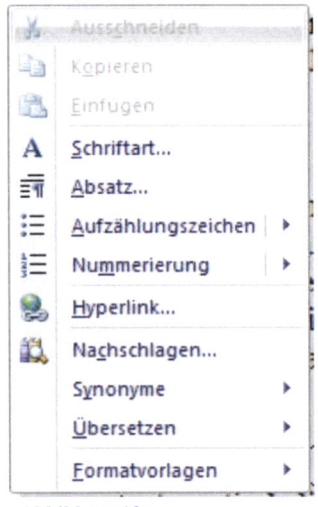

Ein Klick mit der rechten Maustaste auf ein Objekt öffnet das zugehörige Kontextmenü. Arbeiten Sie mit einer modernen, sprich Windows-Tastatur, genügt ein Klick auf die Kontextmenütaste. In Abhängigkeit davon, in welchen Bereich geklickt wird, enthält das Kontextmenü die verschiedenen Befehle zur aktuellen Auswahl. Ist eine Grafik markiert, öffnet sich das Kontextmenü zur Bearbeitung von Grafiken. Mit dem Klick auf einen Text erscheinen im Kontextmenü die wichtigsten Befehle für die Textbearbeitung. Innerhalb des Kontextmenüs gibt es weitere Auswahlmöglichkeiten. Funktionen, die mit drei Punkten oder einem nach rechts zeigenden Pfeil versehen sind, öffnen Untermenüs. Beim Klick mit der rechten Maustaste in einen Text öffnet sich zusätzlich zum Kontextmenü auch die Minisymbolleiste, siehe Bild 14. Wird die Kontextmenü-Taste benutzt, öffnet sich nur das Kontextmenü. Diese unterschiedlichen Verfahren sollten Sie einfach ausprobieren.

Abbildung 13:
Kontextmenü für Text

5.2.4 Die Minisymbolleiste

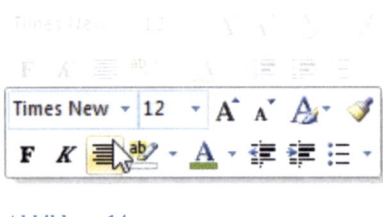

Wird in einem Word-Dokument Text markiert, blendet Word automatisch die halbtransparente Minisymbolleiste ein. Hier finden Sie alle Funktionen, mit deren Hilfe Sie Schriftarten und Schriftgrößen, Schriftfarben usw. festlegen können. Sowie Sie mit dem Mauspfeil in die Minisymbolleiste zeigen, ist sie nicht mehr transparent und es kann mit ihr gearbeitet werden. Wird die automatische Anzeige der Minisymbolleiste als störend empfunden, kann sie unter *Word-Optionen* ausgeschaltet werden.

Abbildung 14:
Minisymbolleiste transparent und normal

5.2.5 Die Statusleiste

Die Statusleiste enthält Hinweise zum aktuellen Programmstatus. Der Anwender bestimmt den Inhalt. Mit einem Klick der rechten Maustaste auf die Leiste kann über das Kontextmenü *Statusleiste* bestimmt werden, welche Informationen angezeigt werden sollen. Hier finden sie auch zwei praktische neue Schaltflächen, die Ansichtssteuerung und den Zoomregler.

                                                     Ansichtssteuerung   Zoomregler

Ansichtssteuerung

Sie bietet die Möglichkeit, schnell zwischen den verschiedenen Ansichten zu wechseln. Diese Befehle finden sich außerdem hier wie auch in den Vorgängerversionen von Word 2007 unter dem Menü Ansicht.

Zoom-Regler

Der Zoom-Regler ermöglicht das stufenlose Vergrößern/Verkleinern des Dokumentes je nach Bedarf über einen Schieberegler. Es gibt aber auch weiterhin die bekannten Zoomeinstellungen im Register Ansicht.

Smarttags

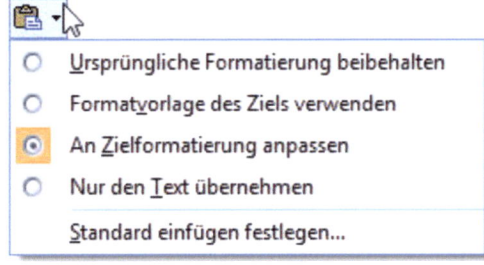

Abbildung 15: Smarttag für die Einfügen-Funktion

Smarttags (intelligente Etiketten) bieten die Möglichkeit, kontextbezogene Befehle schnell auszuführen. Sie sind nur am Monitor sichtbar und können nicht gedruckt werden. Smarttags erscheinen automatisch im Text wenn zum Beispiel kopierter Text oder eine kopierte Grafik in den Text eingefügt wird, ein Klick auf das Smarttag-Symbol öffnet ein kleines Kontextmenü, in dem ausgewählt werden kann, ob die Formatierung des eingefügten Textes beibehalten oder geändert werden soll und welche Formatierung der eingefügte Text erhalten soll. Word stellt Smarttags nur für die Einfügen- und für die Autokorrektur-Optionen zur Verfügung. Der Smarttag der Autokorrekturoption ermöglicht die Entscheidung, ob eine automatische Korrektur angenommen oder verworfen wird.

6. Texte schreiben und bearbeiten

Ist das Wordprogramm gestartet, steht die Schreibfläche zum Schreiben bereit. Der Cursor befindet sich standardmäßig links oben am Anfang des Arbeitsblattes. Bevor mit dem Schreiben begonnen wird, sollten Sie die automatische Rechtschreibprüfung aktivieren, damit das System Sie bereits während des Schreibens auf Tippfehler aufmerksam macht. Klicken Sie auf folgende Funktionen: *Office-Schaltfläche / Word Optionen / Dokumentenprüfung* in dem Kästchen *Rechtschreibung während der Eingabe überprüfen* können Sie die automatische Rechtschreibprüfung aktivieren oder deaktivieren. Ist diese Funktion aktiviert, unterstreicht Word jedes Wort, das als falsch interpretiert wird mit einer roten Schlangenlinie. Ist ein Begriff mit einer grünen Schlangenlinie markiert, wird ein Grammatik- oder Stilfehler angezeigt. Die angezeigten Fehler können sofort oder auch später korrigiert werden. Hilfreich ist es auch, die Silbentrennungsfunktion zu aktivieren. Dies geht am einfachsten mit dem Register *Seitenlayout*. Wird dieses Register angeklickt kann in der Gruppe *Seite einrichten* die automatische Silbentrennung aktiviert werden.

Nach diesen Vorbereitungen kann mit dem Schreiben begonnen werden. Schreiben Sie den Text aus Anhang 1. Wenn Sie das Zehnfingersystem beherrschen, sollten Sie es auch einsetzen. Absätze werden fortlaufend bis zum Absatzende geschrieben - ohne den bei der Schreibmaschine üblichen Wagenrücklauf (Return) am Zeilenende. Das Programm fügt selbstständig die Zeilenumbrüche ein und setzt, sofern aktiviert, auch automatisch die Silbentrennungen (Die Silbentrennungen sollten kontrolliert werden, Word trennt nicht immer richtig). Die Methode des fortlaufenden Schreibens erleichtert die Arbeit, insbesondere wenn nachträglich Text zugefügt oder gelöscht wird. In diesen Fällen berechnet Word die Zeilenlänge jedes Mal neu und fügt die Umbrüche sinnvoll ein, so dass Sie sich darum nicht zu kümmern brauchen. Nur jeweils am Absatzende muss ein Return (Enter) eingegeben werden. Sollten Sie sich vertippt haben, genügt es, den Cursor mit den oben bereits erwähnten Pfeiltasten oder mit der Maus in die Fehlerposition zu bringen und entweder durch *Löschen (BackSpace)* die falschen Zeichen links vom Cursor oder durch *Entf (Del)* die Zeichen rechts vom Cursor zu entfernen und dann dafür die richtigen einzusetzen. In den zu schreibenden Text sind Tippfehler eingebaut, die Sie bitte mitschreiben dann korrigieren.

Korrekturmöglichkeit 1: Setzen Sie den Cursor direkt hinter das falsche Zeichen, klicken Sie auf die linke Maustaste und betätigen die Taste *Löschen* einmal.

Korrekturmöglichkeit 2: Setzen Sie den Cursor hinter das falsche Wort und betätigen die Löschtaste so oft bis das Wort gelöscht ist. Danach schreiben Sie das richtige Wort an der durch das Löschen entstandenen Cursorposition

Korrekturmöglichkeit 3: Markieren Sie das falsche Wort mit der Maus, indem Sie den Mauscursor davor setzen und dann die Maus mit gedrückter Maustaste über das Wort ziehen. Der Text sollte jetzt blau unterlegt sein. Nun kann das Wort entweder mit der Löschen- oder mit der Entf-Taste gelöscht werden. Auch hier wird an der aktuellen Cursorposition das richtig geschriebene Wort eingesetzt

Für das Schreiben und Korrigieren des Textes aus dem Anhang ist es nicht erforderlich, die Standardeinstellungen von Word zu ändern. Als Grundlage für die Texteingabe sind die Standardwerte ausreichend. Schrift- und Absatzeinstellungen, also das Formatieren von Texten, Absätzen und Dokumenten wird im später ausführlich beschrieben.

Anhang 1: Tastaturkombinationen

Eine Reihe von Funktionen können über die Tastatur gesteuert werden, das ist manchmal einfacher und geht schneller als diese Funktionen mit der Maus über ein Menü oder eine Schaltfläche aufzurufen.

Tastaturkombinationen	Funktion
Strg + O oder Strg + F12	Öffnen
Strg + S	Speichern
Strg + P oder Strg + ⇧ + F12	Drucken
Strg + X	Ausschneiden in die Zwischenablage
Strg + C	Kopieren in die Zwischenablage
Strg + V	Einfügen aus der Zwischenablage
Strg + F	Im Text suchen
Strg + H	Text suchen und ersetzen
Strg + Y	Wiederholen
Strg + Z	Rückgängig
Strg + A	Alles markieren
Strg + W oder Strg + F4	Dokument schließen
Strg + F1	Multifunktionsleiste aus- bzw. einblenden
Strg + F2	Wechseln zur Seitenansicht
Strg + Return	Seitenwechsel, Seitenumbruch
Strg + Bindestrich (-)	Fügt ein bedingtes Trennzeichen ein

Alt + F4	Word beenden
F1	Hilfe aufrufen
F4	letzten Arbeitsschritt wiederholen
F5	Gehe zu ….
F7	Rechtschreibung aufrufen
F12	Datei speichern unter ….
⇧ + F7	Thesaurus aufrufen
⇧ + Return	Zeilenwechsel, Zeilenumbruch (Line Feed) innerhalb eines Absatzes
ESC	Aktuellen Arbeitsschritt abbrechen
Alt	**Zeigt in der Multifunktionsleiste die Tasten an, die gedrückt werden müssen, um eine der Registerkarten über die Tastatur auszuwählen. Nochmaliges Drücken der Alt-Taste blendet diese Hinweise wieder aus.
Alt + R	***zeigt auf der Multifunktionsleiste die Tasten an, die gedrückt werden müssen, um innerhalb einer Register-karte die Befehlsschaltflächen auszuwählen.
AltGr + E	Schreibt das €-Zeichen
AltGr + Q	Schreibt das @-Zeichen (E-Mail-Trennzeichen)
AltGr + Exp 2, Exp 3, [,], {, }, \	Schreibt ^{2} und ^{3}, eckige und geschweifte Klammern und Backslash (\ )

Strg ist die Abkürzung für *Steuerung*, da diese Taste für die Steuerung von Arbeitsgängen benutzt wird. Auf englischen Tastaturen heißt diese Taste *Ctrl* als Abkürzung für das englische Wort *Control*. Die Umschalttaste heißt auf englischen Tastaturen *Shift*.

**

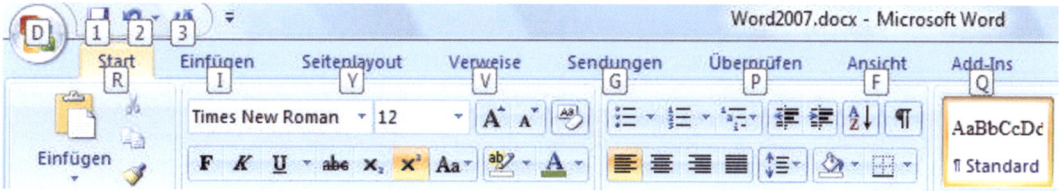

Darstellung der Multifunktionsleiste nach Drücken der Taste Alt

***

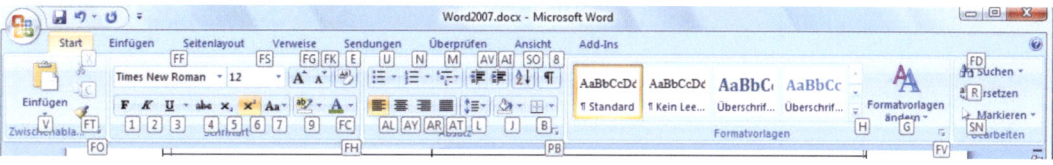

Darstellung der Multifunktionsleiste nach Drücken der Tasten Alt und R

Anhang 2: Begriffserklärungen

Cursor	Einfügemarke, Schreibmarke, Eingabemarkierung. Blinkender kleiner senkrechter Strich, der die Schreib- oder Einfüge-Position markiert, der Cursor kann über die Tastatur oder die Maus positioniert werden.
Datei-Endung (Extension)	Zur Identifizierung einer Datei gehören der Dateiname und die Dateiendung. Die Dateiendung wird durch einen Punkt vom Namen getrennt, z. B.: *Brief1.docx*. An der Dateiendung ist zu erkennen, mit welchem Programm die Datei erstellt wurde, *docx* steht für Word 2007.
Desktop	Der Desktop, auch als Schreibtischplatte bezeichnet, ist die Arbeitsfläche einer grafischen Benutzeroberfläche, die auf dem Monitor angezeigt wird.
Elektronisch archivieren	Alle Dokumente, die mit einem Computer erstellt werden, können gespeichert werden. Sinnvoll ist die Vergabe von aussagefähigen Dateinamen und das Speichern in inhaltlich relevanten Ordnern
Font	Schriftart zur Darstellung von Schriftzeichen auf Computer-Bildschirmen und Druckern.
Format, formatieren	Zuweisen von Gestaltungsmerkmalen zu Texten, Absätzen, Grafiken u.a. Das Zuweisen von Schriftart, Schriftgröße, Schriftfarbe für einzelne Buchstaben oder Buchstabengruppen werden Zeichenformatierung genannt. Das Zuweisen der Absatzausrichtung links, rechts, Blocksatz, zentriert wird als Absatzformatierung bezeichnet.
Funktionstasten	Die Funktionstasten F1 bis F12 in der oberen Reihe der Tastatur werden zusammen mit den Tasten Strg, Alt und der Umschalttaste zur Steuerung vieler Funktionen benutzt.
Icon	Symbol (Piktogramm) für Programme oder Dateien auf dem Desktop
Kontextmenü	Objektmenü, wird auf Tasten- oder Mausklick geöffnet wenn ein Objekt markiert ist. Das Menü stellt objektbezogene Befehle bereit.
Laptop/Notebook	Tragbare Computer, Computer, Tastatur und Monitor in einem Gerät.
Maus	Computer-Eingabegerät (Zeigegerät) für die Positionierung von Texten, Grafiken, Tabellen u.a.
Menü	Ein Menü ist die Form der interaktiven Benutzerführung bei Computerprogrammen mit grafischer Benutzeroberfläche
PDA	**P**ersonal **D**igital **A**ssistent – kleiner tragbarer Computer, Pocket PC
Return, Enter, Zeilenwechsel	Taste für *Neue Zeile*, von der Schreibmaschine her bekannt als Wagenrücklauf
Schriftattribute	Alle Formatierungen, die einer Schriftart zugewiesen werden, wie Größe, Schnitt und Farbe

Schriftschnitt	Der Begriff Schriftschnitt, z. B. fett, kursiv, dünn, unterstrichen, stammt aus dem Bleisatz, damals wurde das Schriftbild der Buchstaben einer Druckschrift manuell in Stahl geschnitten, um danach durch Ausgießen vervielfältigt werden zu können. Das Ergebnis waren Lettern aus Blei.
Silbentrennfunktion	Für die Texteingabe und –bearbeitung kann die automatische Silbentrennung eingestellt werden. Word trennt dann Wörter, die nicht mehr auf die Zeile passen automatisch nach bestimmten Regeln. Eine Kontrolle auf richtige Trennung ist jedoch sinnvoll, da manchmal Trennfehler auftreten.
Tastatur	Computer-Eingabegerät mit Grundfunktionen der Schreibmaschinentastatur und einer umfangreichen Anzahl von Zusatzfunktionen. Microsoft Tastaturen besitzen ab Windows 95 104/105 Tasten.
Thesaurus	Suchen von Synonymen für bestimmte Wörter
Touchpad	Der Begriff Touchpad bzw. Tastfeld bezeichnet eine berührungsempfindliche Fläche, die beispielsweise als Maus- und Tastenersatz in Notebooks meistens unterhalb der Tastatur angebracht sein kann. Moderne PDAs verfügen über ein Touchpad auf dem Bildschirm, das mit Stift oder Finger bedient wird, sie besitzen keine Tastatur
Verknüpfung, Link	Eine Verknüpfung oder ein Link ist der Verweis auf eine Datei, die an einem anderen Ort gespeichert ist. Damit die Verknüpfung funktioniert, darf die Ursprungsdatei nicht gelöscht, verschoben oder umbenannt werden.

Anhang 3: Übungstext

Produktbeschreibung zu dem Buch „Wissenschaftliche Arbeiten schreiben mit Word".

Aus der Amazon.de-Redaktion *

Wer bei der Erstellung einer wissenschaftlichen Arbeit Microsoft Word einsetzt und problemlos beherrscht, hat schon den halben Weg zur erfolgreichen und formal einwandfreien Arbeit zurückgelegt. Was immer es auch für Kritikpunte an Word geben mag - es dürfte das mit Abstand das meistgenutze Textverarbeitungsprogramm zur Erstellung von wissenschaftlichen Arbeiten sein. Damit steigt jedoch auch die Zahl derer, die ohne jegliches Vorwissen anfangen zu tippen und dann unter Termindruck feststellen, dass das Programm nicht das macht, was es eigentlich machen sollte. Das lässt sich vermeiden. Zumindest wenn man mit Ralf Albrecht und Natascha Nicol zusammenarbeitet. Oder mit ihrem Buch. Wer sich mit Wissenschaftliche Arbeiten schreiben mit Word auf dem Tisch ans Schreiben macht und die Tipps und Empfelungen der Autoren befolgt, dürfte, wenn auch nicht vor sich selbst, so doch zumindest vor den Tücken des Programms einigermaßen sicher sein.

Die Betreuung ist umfassend: Angefangen bei der angemesenen Planung einer Arbeit bis hin zu den nodwendigen Formalien reicht der programmunabhängige Einstieg Einstieg. Dann kommen die Einstellungen, Sicherungsmöglichkeiten, Virengefahren und programmabhängige Vorgehensweisen. Diretk im Anschluss die Arbeitserstellung: Gliederung, Kopf- und Fußzeilen, der Einsatz von Tabellen, Bildern und Diagramme sowie die richtige Technik und formale Ordnung von Quellen und Zitaten. Aber auch der Einsatz von matemathischen und schemischen Formeln umfasst zwei Kapitel, bevor es dann an den Druck geht. Am Ende stehen dann die Titelseite, die Verzeichnisse und die professionelle Fehlerkontrolle. Als Bonus: Dokumentvorlagen, Formateinstellungen und programmierte Abläufe samt Makros für chemische Formeln und Reaktionsgleichungen auf der CD-ROM.

Ein Buch, das jedem Verfasser wissenschaftlicher Arbeiten mitgegeben werden sollte. Die Anschaffung lohnt sich allein wegen der nicht durch Versuche verschwendeten Zeit, ganz zu schweigen vom vermiedenem Frustpotenzial vermeidbarer Programmeskalationen. Ruhig schlafen, wenn man weiß wie es geht. Das ist unbezahlbar. *--Wolfgang Treß*

---

* Der Text ist einer Buchbeschreibung aus *amazon.de* entnommen.
Die Tippfehler wurden nachträglich eingefügt!

Teil 2: Registerkarte Start - Basisfunktionen

Inhaltsverzeichnis

1. Vorbemerkung

In diesem Teil 2 der Anleitung zum Einsatz von Word 2007 werden die Funktionen und Befehle der Registerkarte Start ausführlich beschrieben. Diese Registerkarte enthält alle für die Textbearbeitung relevanten Funktionen.

Wie schon in Teil 1, Grundkenntnisse Textverarbeitung, ausgeführt, ist die Texteingabe bei Nutzung von Computerprogrammen einfach. Werden die Standardeinstellungen von Word genutzt, sind keine weiteren Arbeitsschritte erforderlich. Die so geschriebenen Texte können gespeichert, korrigiert und gedruckt werden. Für Übungszwecke ist dieses Verfahren durchaus sinnvoll und sollte auch solange durchgeführt werden, bis Sie sicher bei der Texteingabe und der Durchführung einfacher Korrekturen sind. Wer mit einem Computer-Textprogramm arbeitet, ist jedoch daran interessiert, dessen vielfältige Möglichkeiten auch zu nutzen. Wollen Sie also anspruchsvolle Dokumente erstellen, sollten Sie sich mit den umfangreichen Funktionen vertraut machen, die Word bietet. Es gibt eine große Anzahl von Funktionen, mit denen sich die Arbeit von Word automatisieren lässt, sodass man Routinearbeiten einfach dem System überlassen kann. Leider haben Computerprogramme aber manchmal die lästige Angewohnheit, eine Reihe von Funktionen zu automatisieren, ohne nachzufragen. Ein Beispiel dafür ist die Aufzählungsfunktion. Der Anwender sollte wissen, wie diese Automatismen abzuschalten sind wenn sie nicht benötigt werden. Darum wird auch darauf eingegangen, wie standardmäßig automatisch ablaufende Arbeitsgänge deaktiviert bzw. auch wieder aktiviert werden können. Weiterhin ist zu beachten, dass die meisten Befehle auf unterschiedliche Arten ausführbar sind. Bei allen hier beschriebenen Funktionen werden die verschiedenen Methoden vorgestellt. Jeder Anwender von Computerprogrammen, insbesondere Word 2007, sollte die unterschiedlichen Arbeitsweisen austesten, um die für ihn günstigste Methode herauszufinden; denn in der Regel arbeitet jeder - wenn die Arbeit erst einmal Routine geworden ist - immer nach dem gleichen Prinzip.

Ein Wort zur Handhabung dieser Anleitung: Wenn von „Mausklick" die Rede ist, egal ob einfach oder mehrfach, ist immer die *linke Maustaste* gemeint. Soll der Klick mit der rechten Maustaste ausgeführt werden, steht immer *rechte Maustaste* dabei. Für Linkshänder können die Maustasten unter *Systemsteuerung / Hardware und Sound* (Windows Vista) */ Drucker und andere Hardware* (Windows XP) */ Maus / Primäre und Sekundäre Maustaste umschalten* vertauscht werden. Für diese Personengruppe steht die linke Maustaste für rechts und die rechte für links. Bitte beachten!

2. Text eingeben und formatieren

Die wichtigsten Funktionen eines Textverarbeitungsprogramms sind die Befehle für die Texteingabe und für das Formatieren. Die Registerkarte *Start* der Word-2007-Multifunktionsleiste enthält alle Befehlsschaltflächen für das Formatieren von Zeichen und Absätzen

2.1 Zeichenformatierung

Unter dem Begriff Zeichenformatierung verstehen wir die Zuordnung von Schriftattributen zu einzelnen Zeichen (Buchstaben, Zahlen, Sonderzeichen) oder Zeichengruppen (Wörter oder Sätze) Die Erläuterungen zu den Schriftarten (Fonts) und ihren Attributen finden Sie im Teil 1 dieser Anleitung.

Wer Teil 1 durchgearbeitet hat, ist in der Lage, nach dem Öffnen von Word einfache Texte einzutippen und zu korrigieren. Der Text aus Teil 1 wird, nachdem die Fehler korrigiert wurden, jetzt für die weitere Arbeit genutzt. Zunächst ändern Sie die Schriftart der Überschrift, dann weisen Sie der Überschrift neue Schriftattribute zu, also einen anderen Schriftschnitt, eine neue Schriftgröße und eine Farbe. Dazu ist es erforderlich, die Überschrift zu markieren. Dafür gibt es verschiedene Möglichkeiten:

Markieren Methode 1: Setzen Sie den Mauscursor knapp vor den ersten Buchstaben der Überschrift und ziehen den Cursor mit gedrückter Maustaste nach rechts über den Überschrifttext. Wenn der Arbeitsgang funktioniert hat, ist jetzt der Text blau hinterlegt, also markiert. Ebenso funktioniert der umgekehrte Weg. Den Mauscursor hinter den letzten Buchstaben der Überschrift setzten und den Cursor mit gedrückter Maustaste nach links über den Text ziehen.

Markieren Methode 2: Soll nur ein Wort markiert werden, genügt ein Doppelklick auf das Wort. Wenn Sie mehrere zusammenhängende oder auch nicht zusammenhängende Wörter markieren wollen, halten Sie die Strg-Taste gedrückt und klicken nacheinander doppelt auf die einzelnen Wörter.

Markieren Methode 3: Setzten Sie den Cursor in den linken Rand vor den zu markierenden Text. In der richtigen Position verwandelt sich der Cursor in einen nach rechts oben zeigenden Pfeil und <u>ein</u> Mausklick markiert die ganze Zeile.

Produktbeschreibung zu dem Buch „Wissenschaftliche Arbeiten schreiben mit Word".

Nachdem die Zeile markiert ist, gibt es zwei Möglichkeiten, dem Text eine andere Größe, Farbe und/oder einen neuen Schnitt zuzuweisen.

Schriftattribute Methode 1: Die Registerkarte *Start* der *Multifunktionsleiste* enthält in der Gruppe *Schriftart* alle Befehle für die Text(Zeichen)formatierung. Hier können Sie die erforderlichen Einstellungen zu Schriftarten, -größen, -schnitten, -farben usw. vornehmen. Wenn Sie mit der Maus auf einen der Befehle zeigen, öffnet sich ein kleines Hilfefenster, in dem die Funktion des jeweiligen Befehls beschrieben wird. Zusätzlich wird die Tastenkombination angezeigt, mit der diese Funktion auch ohne Maus ausgeführt werden kann. Die Tastenkombinationen zur Zeichenformatierung finden Sie zusammengefasst im Anhang.

Ehe Sie mit dem Formatieren beginnen ist anzuraten, einmal mit dem Mauszeiger auf die einzelnen Befehlsschaltflächen zu zeigen, um sich die Funktionen erläutern zu lassen. Neben den
Befehlsschaltflächen zu Schriftart, Schriftgröße, Fett, Kursiv, Unterstrichen, Durchgestrichen

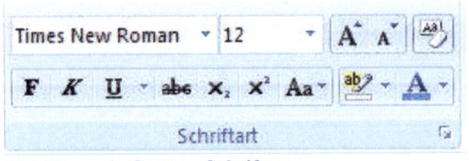

gibt es hier noch die Befehlsschaltflächen für
hoch- und tiefgestellte Zeichen, Umwandlung des
Textes in Groß- bzw. Kleinbuchstaben, Schrift-
und Hintergrundfarbe sowie die Möglichkeit, die
gesamte Formatierung zu löschen. Siehe Abbildungen 1 und 2.

Abbildung 1: Gruppe Schriftart

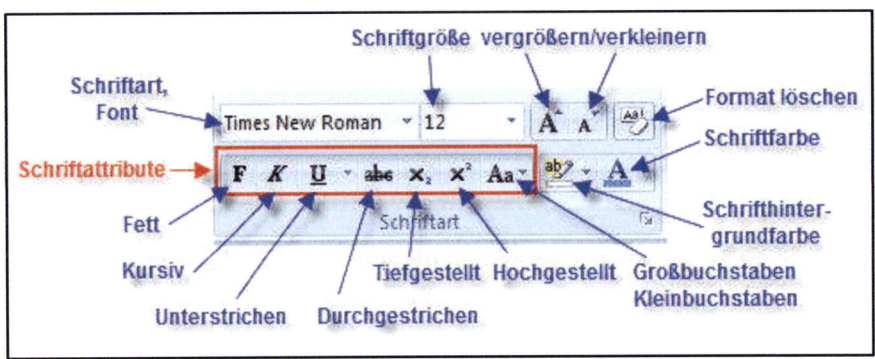

Abbildung 2: Gruppe Schriftart mit Erläuterungen

Übung: Ändern einer Schriftart: Wenn Sie also die Überschrift, wie auf Seite 29 gezeigt,
markiert haben, ändern Sie nun die angezeigte Schriftart New Times Roman in Cambria.
Hierzu genügt ein Klick auf den kleinen Pfeil rechts neben der Schriftbezeichnung. Ein Menü
mit den verschiedenen Schriftarten öffnet sich. Zeigen Sie mit dem Mauszeiger auf Cambria
und sehen in der Voransicht die Veränderung der markierten Schrift.

Mit einem Mausklick auf Cambria wird der Überschrift diese Schriftart zugewiesen. Um die
Schriftgröße zu ändern, klicken Sie in dem Schriftgrößenfenster rechts auf den kleinen Pfeil.
Es öffnet sich das Menü mit den verschiedenen Schriftgrößen. Hier zeigen Sie auf die Zahl
16, das entspricht 16 pt (siehe Schriftgrößen aus Teil 1). Bewegt sich der Mauszeiger über die
gewünschte Punktgröße, wird der markierte Text sofort in dieser Größe angezeigt (Voransicht
für die ausgewählte Funktion), aber erst ein Mausklick weist die Größe auch zu, ebenso wie
bei Auswahl der Schriftart. Auf diese Weise können mehrere Varianten ausprobiert werden,
ohne dass der Text wirklich formatiert wird. Also, erst begutachten, dann klicken!

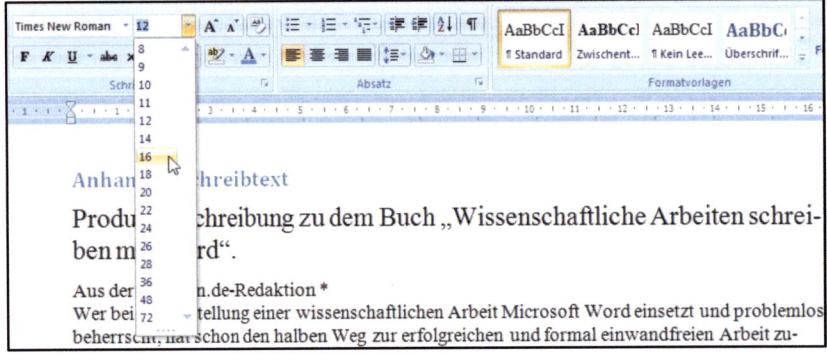

**Abbildung 3:
Auswahl der
Schriftgröße**

Schriftgrößen können auch in Zweierschritten über die Schaltflächen A˄ A˅ zugewiesen werden. Ein Klick hierauf vergrößert oder verkleinert den markierten Text um jeweils 2 pt. Die Voransicht für die ausgewählte Funktion steht nur nach Methode 1 zur Verfügung.

Abbildung 4: Farbpalette

Nachdem die Schriftgröße neu definiert ist, wird dem Text – der immer noch markiert ist – der Schriftschnitt *Fett* zugeordnet. Auch dies funktioniert nach beiden beschriebenen Methoden. Den Mauszeiger auf F, ein Klick und die Fettschrift ist zugewiesen. Nun fehlt noch die Farbe als Hervorhebung. In der Gruppe Schriftarten weisen Sie der Schrift eine dunkelblaue Farbe zu. Ein Klick auf den kleinen Pfeil neben dem A˅ öffnet die Farbpalette für die Schriftfarben. Hier klicken Sie auf eine dunkelblaue Farbe. Der markierte Text wird jetzt in der gewählten Farbe angezeigt und die Überschrift ist fertig formatiert.

Jetzt wenden Sie sich dem laufenden Text zu. Die Arbeit beginnt wieder mit dem Markieren, diesmal einen ganzen Absatz. Die Möglichkeiten, wie bereits bekannt: Mauscursor vor den ersten oder letzten Buchstaben setzen, die Maus mit gedrückter Maustaste über den gesamten Absatz ziehen und loslassen.

Das andere Verfahren: Den Mauszeiger in den linken Rand neben den zu markierenden Text setzen bis er sich in den nach rechts oben zeigenden Pfeil verwandelt. Um den ganzen Absatz zu markieren, wird nun **zweimal** kurz hintereinander mit der linken Maustaste geklickt.

Nachdem der Absatz markiert ist, weisen Sie dem Text die Schriftart Arial zu. Mit den beiden folgenden Absätzen wird ebenso verfahren. Nun ist der gesamte laufende Text mit der Schriftart Arial formatiert, die Überschrift mit der Schriftart Cambria. Im ersten Absatz gibt es den Text "Wissenschaftliche Arbeiten schreiben mit Word". Diesen Textteil formatieren Sie neu.

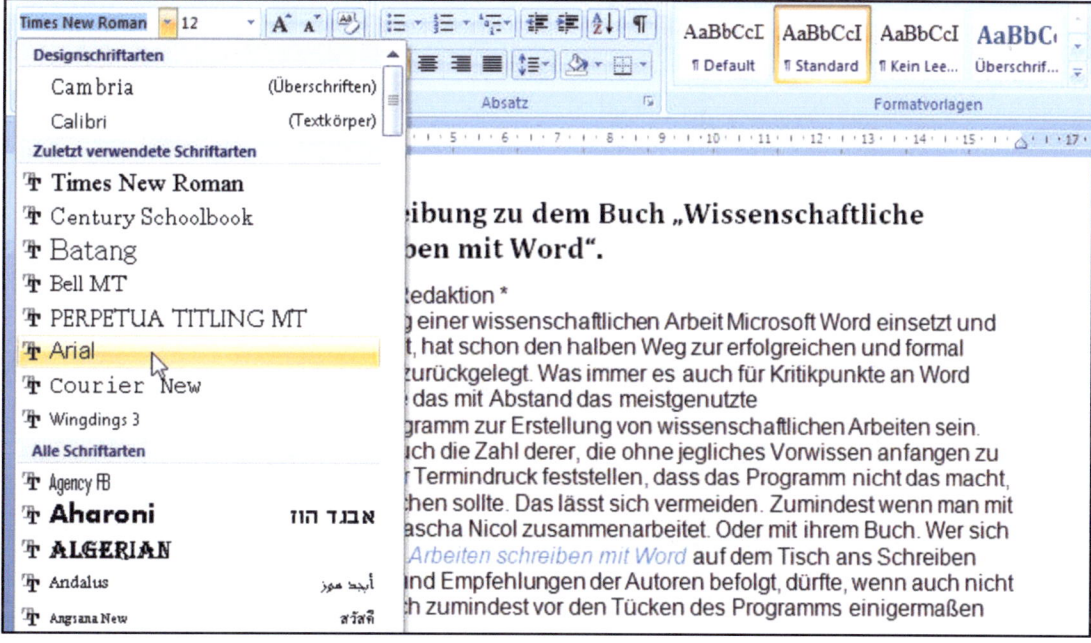

Abbildung 5: Schriftart zuweisen

Weisen Sie bitte nach dem Markieren diesem Textteil die Schriftart Century Schoolbook, die Schriftgröße 14 pt, kursiv und die Farbe rot zu. Der Absatz hat jetzt folgendes Aussehen:

> Aus der Amazon.de-Redaktion *
> Wer bei der Erstellung einer wissenschaftlichen Arbeit Microsoft Word einsetzt und problemlos beherrscht, hat schon den halben Weg zur erfolgreichen und formal einwandfreien Arbeit zurückgelegt. Was immer es auch für Kritikpunkte an Word geben mag - es dürfte das mit Abstand das meistgenutzte Textverarbeitungsprogramm zur Erstellung von wissenschaftlichen Arbeiten sein. |
> Damit steigt jedoch auch die Zahl derer, die ohne jegliches Vorwissen anfangen zu tippen und dann unter Termindruck feststellen, dass das Programm nicht das macht, was es eigentlich machen sollte. Das lässt sich vermeiden. Zumindest wenn man mit Ralf Albrecht und Natascha Nicol zusammenarbeitet. Oder mit ihrem Buch. Wer sich mit *Wissenschaftliche Arbeiten schreiben mit Word* auf dem Tisch ans Schreiben macht und die Tipps und Empfehlungen der Autoren befolgt, dürfte, wenn auch nicht vor sich selbst, so doch zumindest vor den Tücken des Programms einigermaßen sicher sein.

Um den gesamten Text eines Dokumentes zu markieren, genügt es, mit der Maus im Rand links neben dem Text dreimal kurz hintereinander zu klicken oder *Strg*+einmal klicken. Eine weitere Möglichkeit bietet die Tastenkombination *Strg+A* außerdem kann in der Gruppe *Bearbeiten* (ganz rechts in der Multifunktionsleiste) der Befehl *Markieren / Alles markieren* genutzt werden.

Merke: Für die Zeichenformatierung ist es immer erforderlich, den in Frage kommenden Text zu markieren.

Methode 2: Mit einem Klick auf die rechte Maustaste öffnet sich das Kontextmenü für die Textverarbeitung einschließlich der Minisymbolleiste. Im Kontextmenü finden Sie alle Befehle, die auch die Multifunktionsleiste zur Verfügung stellt und zusätzlich weitere Schriftattribute, zum Beispiel Umriss, Relief, Gravur (Outline-Formate) sowie Versalien (Großbuchstaben) und Kapitälchen (siehe Anhang 2). Mit einem Klick auf den Befehl Schriftart wird das Fenster Schriftart geöffnet, in dem alle Einstellungen vorgenommen werden können.

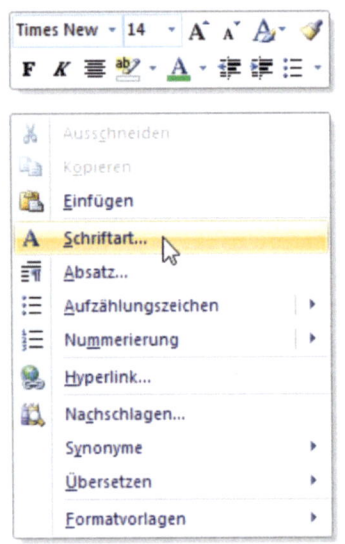
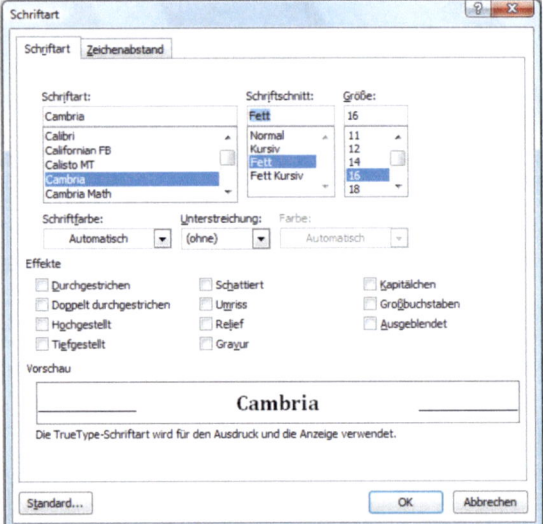

Abbildung 6: Kontextmenüs Schriftart

2.2 Absatzformatierung

Unter Absatzformatierung ist das Zuweisen von Eigenschaften zu verstehen, die einen ganzen Absatz betreffen. Das sind Eigenschaften, die nur über Absatzformate zuzuweisen sind, zum Beispiel die Absatzausrichtung (links, rechts, zentriert oder Blocksatz), die Absatzabstände, Aufzählungen, Hintergrundfarben und Umrandungen. Hier genügt es, den Cursor mit einem Mausklick in den betreffenden Absatz zu setzen. Ein Markieren des Textes, wie zuvor beschrieben, ist nicht erforderlich. Auf diese Art wird jeweils ein Absatz markiert.

Methode 1: Die Funktionen zur Formatierung von Absätzen befinden sich in der Gruppe Absatz rechts neben der Gruppe Schriftart. Zeichen- und Absatzformatierungen sind immer getrennt vorzunehmen. Auf Formatvorlagen, mit deren Hilfe Zeichen- und Absatzformate in einem Arbeitsgang zugewiesen werden können, wird im nächsten Teil eingegangen. Die Gruppe Absatz enthält die Befehlsschaltflächen für Links-, Rechts-, Mitte- und Blocksatzausrichtung eines Absatzes, Zeilenabstand, Hintergrundfarbe, Umrandung, Aufzählungszeichen und Nummerierungen, sowie Einzüge, verkleinern, vergrößern und eine Sortierfunktion, siehe Abbildungen 7 und 8. Außerdem befindet sich in dieser Gruppe die Schaltfläche zur Anzeige der Steuerzeichen ¶

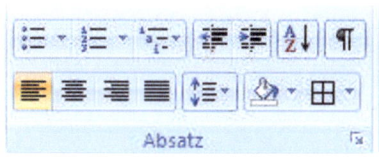

Abbildung 7: Absatzformate

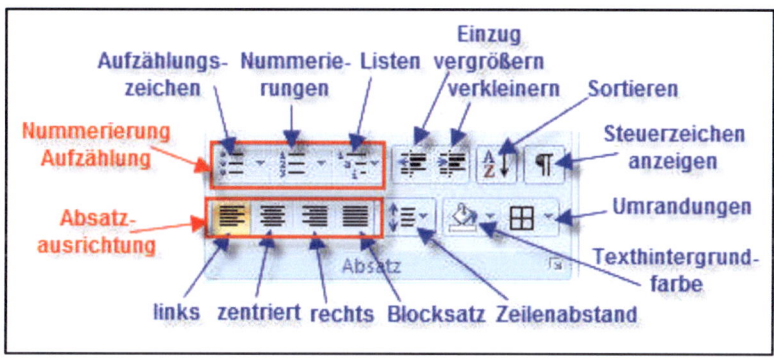

Abbildung 8: Absatzformatierung und Erläuterungen

Als Erstes wird die Überschrift formatiert. Ursprünglich nahm die Überschrift nur eine Zeile in Anspruch. Durch die Vergrößerung der Schriftart hat Word einen Zeilenumbruch eingefügt. Inhaltlich und optisch befindet sich dieser Zeilenumbruch nicht an der richtigen Position. Die neue Zeile sollte mit dem Titel des Buches beginnen. Um das zu erreichen, benutzen Sie die Tastenkombination für den Zeilenumbruch (Line Feed) innerhalb eines Absatzes (siehe Teil 1). Setzen Sie also den Cursor direkt hinter das Wort Buch, klicken einmal, löschen mit der Taste *Entf* das Leerzeichen vor den Anführungsstrichen und drücken an dieser Position die Tasten ⇧+*Return*. Jetzt haben Sie den Zeilenumbruch an einer sinnvollen Position, der Absatz ist aber erhalten geblieben. Dies ist für den folgenden Arbeitsgang wichtig, da die Überschrift als Absatz formatiert werden soll. Sie sollte in die Mitte gerückt werden, damit sie als Überschrift besser ins Auge fällt. Dazu setzen Sie nun den Cursor auf irgendeine Position in diesen Text und klicken einmal. In der Gruppe Absatz der Multifunktionsleiste klicken Sie nun auf die zweite Befehlsschaltfläche von links *zentrieren* (oder *Strg+E*). Wird auf die jeweils benötigte Befehlsschaltfläche gezeigt, öffnet sich ein kleines Hilfefenster, das die Funktion erklärt und auch die Tastenkombination angezeigt. Alle für die Text- und Absatzmarkierung relevanten Tastenkombinationen werden im Anhang 1 aufgeführt.

Um zu kontrollieren, ob ein einfacher Zeilenumbruch oder ein Absatzende (Return) eingefügt wurde, markieren Sie die Schaltfläche ¶ *Absatzmarken und Formatierungssymbole anzeigen* (oben rechts in der Gruppe Absatz). Word blendet nun die Steuerzeichen ein, die nur auf dem Monitor angezeigt und nicht gedruckt werden können (nichtdruckbare Steuerzeichen).

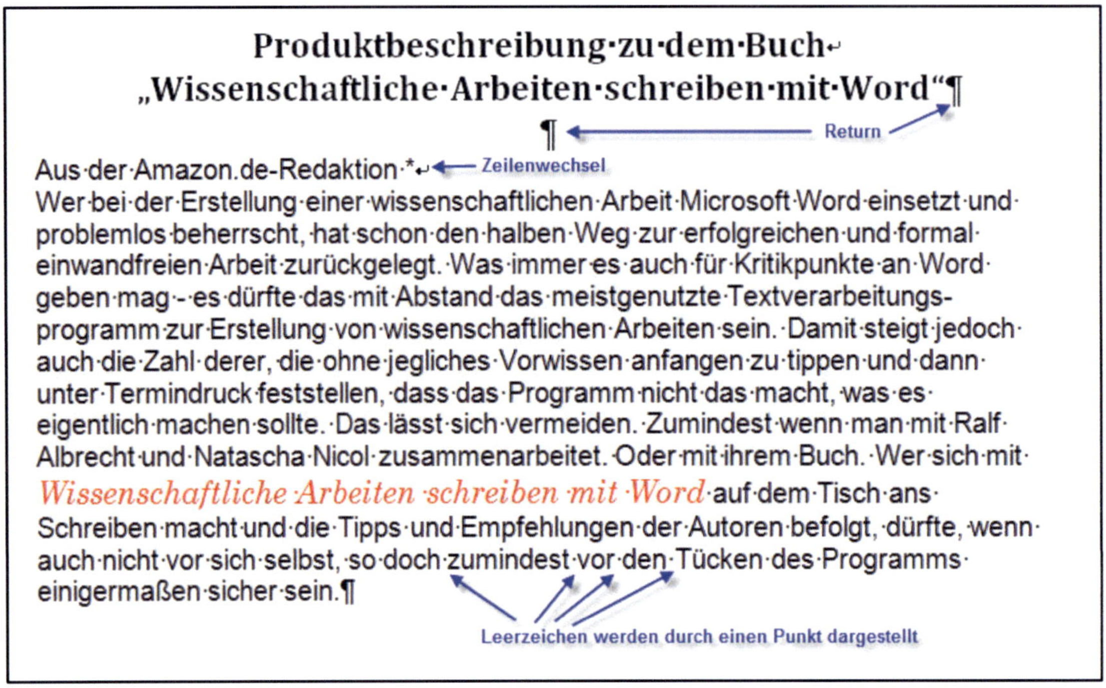

Abbildung 9: Nichtdruckbare Steuerzeichen

Auf dem gleichen Weg, mit einem Klick auf die genannte Schaltfläche, wird die Anzeige der nichtdruckbaren Steuerzeichen wieder ausgeschaltet. Auch über die Tastenkombination *Strg* + ⇧ + + können Sie die Anzeige dieser Steuerzeichen ein- bzw. ausschalten.

Für das weitere Formatieren der Absätze setzten Sie die Einfügemarke mit einem Klick in den zweiten Absatz und formatieren diesen im Blocksatz, das heißt, der Text wird am linken und am rechten Textrand gerade ausgerichtet. Ist ein Text im Blocksatz formatiert, sollte kein Zeilenwechsel (Line Feed) eingefügt werden. Ein Zeilenwechsel wird immer innerhalb eines Absatzes eingefügt und Word versucht nun in der **Standardeinstellung**, den Rest der Zeile vor dem Zeilenumbruch wieder am rechten Rand auszurichten. Die Folge ist eine lang gezogene lückenhafte Zeile. Line Feed ist deshalb nur in links-, rechts- oder zentriert ausgerichteten Absätzen sinnvoll. Trotzdem gibt es eine Lösung. Um das Auffüllen der Zeile beim Einfügen von Line Feed im Blocksatz zu verhindern, gehen Sie folgendermaßen vor: Klicken auf die *Office-Schaltfläche*, dann auf *Word-Optionen* am unteren Fensterrand und hier auf *Erweitert*. Im Menü *Erweiterte Optionen für die Arbeit mit Word* ziehen Sie die Bildlaufleiste bis ganz nach unten. Am unteren Rand befindet sich der Eintrag *Layoutoptionen*. Mit einem Klick in das Kästchen vor dem Eintrag öffnen Sie das Layoutoptionen-Menü. Hier suchen Sie nun den Eintrag *Zeichenabstände in Zeilen, die mit UMSCHALT- EINGABE enden, nicht erweitern* und markieren ihn. Damit ist dieses Problem behoben.

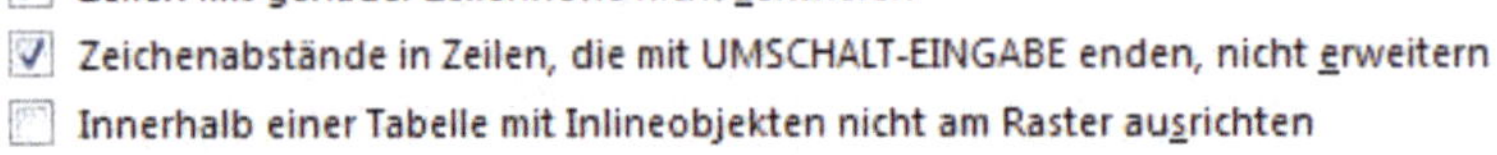

☐ Zeilen mit genauer Zeilenhöhe nicht zentrieren
☑ Zeichenabstände in Zeilen, die mit UMSCHALT-EINGABE enden, nicht erweitern
☐ Innerhalb einer Tabelle mit Inlineobjekten nicht am Raster ausrichten

Wie bereits im Kapitel Textformatierung empfohlen, sollten Sie auch hier probeweise den Mauszeiger über die einzelnen Befehlsschaltflächen bewegen, um sich die Hilfefenster Word Optionen mit den Erläuterungen der Funktionen anzeigen zu lassen.

Merke: Für das Markieren einzelner Absätze genügt es, mit der linken Maustaste in den fraglichen Absatz zu klicken, ein durchgängiges Markieren des Absatztextes wie bei der Zeichenformatierung ist nicht erforderlich. Erst wenn Sie mehrere Absätze gleichzeitig formatieren wollen, müssen diese markiert werden. Dafür reicht es aus, wenn mindestens ein Zeichen der betreffenden Absätze markiert wurde.

Methode 2: Wie bei fast allen Funktionen von Word 2007 gibt es auch für die Formatierung von Absätzen verschiedene Wege. Neben der Möglichkeit, Absätze über die Multifunktionsleiste zu formatieren, kann, wie auch schon bei der Zeichenformatierung, durch einen rechten Mausklick das Kontextmenü geöffnet werden. Hier klicken Sie aber nicht auf *Schriftart,* sondern auf *Absatz.* Ein Klick hierauf öffnet das Absatzmenü, in dem alle einen (oder mehrere) Absatz betreffenden Einstellungen vorgenommen werden können.

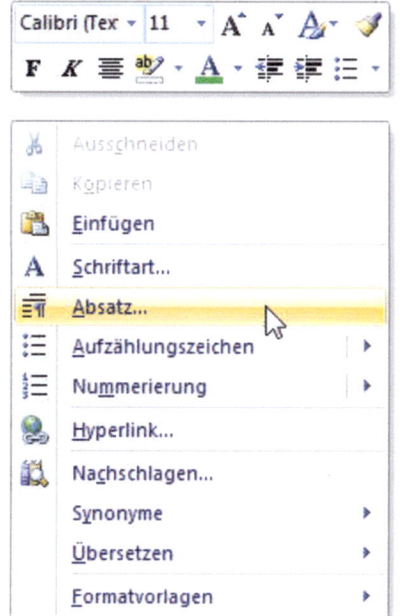
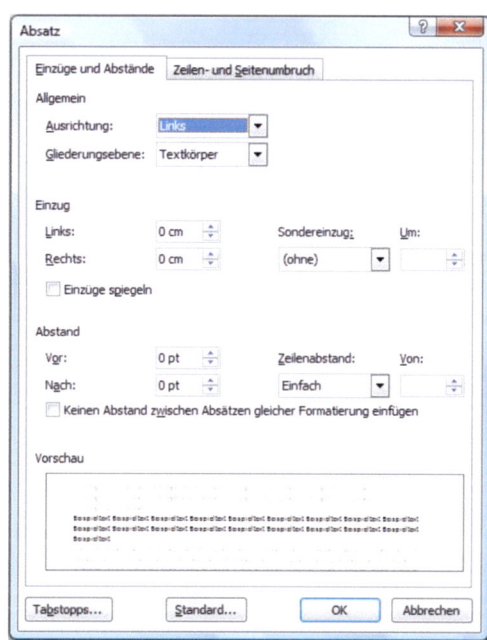

Abbildung 10: Kontextmenüs Absatz

Da die Methode, über die rechte Maustaste Kontextmenüs aufzurufen auf etliche Funktionen angewendet werden kann, ist sie für viele Anwender erste Wahl. Wer sich einmal daran gewöhnt hat, kommt so schneller zum Ziel.

Fragen zur Zeichen- und Absatzformatierung

Frage 1: Wie markiere ich einzelne Buchstaben oder Wörter?
Frage 2: Wie markiere ich eine ganze Zeile?
Frage 3: Wie markiere ich einen Absatz?
Frage 4: Wie markiere ich ein ganzes Dokument?
Frage 5: Was sind Schriftattribute?
Frage 6: Wie weise ich Schriftattribute zu?
Frage 7: Wie weise ich Absatzformate zu?

Geben Sie jeweils die verschiedenen Methoden an.

Lösungen siehe Anhang 3

2.3 Aufzählungen/Nummerierungen

Die Funktion Aufzählungen und Nummerierungen gehört zu den Absatzformaten und kann, wie zuvor beschrieben, neben den Funktionen der Gruppe Absatz in der Multifunktionsleiste auch über das Kontextmenü genutzt werden. Da es sich aber um ein sehr komplexes Thema handelt, wird hier ausführlich darauf eingegangen. Die genannten Funktionen ermöglichen das Formatieren von Aufzählungs- und Gliederungsebenen. Das heißt, eine Zahl oder ein Aufzählungzeichen steht links, der laufende Text innerhalb des Absatzes ist um einen konstanten Wert nach rechts verschoben, dadurch wird die Texthierarchie übersichtlich dargestellt. Dieses Verfahren wird „hängender Einzug" genannt.

a) Die Autoformatfunktion

Das Problem: Wenn Sie einen Text selbst nummerieren, zum Beispiel mit 1. 2. 3. ..., setzt Word in der Standardeinstellung automatisch Einzüge und nummeriert selbstständig weiter - auch wenn Sie das gar nicht wollen bzw. benötigen.

Beispiel: Versuchen Sie, eine einfache Liste zu schreiben, zum Beispiel:
1. Text eingeben und bearbeiten
2. Einfüge- und Überschreibmodus
3. Suchen, Ersetzen
4. Rahmen und Linien

Wenn Sie Word in den Standardeinstellungen benutzen, passiert hier Folgendes: Tippen Sie Zeilen, die mit Ordnungszahlen, das heißt gefolgt von Punkt oder Klammer, beginnen, setzt Word automatisch Einzüge (Abstand des Textes vom linken Rand), weiterführende Nummerierungen und Absatzabstände. Auch bei Nutzung von Aufzählungszeichen, wie Punkt, Pfeil o. a. setzt Word automatisch die genannten Formatierungen. Einfacher ist es, den gesamten Text erst einmal zu schreiben und Nummerierungen/Aufzählungen später zuzuweisen. Auch hier werden die Standardeinstellungen verwendet.

Als Beispiel markieren Sie den gesamten Übungstext, zeigen mit dem Mauscursor in der Gruppe Absatz auf den kleinen Pfeil der Befehlsschaltfläche Nummerierung (siehe Abbildung 8). Hier öffnet sich die *Nummerierungsbibliothek* (Abbildung 12). Klicken Sie nun auf eins der Nummerierungsformate. Zeigen Sie aber zuerst mit der Maus auf die verschiedenen Schaltflächen, um sich die Wirkung anzeigen zu lassen. Erst dann klicken Sie auf das gewünschte Format. Die markierten Absätze werden entsprechend der Voreinstellungen formatiert. Das gleiche Verfahren wird mit den Aufzählungszeichen angewandt. Probieren Sie bitte die unterschiedlichen Formatierungen mit dem vorhandenen Text einfach einmal aus.

Wie Sie sehen, ist es möglich, einen Text, der später mit Nummerierungen oder Aufzählungszeichen versehen werden soll, einfach flüssig durchzuschreiben und nur darauf zu achten, dass die Absätze durch ein Return voneinander getrennt werden. An dem Übungstext sehen Sie auch, dass Word die ursprünglichen Absatzabstände weggelassen hat. Diese Automatik mag in vielen Fällen sinnvoll sein, erleichtert sie doch oft die Arbeit.

Aber – wenn Software versucht, dem Anwender das Denken abzunehmen, kann das Probleme bereiten. Da sitzt dann ein verunsicherter Anwender hilflos vor seinem Computer, wenn sich auf dem Monitor Dinge abspielen, die er weder versteht, noch so gewollt hat. Auch in weiteren Erläuterungen zu Word werden wir diesem Problem noch mehrfach begegnen. Deshalb wird hier erst einmal erklärt, wie diese automatischen Abläufe ausgeschaltet werden können. Verwenden Sie bei der Eingabe von Text *Absatznummerierungen* oder *Aufzählungszeichen* wie im obigen

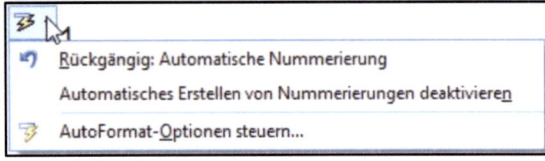

Abbildung 11: Autoformatfenster

Beispiel und Word setzt eigenmächtig die Aufzählungen fort und Einzüge ein, dann handelt es sich um die *Word-Autoformatfunktion*. In diesem Fall wird ein sogenanntes Smarttag (siehe Abbildung 11 und Teil 1) eingeblendet. Mit einem Klick auf das Smarttag-Symbol können Sie nun entscheiden, ob Sie für den aktuellen Arbeitsgang diese Autoformatierung annehmen wollen oder nicht. Wollen Sie mit den vorgegebenen Einzügen und Nummerierungen weiterarbeiten, brauchen Sie nichts weiter zu tun. Alles läuft automatisch. Im anderen Fall aktivieren Sie einen der angebotenen Befehle.

Für Nummerierungen/Aufzählungen, die Sie erst später wieder entfernen wollen, gibt es wieder zwei Wege:

1. Absätze markieren, in der Gruppe Absatz auf Aufzählungen oder Nummerierungen klicken und in dem sich nun öffnenden Auswahlmenü auf *Ohne*.

2. Der Rechtsklick in einen Absatz öffnet das Kontextmenü, hier klicken Sie nun auf *Nummerierung* oder *Aufzählungszeichen* und dann im Arbeitsfenster *Nummerierungsbibliothek/Aufzählungszeichenbibliothek* auf *Ohne*.

Wollen sie ihre Nummerierungen/Aufzählungen lieber selbst organisieren, können Sie diese Funktionen generell ausschalten, dazu gibt es folgenden Weg: *Office-Schaltfläche / Wordoptionen / Dokumentprüfung / Autokorrekturoptionen*

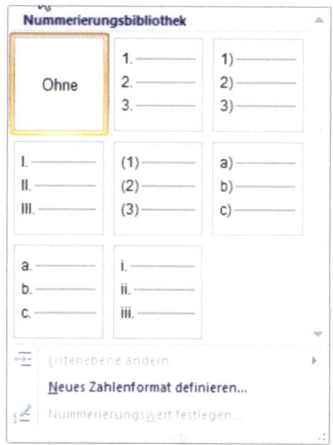

**Abbildung 12:
Nummerierungsbibliothek**

Hier deaktivieren Sie im Register *Autoformat während der Eingabe* die Häkchen aus den Kästchen für *Automatische Aufzählung* und/oder *Automatische Nummerierung*. Wenn Sie auf dem gleichen Weg die Häkchen einsetzen, wird die Funktion wieder eingeschaltet. Im Menü Word-Optionen werden die Grundfunktionen für die Arbeit mit Word eingestellt, das betrifft auch den bereits erwähnten Bereich Dokumentenprüfung. Die Word-Optionen erreichen Sie über die

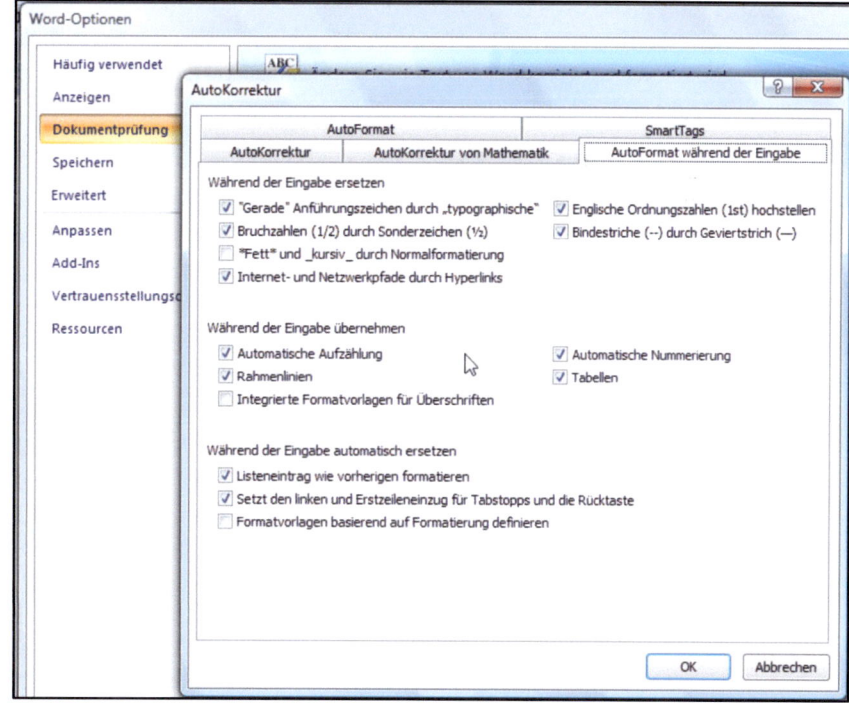

Abbildung 13: Autoformatfunktion ein/aus

Officeschaltfläche / Word-Optionen (am unteren Rand). Unter dem Menüpunkt *Erweitert* sind alle Einstellungen aufgelistet, die für Word vorgenommen werden können. Sie werden über ein Häkchen aktiviert oder deaktiviert. Die Einstellungen unter dem Menüpunkt *Layoutoptionen* (in der letzten Zeile ganz unten) müssen erst durch das Setzen eines Häkchens vor *Layoutoptionen* aktiviert werden.

b) Absatzformatierung für Aufzählungen und Nummerierungen

Haben Sie die Autoformatfunktion für die Aufzählungen abgeschaltet, können Sie nun Ihre eigenen Werte festlegen. Aufzählungen und Nummerierungen werden, wie oben bereits erwähnt, durch einen sogenannten hängenden Einzug formatiert.

Beispiel:

1. Haben Sie die Autoformatfunktion für die Aufzählungen abgeschaltet, können Sie nun Ihre eigenen Werte festlegen.

2. Aufzählungen und Nummerierungen werden wie oben bereits erwähnt mit einem sogenannten hängenden Einzug formatiert.

Hängender Einzug bedeutet, dass nur die erste Zeile eines Absatzes am linken Textrand beginnt und, alle anderen Zeilen um den eingestellten Einzug verschoben sind, siehe Beispiel oben. Der Abstand der Nummerierung oder der Aufzählung zum linken Rand des Dokumentes sowie der Abstand der Aufzählungszeichen zum Fließtext des Absatzes kann individuell über das Kontextmenü *Absatz / Sondereinzug* festgelegt werden, siehe Abbildung 14. Die Einzüge für diese Art von Gliederungen sollten immer über die Absatzformatierung eingestellt werden. Es ist unmöglich, für Listen ein korrektes Schriftbild, unter Nutzung von Leerzeichen (wie bei der Schreibmaschine) zu erreichen. Grund sind die Proportionalschriften, Erläuterung siehe Teil 1. Auch über das horizontale Lineal können Einzüge und hängende Einzüge eingestellt werden, siehe Abschnitt „Gebrauch von Tabulatoren"

Eine weitere Methode zum Listenschreiben ist die Nutzung von Tabulatoren (darauf wird später eingegangen). Für Nummerierungen/Aufzählungen sollte aber in jedem Fall die folgend beschriebene Absatzformatierung eingesetzt werden. Das scheint etwas kompliziert zu sein, wenn das Prinzip aber einmal verstanden wurde, ist die Arbeitserleichterung groß und wenn Sie alle erforderlichen Einstellungen selbst vornehmen, können Sie auch nachvollziehen was, wie und warum etwas passiert.

Wie bei den meisten Funktionen stehen auch hier verschiedene Methoden zur Verfügung.

Methode 1: Klicken Sie in einen Absatz oder markieren mehrere in Frage kommende Absätze. In der Gruppe Absatz klicken Sie auf den kleinen Pfeil neben der Befehlsschaltfläche

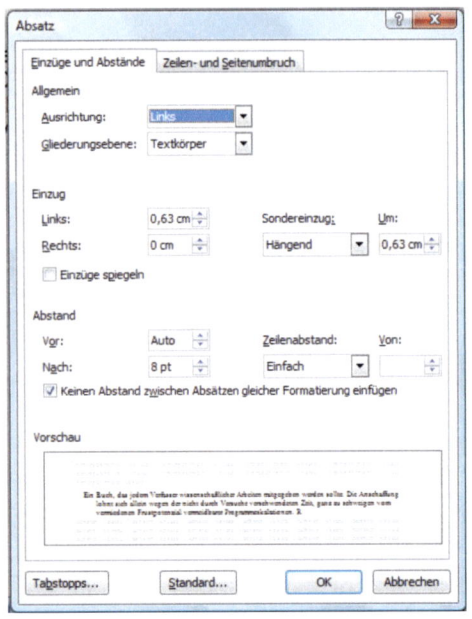

Nummerierung. In dem Auswahlfenster für die Nummerierungen ziehen Sie die Maus über die verschiedenen Nummerierungsformen, lassen sich so die Auswirkung auf den Text anzeigen und wählen dann mit einem Klick die gewünschte aus.

Jetzt setzt Word das gewählte Nummerierungsformat vor den Text und rückt den übrigen Text entsprechend ein. Außerdem wird auch die erste Zeile hinter der Nummerierung bzw. dem Aufzählungszeichen passend eingerückt, sodass der gesamte Text einen einheitlichen linken Rand bildet. Manuell würde dies durch Setzen eines Tabulators auf den gleichen Wert wie der Einzug erreicht. Um die Aufzählung am linken Rand zu platzieren, klicken Sie auf die Befehlsschaltfläche Einzug verkleinern, siehe Abbildung 8. Ebenso können Sie den Einzug mit der nebenstehenden Schaltfläche auch vergrößern. Auf diesem Weg haben Sie keine Möglichkeit, Werte für die Einzüge manuell festzulegen.

Abbildung 14: Absatzformat Einzüge und Abstand

Methode 2: Klicken Sie entweder mit der rechten Maustaste in einen Absatz oder markieren Sie mehrere Absätze und klicken dann mit der rechten Maustaste in den markierten Text. Im nun geöffneten Kontextmenü finden Sie wieder die Befehle für *Nummerierung* und *Aufzählungszeichen*, siehe Abbildung 10. Beide sind zu verwenden wie unter Methode 1 beschrieben, mit dem Unterschied, dass keine Vorschau des gewählten Formats angezeigt wird. Hier finden Sie aber auch, wie bereits erwähnt, den Menüpunkt *Absatz.* Ein Klick auf *Absatz* öffnet das Fenster für die Formatierung von Absätzen. Das gleiche Fenster öffnet sich, wenn Sie in der Multifunktionsleiste neben dem Gruppennamen *Absatz* auf den kleinen Pfeil klicken. In diesem Absatzmenü können Sie *Einzüge und Abstände* und unter *Sonderzeinzug* hängende Einzüge nach Ihren Wünschen festlegen sowie die Absatz- und Zeilenabstände ändern. Im unteren Teil dieses Fensters wird im Miniformat angezeigt, wie sich Ihre Änderungen auf den Text auswirken.

Es ist unerheblich, ob Sie Ihre Aufzählungen nach Methode 1 oder 2 formatiert haben, über den Befehl Absatzformat des Kontextmenüs können Sie immer Ihre eigenen Werte vorgeben, vorausgesetzt, der infrage kommende Absatz ist markiert. Auch hier gibt es keine Vorschaufunktion für den markierten Text.

2.4 Einsatz von Tabulatoren

Neben den oben beschriebenen Methoden zum Erstellen von Listen mithilfe von Aufzählungen und Nummerierungen ist die Tabulatorfunktion ein wichtiges Arbeitsmittel für die einfache Strukturierung eines Dokumentes. Der Begriff des Tabulators ist von der Schreibmaschine her bekannt. Ein Tabulator wurde auch hier benutzt, um von einer Schreibposition mit einem Schritt auf eine weiter entfernte Schreibposition zu springen, ohne eine Anzahl von Leerzeichen eingeben zu müssen. Was beim Schreiben auf einer Schreibmaschine nur dem zügigen Arbeiten galt, ist beim Schreiben auf dem Computer für ein korrektes Schriftbild zwingend erforderlich, siehe Teil 1 dieser Anleitung. Mit dem Drücken der Tabulatortaste auf der Tastatur rückt die Schreibposition stets um einen standardmäßig festeingestellten Wert weiter (Standard bei Word 1,25 cm). Mithilfe von Tabulatoren können Inhaltsverzeichnisse, Indexverzeichnisse und Ähnliches auf einfache Weise erstellt werden. Das kann unter Nutzung der vorgegebenen Standardwerte geschehen, diese werden aber nicht immer der konkreten Aufgabenstellung entsprechen. Deshalb ist es in vielen Fällen sinnvoll, die Positionen der Tabstopps selbst festzulegen. Bevor Sie eigene Absatzeinstellungen vornehmen, sollten Sie über das Absatz-Kontextmenü die vorhandenen Einstellungen kontrollieren. Word hat die Angewohnheit, ungefragt Einstellungen aus bereits bearbeiteten Dokumenten stillschweigend für ein neues Dokument zu übernehmen. Im Kontextmenü gibt es am unteren Rand die Einstellung Standard. Wird diese Schaltfläche angeklickt, fragt Word, ob die Einstellungen für alle Dokumente übernommen werden sollen, wenn alle Werte auf Null stehen, sollten Sie diese Frage bejahen, dann gibt es keine weiteren Probleme mit unbeabsichtigten Einzügen und Abständen. In der Standardeinstellung sind alle Einzüge und Abstände auf Null gesetzt, mit einer Ausnahme: Der Abstand vor einem Absatz steht auf Auto, das bedeutet, eine Leerzeile vor jedem Absatz. Setzen Sie hier den Wert auch auf Null, wird kein Absatzabstand eingefügt.

Schreiben Sie nun die oben gezeigte Aufzählung noch einmal, indem statt eines Leerzeichens hinter dem Punkt die Tabulatortaste gedrückt wird. Sie sehen Word setzt den Text auf die nächste Standardposition von 1,25 cm. Sie sehen aber auch, dass dieser Standard-Abstand zu groß ist. Deshalb setzen wir nun eigene Tabstopps. Zwei Möglichkeiten, die Tabstopps nach den Vorstellungen des Anwenders einzustellen, werden hier vorgestellt.

1. Einstellen auf dem Lineal

Um Tabstopps mithilfe des Lineals einzustellen, müssen die Lineale angezeigt werden. Der einfachste Weg, Lineale ein- bzw. auszuschalten ist, die Linealmarkierung am rechten Bild-

schirmrand über dem Bildlaufpfeil zu benutzen, siehe Teil 1, Benutzeroberfläche.

Am linken Bildrand, links neben dem horizontalen Lineal wird in einer kleinen Schaltfläche die Ausrichtung des aktuellen Tabulatorstopps angezeigt. Standard ist die linksbündige (L) Ausrichtung, das heißt der Text am Tabstopp beginnt links und wird nach rechts geschrieben. Weiter gibt es Tabstopps für die rechtsbündige (R) Ausrichtung, für Dezimalzahlen (D), hier wird am Komma ausgerichtet, den zentrierten Tabstopp (Z) und die Position für eine vertikale Linie (LV).

Tabstopp-Symbole

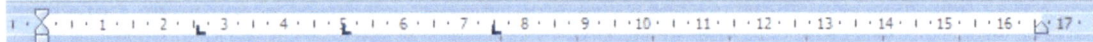

Auf diesem Lineal wurden drei linksbündige Tabstopps festgelegt.

Zusätzlich können auf dem Lineal auch die Positionen für den linken und den hängenden Einzug eingestellt werden.

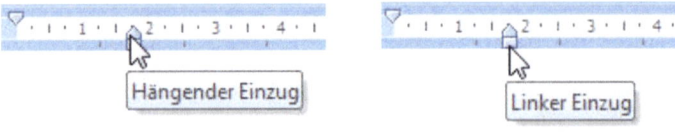

Wenn Sie auf die erwähnte Schaltfläche klicken, werden Ihnen mit jedem Klick die unterschiedlichen Symbole nacheinander angezeigt. Über diese Schaltfläche stellen Sie die Ausrichtung des Tabstopps ein, in der Regel wird die Ausrichtung linksbündig sein. Nachdem Sie den in Frage kommenden Text markiert haben, klicken Sie im Lineal auf die gewünschten Stopp-Positionen, diese werden nun mit dem Symbol für die Ausrichtung auf dem Lineal angezeigt. Für einen markierten Text können mehrere Tabstopps mit unterschiedlicher Ausrichtung festgelegt werden. Nachdem die Einstellungen vorgenommen wurden, springt die Einfügemarke mit jedem Drücken der Tabulatortaste auf die nächste Position und setzt den Text oder die Zahlen entsprechend der festgelegten Tab-Ausrichtung ein.

2. Einstellen mit Hilfe des Kontextmenüs

Am unteren Rand des Absatzmenüs (Abbildung 14) auf der linken Seite finden Sie die Schaltfläche *Tabstopp ....* Ein Klick hierauf öffnet das Fenster, in dem die Tabulatorstopps festgelegt oder gelöscht werden können. Die Felder *Tabstoppposition* auf der linken Seite des Fenster sind in der Standardeinstellung leer, im Feld Standardtabstopps steht 1,25 cm, das heißt, alle 1,25 cm ist ein linksbündiger Tabstopp gesetzt. In diesem Feld kann die Position der Standardtabstopps aber auch geändert werden. Wird der Wert zum Beispiel auf 2 cm gesetzt, dann werden die Standardtabstopps alle 2 cm gesetzt. In die leeren Felder können Sie nun ihre eigenen Tab-Positionen (in cm) eintragen, siehe Abbildung 15. Dazu tippen Sie nacheinander die benötigten Stopps in das obere Feld ein und klicken nach jedem Eintrag auf *Festlegen.* Word trägt den jeweils eingegebenen Wert nun in aufsteigender Reihenfolge in das untere Feld ein. Es genügt, für die jede Tabulatorposition nur die Zahl einzugeben, die cm trägt Word automatisch ein.

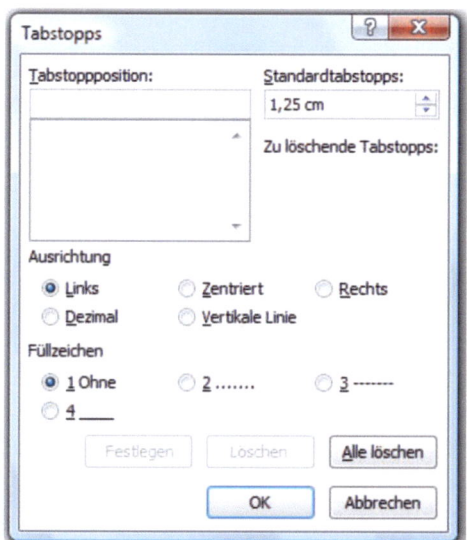
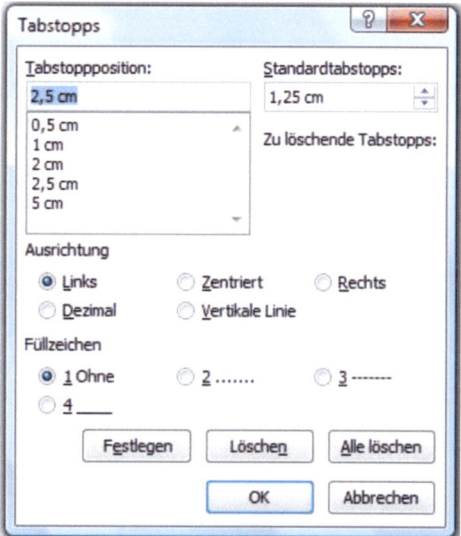

Abbildung 15: Einstellen der Tabstopps über das Kontextmenü

Wenn Sie auf einen der angezeigten Tabstopps klicken und ihn so markieren, können Sie diesen über die Löschen-Schaltfläche auch wieder herausnehmen. Außerdem legen Sie hier die oben bereits erwähnte Ausrichtung der Tabstopps fest. Zusätzlich besteht die Möglichkeit, sogenannte Füllzeichen für die markierte Position festzulegen, das sind Zeichen wie Punkte oder Linien, welche die Zeilenposition des Textes markieren, zum Beispiel

Text ....Seite 1.

Ein Teil der hier beschriebenen Formatierungsfunktionen ist auch über die Registerkarte Seitenlayout zu erreichen, die in einem weiteren Teil ausführlich behandelt wird.

3. Arbeiten mit der Zwischenablage

Die Windows-Zwischenablage ist ein Speicherort für Objekte, die innerhalb eines Dokuments oder auch zwischen verschiedenen Dokumenten ausgetauscht werden. Diese Objekte können Texte, Bilder/Grafiken, Cliparts oder Tabellen sein, die an eine andere Position im Dokument verschoben, kopiert oder in ein anderes Dokument eingesetzt werden sollen.

Abbildung 16: Die Gruppe Zwischenablage

Wenn für ein markiertes Objekt Befehl *Ausschneiden* oder *Kopieren* ausgeführt wird, transportiert Word dieses Objekt in die Zwischenablage. Das geschieht stillschweigend ohne einen Hinweis. Mit dem Kommando *Einfügen* wird dieses Objekt an der aktuellen Cursorposition eingefügt, das ist die einfache Variante. Am schnellsten geht dieses Verfahren, wenn Sie die Tastenkombination für diese Befehle benutzen, wie sie in Teil 1 beschrieben sind: Text markieren *Strg+X* (für Ausschneiden) oder *Strg+C* für Kopieren drücken. Der Befehl Ausschneiden löscht den Text an der Ursprungsposition. Der Befehl Kopieren belässt den Text an der Ursprungsposition. Nun können Sie den betreffenden Text (oder ein anderes Objekt) an einer beliebigen Stelle Ihres Dokuments durch *Strg+V* (Einfügen) einsetzen. Das spielt sich alles ohne eine sichtbare Reaktion des Programms ab.

Anspruchsvoller und umfassender nutzbar ist die Methode über die Gruppe Zwischenablage auf der Multifunktionsleiste, siehe Abbildung 16. Hier befinden sich die Befehlsschaltflächen für Ausschneiden, Kopieren, Formate kopieren und Einfügen. Das Vorgehen ist das gleiche wie oben: Text (oder eine anderes Objekt) markieren. Mit der Maus auf Ausschneiden oder Kopieren klicken, danach an neuer Position auf Einfügen.

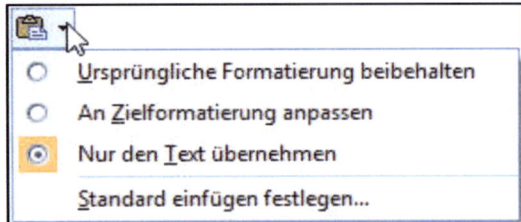

Abbildung 17: Smarttag für das Einfügen

Wie bereits in Teil 1 beschrieben und unter Autokorrektur ausgeführt, wird beim Einfügen ein Smarttag angezeigt, mit dessen Hilfe Sie festlegen können, wie mit dem eingefügten Text verfahren werden soll. Unter dem Menüpunkt *Standard einfügen festlegen* öffnet sich das Fenster *Word-Optionen* mit den Auswahlmöglichkeiten für Standardeinstellungen.

Die Zwischenablage kann aber noch mehr. Sollten Sie mehrere Objekte (in die Zwischenablage) ausgeschnitten oder kopiert haben, wird durch den Befehl *Einfügen* immer das zuletzt bearbeitete Objekt eingesetzt. In der Windows Zwischenablage können jedoch 24 Einträge gespeichert, aber nur in Microsoft Office auch angezeigt werden. In allen anderen Windows-Programmen kann immer nur mit dem zuletzt in die Zwischenablage gespeicherten Objekt gearbeitet werden. Die Office-Zwischenablage zeigt auch alle Einträge aus anderen Programmen an.

Abbildung 18: Zwischenablage

Um sich den Inhalt der Zwischenablage anzusehen, klicken Sie auf den kleinen Pfeil rechts neben dem Gruppennamen *Zwischenablage,* diese öffnet sich und Sie können den Inhalt sehen. Alle in einer Arbeitssitzung ausgeschnittenen oder kopierten Objekte, wenn es nicht mehr als 24 sind, werden angezeigt. Hier können Sie nun für jeden Eintrag entscheiden, ob er gelöscht, eingefügt oder in der Zwischenablage belassen werden soll. Dazu genügt ein Klick auf den jeden jeweiligen Eintrag und die Auswahl über den Pfeil am rechten Rand des Eintrages (Abbildung 18).

Am oberen Rand des Zwischenablage-Fensters wird die Anzahl der gespeicherten Objekte angezeigt, darunter die Schaltflächen *Alle einfügen* und *Alle löschen*. Am unteren Rand des Zwischenablagefensters befindet sich die Schaltfläche *Optionen*. Im Menü des Fensters Optionen können die verschiedene Einstellungen für die Zwischenablage vorgenommen werden können, siehe Abbildung 19.

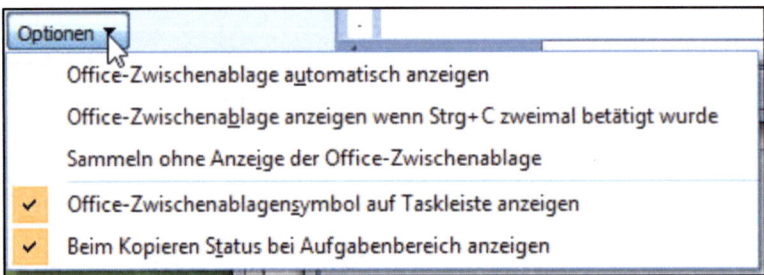

Abbildung 19: Zwischenablage, Menü Optionen

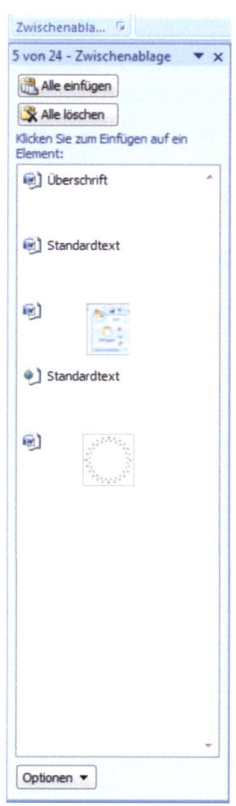

Ist die Zwischenablage geöffnet, wird jeder neue Eintrag im Statusfenster der Zwischenablage, rechts unten über der Statusleiste, angezeigt, siehe rechte Abbildung. Dieses Fenster blendet sich nach kurzer Zeit aus und nach jedem Eintrag wieder ein.

Die Zwischenablage kann, so wie hier beschrieben, in allen Office-Programmen genutzt werden. Die Symbole im Fenster zeigen an, aus welchem Office-Programm der Eintrag stammt.

 Word Excel, Powerpoint Publisher

Außerdem ist zu ersehen, ob es sich um Text oder eine Grafik handelt. Text wird als Standardtext, ein Absatz mit dem Namen des Formats und ein Bild als Minigrafik angezeigt.

Ist die Zwischenablage in einem Office-Programm geöffnet, wird in der Windows-Taskleiste das Zwischenablage-Symbol eingeblendet.

 Durch einen Doppelklick auf dieses Symbol können Sie die Zwischenablage in anderen Office-Anwendungen einblenden.

Ein einfacher Weg, Objekte innerhalb eines Dokumentes zu verschieben oder zu kopieren (ohne Zwischenablage): Text oder anderes Objekt markieren / in den markierten Text klicken und mit gedrückter Maustaste an die neue Stelle verschieben (Drag & Drop), soll kopiert werden, wird das mit gleichzeitigem Drücken der Strg-Taste erreicht. Wie bereits beschrieben, öffnet sich auch hier ein Smarttag, mit dessen Hilfe

Abbildung 20: Die Zwischenablage

festgelegt werden kann, wie der eingefügte Text formatiert werden soll, siehe Abbildung 17. Eine Übertragung von Objekten in andere Dokumente funktioniert über die Zwischenablage und, wenn diese Dokumente gleichzeitig geöffnet sind, auch über Drag & Drop.

4. Suchen und Ersetzen

Die Funktionen *Suchen und Ersetzen* sind komfortable Arbeitsmittel, um zum Beispiel Textpassagen zu suchen und bei Bedarf durch andere Formulierungen oder Begriffe zu ersetzen.

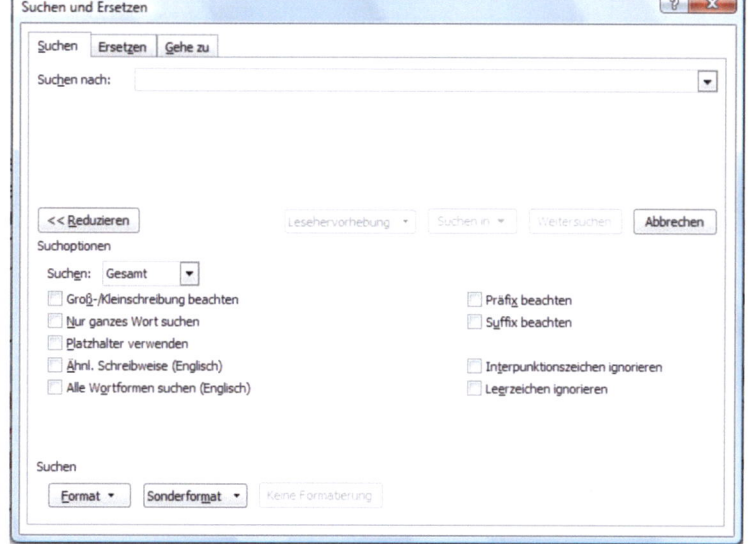

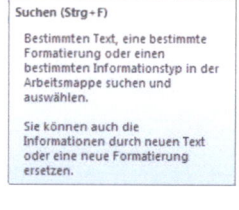

Abbildung 21: Das Fenster Suchen und Ersetzen

Diese Funktionen gibt es in allen Office-Versionen, in Office 2007 wurde die Suchen/Ersetzen-Funktion um einige Optionen erweitert, zum Beispiel die Optionen *Präfix* und *Suffix* (Vor- und Nachsilben) *beachten* und *Ignorieren von Interpunktionszeichen*. Die Suchen/Ersetzen-Funktion befindet sich ganz rechts auf der Multifunktionsleiste in der Gruppe *Bearbeiten*. Mit einem Klick auf Suchen oder auf Ersetzen öffnet sich das jeweilige Fenster. Im Suchen-Fenster kann auch zusätzlich die Ersetzen-Funktion gewählt werden. Im Ersetzen-Fenster steht die Eingabemaske für das Ersetzen bereits zur Verfügung. In beiden Fällen können neben den angezeigten Suchoptionen auch eine Reihe weiterer (Sonder)Formate ausgewählt werden.

Nachdem Sie auf Suchen oder Ersetzen geklickt haben, öffnet sich in der Regel das einfache Fenster. Um Suchoptionen auszuwählen, klicken Sie in der linken unteren Ecke auf *Erweitern,* über die Schaltfläche *Reduzieren* wird die Anzeige der Optionen wieder ausgeschaltet. In dem erweiterten Fenster kann mit der Schaltfläche *Suchen* bestimmt werden, ob von der aktuellen Schreibposition aus nach oben, nach unten gesucht oder ob das gesamte Dokument durchsucht werden soll, hier befinden sich wieder unten links die Schaltflächen für Formate und Sonderformate. Diese Schaltflächen bieten eine reiche Auswahl verschiedener Formate nach denen gesucht, bzw. die ersetzt werden können. Das kann das gesamte Dokument betreffen. Um den vollen Umfang dieser Funktionen zu erkunden, sollten Sie sie einfach an einem Testdokument ausprobieren. Die Suchfunktion kann auch über die Tastenkombination *Strg + F* erreicht werden. Über die Schaltfläche *Gehe zu* im Suchen-Fenster weisen Sie Word an, zum Beispiel zu einer bestimmten Seite oder Textmarke zu springen.

5. Rahmen und Linien

In der Gruppe Absatz stehen für das Hervorheben von Texten die Funktionen Rahmen und Linien sowie Schattierung zur Verfügung. Absätzen und Texten können hier verschiedene einfache Rahmen und Linien zugewiesen werden, zum Beispiel je eine senkrechte Linie an der linken und rechten Seite des Absatzes. Mit diesen Funktionen können auch die Umrandungen und Gitternetzlinien in Tabellen festgelegt werden. Mit einem Klick auf den kleinen Pfeil neben dem Rahmensymbol in der Gruppe Absatz öffnet sich das Rahmenmenü mit den Schaltflächen für die verschiedenen Rahmenarten.

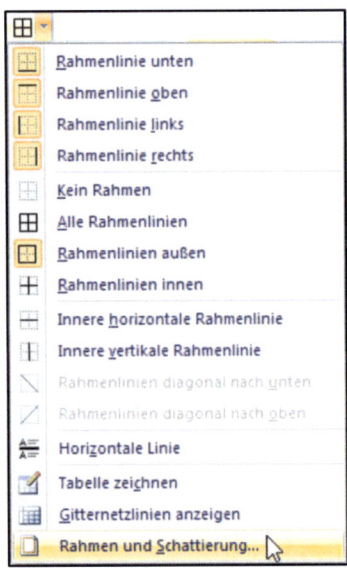
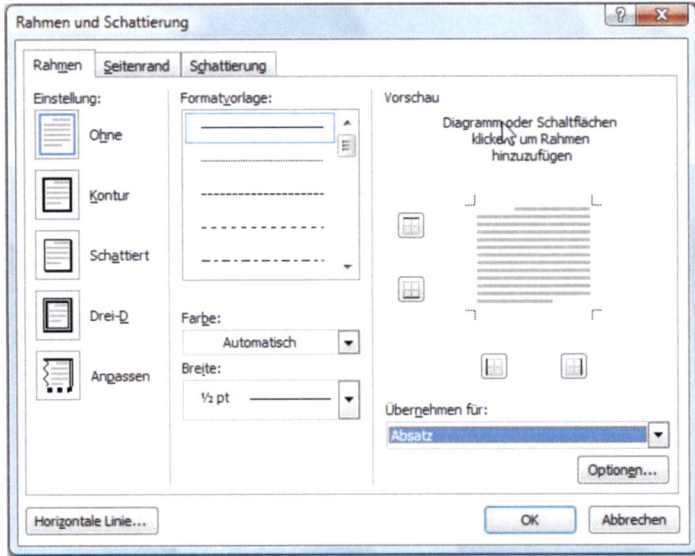

Abbildung 22: Kontextmenü Rahmen und Schattierungen

Ein Klick auf die letzte Schaltfläche in der Reihe *Rahmen und Schattierungen* öffnet das gleichnamige Fenster. Hier können weitere Einstellungen für die Rahmen und Hintergrundfarben vorgenommen werden. Über die Registerblätter oben wird festgelegt, ob ein Rahmen,

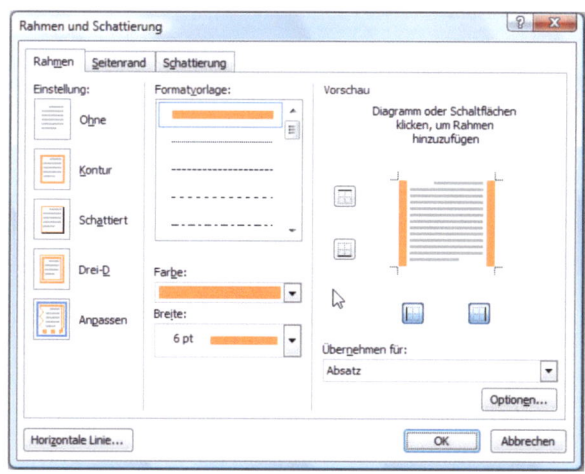

eine Seitenumrandung oder eine Schattierung (Farbe) eingefügt werden soll. Soll ein Rahmen eingefügt werden zeigt Word in Abhängigkeit davon, ob ein Text oder Absatz markiert wurde, das im rechten Fensterausschnitt an. Text oder Absatzrahmen können dort aber auch ausgewählt werden.

Wenn Sie zum Beispiel den 2. Absatz des Übungstextes mit zwei dicken farbigen Linien rechts und links sowie mit einer Hintergrundfarbe versehen wollen gehen Sie folgendermaßen vor:

Abbildung 23: Beispiel für Rahmen Schattierung

Klicken Sie auf das Rahmensymbol in der Gruppe Absatz (Abbildung 22), dann in *Rahmen und Schattierungen*. Im gleichnamigen Arbeitsfenster stellen Sie im Mittelteil des Fensters die Linienart (*Formatvorlage*), die *Farbe* und die *Breite* ein. Im rechten Fensterteil (unter Vorschau) klicken Sie auf die Schaltfläche für die Position der Linien – in unserem Fall rechts und links. Aktivierte Schaltflächen werden vom System blau gekennzeichnet.

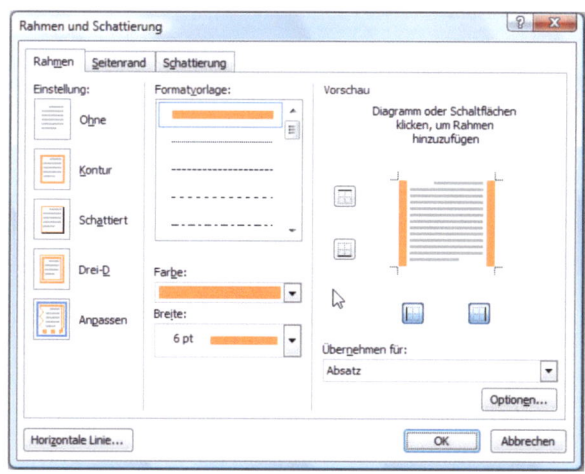

Abbildung 24: Arbeitsfenster Rahmen und Schattierungen

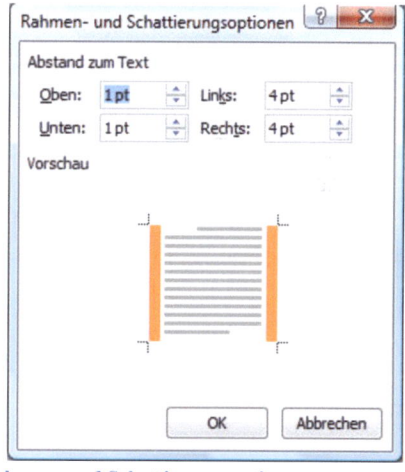

Rahmen- und Schattierungsoptionen

Im Fenster *Rahmen- und Schattierungsoptionen* können Sie die Abstände der Linien zum Text einstellen. Diese Option steht nur bei der Auswahl *Absatz* zur Verfügung, nicht bei Auswahl *Text*.

Soll ein Seitenrahmen eingefügt werden, kann zwischen Gesamtdokument – in diesem Fall werden alle Seiten des Dokumentes mit dem ausgewählten Rahmen versehen – oder verschiedenen Abschnitten gewählt werden. Auf der linken Seite dieses Fensters werden die Rahmenform und im mittlerem Abschnitt die Linienform und -stärke gewählt. Für beide Rahmenarten (Rahmen und Seitenrand) steht unten links noch die Auswahl einer *Horizontalen Linie* (Form dieser Linie) zur Verfügung. Haben Sie Seitenrand gewählt, kommen noch *Effekte* hinzu, das sind verspielte Schmuckrahmen, die für Grußkarten, Urkunden und Ähnliches Verwendung finden können.

Anhang 1: Tastaturbefehle

Zeichenformatierung

Strg + D oder Strg + ⇧ + A	Fenster Schriftarten öffnen
Strg + ⇧ + F	Fettschrift, ein/aus
Strg + ⇧ + K	Kursivschrift, ein/aus
Strg + ⇧ + U	Unterstreichen, ein/aus
Strg + ⇧ + D	Doppelt unterstreichen, ein/aus
Strg + ⇧ + W	Wortweise unterstreichen
Strg + ⇧ + A	Menü Schriftart
Strg + 8 oder Strg + ◁	Verkleinern des Schriftgrades um 1 pt
Strg + 9 oder Strg + ⇧ + ◁	Vergrößern des Schriftgrades um 1 pt
Strg + #	Indice (Zeichen tiefstellen)
Strg + ⊢	Exponent (Zeichen hochstellen)
Strg + ⇧ + G oder ⇧ + F3	Großbuchstaben, ein/aus
Strg + ⇧ + Z	Standardformat
Strg + ⇧ + ⊢	Nichtdruckbare Steuerzeichen sichtbar/unsichtbar

Absatzformatierung

Strg + L	Linksbündig
Strg + R	Rechtsbündig
Strg + E	Zentriert
Strg + B	Blocksatz
Strg + M	Einzug (Standard 1,25 cm)
Strg + T	Hängender Einzug
Strg + ⇧ + T	Setzt den hängenden Einzug zurück
Strg + 1	Zeilenabstand, einfach
Strg + 2	Zeilenabstand, zweifach
Strg + 5	Zeilenabstand, eineinhalbfach

Anhang 2: Begriffserklärungen

Einzug	Unter dem Begriff Einzug ist ein definierter Abstand des Textes vom linken oder rechten Seitenrand zu verstehen.
Linker Einzug	Abstand des Textes vom linken Seitenrand
Rechter Einzug	Abstand des Textes vom rechten Seitenrand
Erstzeileneinzug	Nur die erste Zeile wird um einen definierten Wert eingerückt, alle nachfolgen Zeilen des Absatzes beginnen am linken Seitenrand.
Hängender Einzug	Die erste Zeile beginnt am linken Rand oder einem festgelegten Einzug, alle nachfolgenden Zeilen des Absatzes werden eingerückt. Bei dieser Einzugsart stehen nur die Aufzählungszeichen oder Nummerierungen am linken Seitenrand.
Negativer Einzug	Die erste Zeile wird nach links ausgerückt, die nachfolgenden Zeilen beginnen am linken Rand oder einem festgelegten Einzug.
Schriftschnitte	Neben den in der Multifunktionsleiste gezeigten Schriftattributen wie fett, kursiv, unterstrichen usw. stehen im Kontextmenü *Schriftart* weitere Schriftschnitte zur Verfügung.
Outline-Schnitte	Dazu gehören *Umriss, Relief, Gravur.* Diesen Schriftattributen ist gemeinsam, dass nur die Umrisslinien der Schriftart angezeigt werden. Dieses Verfahren kann für alle Schriftarten angewandt werden. Für ein sauberes Schriftbild wird jedoch empfohlen, eine als *Outline-Font* deklarierte Schriftart zu verwenden.
Versalien	Großbuchstaben, der Begriff Versalien stammt aus der Typografie. Wichtig ist dabei, dass in Versalien kein ß vorkommen darf. Dafür ist in jedem Fall Doppel-s zu setzen, unabhängig von den Rechtschreibregeln. Word setzt jedoch ein ß wenn Sie Text in Großbuchstaben umwandeln. Dies ist nachträglich zu korrigieren.
Kapitälchen	Schriftschnitt, in dem die Kleinbuchstaben die Form von Großbuchstaben haben, die in der Schriftstärke angepasst sind. Sie haben in der Regel eine Höhe von 2/3 der Versalien: KAPITÄLCHEN.

Anhang 3: Lösungen

Fragen zur Zeichen- und Absatzformatierung

Frage 1: a) Ein Mausklick vor oder hinter die zu markierenden Zeichen, mit gedrückter Maustaste über den Text ziehen.

b) Ein Doppelklick auf ein Wort markiert das Wort. Zum Markieren mehrerer Wörter per Doppelklick muss die Strg-Taste gehalten werden.

Frage 2: a) Ein Mausklick vor oder hinter die zu markierende Zeile, dann die Maus mit gedrückter Taste über die Zeile ziehen.

b) Mauscursor an den linken Textrand vor die Zeile bis ein nach oben rechts weisender Pfeil angezeigt wird, dann einmal klicken.

Frage 3: a) Mauscursor in den linken Textrand … und zweimal klicken,
b) dreimal in den Absatz klicken
Zum Markieren mehrerer Absätze muss in beiden Fällen die Strg-Taste
gehalten werden.

Frage 4: a) Mauscursor in den linken Textrand … und dreimal klicken
b) in der Gruppe *Markieren* auf *Alles markieren* klicken
c) Drücken der Tasten *Strg + A*.

Frage 5: Schriftattribute sind: Fett, Kursiv, unterstrichen, Farbe, Hoch- oder tiefgestellt, Großbuchstaben, Kleinbuchstaben, Kapitälchen.

Frage 6: Erst markieren, dann
a) über die Gruppe Schriftart in der Multifunktionsleiste
b) über das Kontextmenü (Klick mit der rechten Maustaste), dann auf *Schriftart*

Frage 7: Ein Klick in den Absatz genügt, mehrere Absätze wie Zeichenformatierung, dann
a) über die Gruppe Absatz in der Multifunktionsleiste
b) über das Kontextmenü (Klick mit der rechten Maustaste), dann auf *Absatz*

Teil 3: Registerkarte Start – Mit Formatvorlagen arbeiten

Inhaltsverzeichnis

1. Vorbemerkungen

Wie bereits im Teil 2 beschrieben, gibt es ein breites Spektrum von Möglichkeiten, Dokumenten durch Zuweisung von Formaten zu Texten und Absätzen ein professionelles Aussehen zu verleihen. Um diese Arbeit zu rationalisieren bieten Office-Programme fertige Formatvorlagen (Styles) an, die für bestimmte Arbeitsgänge genutzt werden können, ohne die Formate einzeln zuweisen zu müssen. Formatvorlagen sind mit Namen versehene Zusammenfassungen verschiedener Formate. Die Namen sind in der Regel selbsterklärend, zum Beispiel Titel oder Überschrift.

Diese Vorlagen sind in Formatvorlagen-Katalogen zusammengefasst und stehen allen Dokumenten zur Verfügung, die auf Basis einer bestimmten Dokumentvorlage bearbeitet werden. Die Handhabung von Dokumentvorlagen ist in den verschiedenen Office-Paketen unterschiedlich. Das Prinzip ist aber gleich. In einer Dokumentvorlage sind alle Formatierungs-Informationen zusammengefasst, die für das Arbeiten erforderlich sind. Word stellt standardmäßig die Dokumentvorlage *Normal.dotx* oder *Normal.dotm* (enthält Makros) zur Verfügung. Darum braucht der Anwender sich also nicht zu kümmern. Alle hier gespeicherten Formatvorlagen stehen in allen Dokumenten bereit, die diese Vorlage benutzen. Nur wenn der Anwender eigene neue Formatvorlagen definiert, ist zu entscheiden, ob diese nur im aktuellen Dokument gelten sollen, oder für alle Dokumente, die auf dieser Vorlage basieren. Deshalb wird im Folgenden auch ausführlich auf das Erstellen eigener Formatvorlagen und deren Weiterverwendung in anderen Dokumenten eingegangen.

Alles in Teil 2 Gesagte bezüglich der Formatierungen gilt auch für die Formatvorlagen. In Word 2007 ist die Anwendung der Formatvorlagen auf Basis der Formatvorlagen-Kataloge weitergehend automatisiert worden. Das ist neben der Arbeitserleichterung aber auch ein Problem. Wer ohne Kenntnis des Prinzips die vorhandenen Formatvorlagen anwendet, spart zwar Arbeit und Zeit, ist aber dem Automatismus voll ausgeliefert. Und, seien wir mal ehrlich, wer möchte schon, dass die eigenen Dokumente das gleiche Aussehen haben, wie die der Kollegen? Es sei denn, die Formatierungen innerhalb einer Firma sind vorgegeben. Auf diesem Gebiet haben Formatvorlagen-Kataloge ihre besonderen Stärken, da allen Kollegen die gleichen Vorlagen zur Verfügung stehen. Auch bei dem Verfassen von Haus- und Diplomarbeiten, für die ein festes Schema vorgeschrieben ist, bewähren sich Formatvorlagen.

Es gibt in Word wohl kaum eine zweite Funktion, deren Verständnis eine so wichtige Voraussetzung für effektives Arbeiten mit Word ist, aber nur wenige Anwender nehmen sich die notwendige Zeit, um das Prinzip der Formatvorlagen zu verstehen. Doch nur wenn der Anwender weiß, was sich im Hintergrund abspielt, kann er die Vorteile dieses Konzepts auch nutzen und effektiv einsetzen. Word 2007 gaukelt dem Anwender vor: „Ein Klick genügt". Doch hier trifft das Gleiche zu, wie in Teil 2 in Bezug auf die Autokorrekturen ausgeführt, der Anwender sollte wissen, was, wie und warum etwas passiert. Nur so können diese Hilfsmittel gewinnbringend eingesetzt werden.

Insgesamt ist es aber sinnvoll, zuerst mit den vorhandenen Formatvorlagen zu üben und sie ausgiebig zu testen, um ein Gespür für die Funktion dieses Systems zu entwickeln. Erst wenn Sie eigene Erfahrung im Umgang mit Formatvorlagen erworben haben, sollten Sie sich an das Erstellen eigener Vorlagen heranwagen. Alle für das eine wie für das andere erforderlichen Arbeitsgänge werden nachfolgend beschrieben. Ziel ist, Sie sicher im Umgang mit Formatvorlagen und Formatvorlagen-Katalogen zu machen.

2. Das Prinzip der Formatvorlagen

Formatvorlagen fassen unterschiedliche Formatierungseigenschaften wie Schriftart, Zeichenattribute, Absatzausrichtung, Zeilenabstand, Tabulatoren usw. zusammen. Markierter Text kann dann mit den Formatvorlagen schnell gestaltet werden. Wenn Sie eine Vorlage zuweisen, weisen Sie eine Gruppe von Formatierungen gleichzeitig zu. Formatvorlagen gibt es nicht nur für Text sondern auch für Seiten, Rahmen, Grafiken und Tabellen. Eine Formatvorlage kann immer wieder angewendet werden, auch in weiteren Dokumenten.

Ändern Sie eine Formatvorlage, so werden alle Absätze bzw. Zeichen, denen diese Formatvorlage zugewiesen wurde, automatisch entsprechend geändert. In diesem Teil der Anleitung wird nur auf die den Text betreffenden Formate eingegangen. Die Formatvorlagen für Formen, Grafiken, Tabellen u. a. werden in weiteren Teilen beschrieben.

Wenn Sie, wie in Teil 2 gezeigt, einer Zeichenkette oder einem Absatz verschiedene Formate zuweisen, bedeutet dies mehrere Arbeitsgänge: Zuweisen der Schriftart, der Schriftgröße, des Schriftschnitts und der Farbe, zusätzlich soll noch die Absatzausrichtung und der Zeilenabstand bestimmt werden. Wenn zum Beispiel eine Überschrift auf diese Art formatiert wird, bedeutet dies fünf Arbeitsschritte. Siehe die Beispiele in Teil 2. Gesetzt den Fall, Sie haben in Ihrem Dokument mehrere Überschriften, die das gleiche Aussehen erhalten sollen, müssen Sie für jede einzelne diese fünf Arbeitsschritte durchführen. Das ist weder sinnvoll noch effektiv. Mit dem Einsatz einer Formatvorlage wird aus diesen fünf Schritten ein einziger.

3. Formatvorlagen in Word 2007

3.1 Formatvorlagen-Kataloge

Formatvorlagen

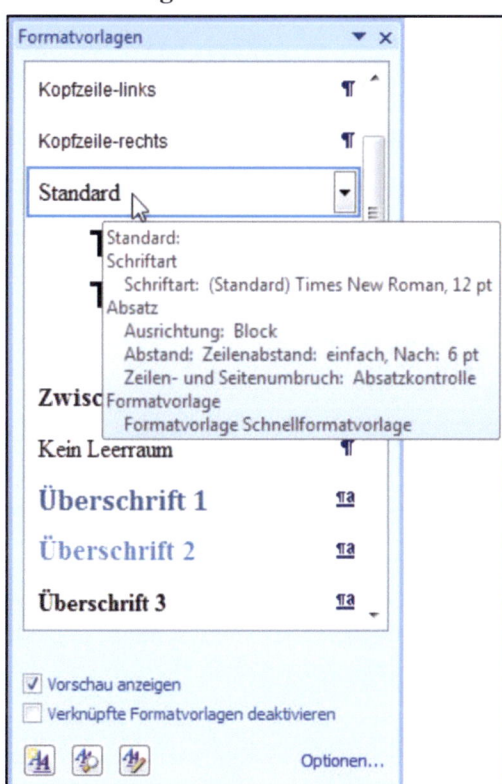

Word 2007 bringt, wie seine Vorgänger, eine Reihe Standardformatvorlagen mit, von denen angenommen wird, dass sie in vielen Dokumenten eingesetzt werden können, ohne dass der Anwender eigene Formate definieren muss, siehe Abbildung 1. In diesem Menü *Formatvorlagen*, das ähnlich wie auch in den Vorgängerversionen von Word aussieht, sind nicht nur die Namen der Formate aufgeführt, sondern der Formatname wird auch in der entsprechenden Formatierung angezeigt (diese Funktion kann ausgeschaltet werden). So kann jeder der Anwender sehen, wie der zu formatierende Text später einmal aussieht. Wenn Sie mit der Maus auf eins der Formate zeigen, wird ein PopUp-Fenster eingeblendet, in dem die Formatierungen beschrieben sind, die diesem Format zugewiesen wurden. Ein Klick auf das Format weist dem markierten Absatz die angezeigten Eigenschaften zu.

Auf die Arbeitsschritte zum Öffnen dieses Menüs wird in einem der nächsten Kapitel eingegangen.

Abbildung 1: Formatvorlagen-Katalog

Schnellformatvorlagen

Microsoft hat in Word 2007 das Prinzip der Formatvorlagen aber noch weiter ausgebaut. Zusätzlich zum oben gezeigten Formatvorlagen-Katalog gibt es im neu-

en Word den Schnellformatvorlagen-Katalog, der in der *Registerkarte Start* in der Gruppe *Formatvorlagen* angezeigt wird. Diese Formate können „mit einem Mausklick" zugewiesen werden. Auch hier können Sie neben dem Formatnamen auch das Aussehen beurteilen, es gibt aber keinen direkten Zugriff auf die Formatinformationen wie in Abbildung 1 gezeigt. Dies funktioniert hier nur über die Funktion *Ändern*, die über die rechte Maustaste aufgerufen wird und ein Fenster zum Ändern der eingestellten Formate öffnet. Ein weiterer Unterschied zum weiter oben beschriebenen Formatvorlagenfenster besteht darin, dass der Schnellformatkatalog die Voransicht (Live-Ansicht) der Textänderungen ermöglicht, nach dem Prinzip erst ansehen, dann auswählen und zuweisen, wie es im Teil 2 für andere Funktionen bereits beschrieben wurde. Dieses Prinzip ist in Word 2007 neu, alle Vorgängerversionen und auch andere Office-Programme bieten diese Funktionen nicht.

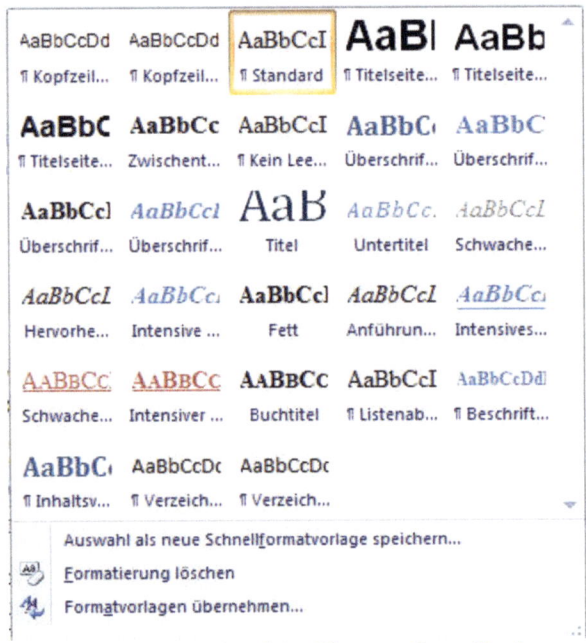

Wenn Sie den Text mit Namen „Formatvorlagen-Katalog" mit verschiedenen Formaten ausprobieren sieht das folgendermaßen aus:

FORMATVORLAGEN-KATALOG

Formatvorlagen-Katalog

Formatvorlagen-Katalog

FORMATVORLAGEN-KATALOG

Formatvorlagen-Katalog

Die Namen der Beispielformate von oben nach unten lauten: *Intensiver Verweis, Titelseite 1, Beschriftung, Buchtitel, Untertitel.*

Aus den unterschiedlichen Positionen der einzelnen Formate ist zu ersehen, dass hier nicht nur die Zeichenformatierungen wie Schriftgrößen, Schriftschnitte und Schriftfarben zugewiesen wurden, sondern auch die Absatzformatierungen, wie horizontale Ausrichtung und Zeilenabstände. Einige der Standardformate beziehen sich nur auf einzelne Wörter, andere auf einen ganzen Absatz. Welches Format auf welche Texte angewendet werden kann, können Sie ausprobieren, indem Sie in einen Absatz klicken und sehen, auf welchen Bereich sich das jeweilige Format bezieht.

3.2 Formatvorlagensätze

Neben dem bereits erwähnten Schnellformatvorlagen-Katalog gibt es eine weitere Möglichkeit, vordefinierte Formate auszuwählen, die Formatvorlagensätze. Diese sind den Formatvorlagen übergeordnet und zu jedem Vorlagensatz gibt es eine entsprechende Formatvorlage.

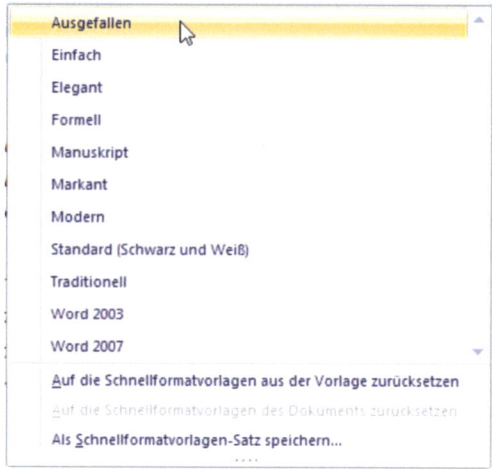

Abbildung 4: Formatvorlagensätze

In der Abbildung 4 sehen Sie die Schnellformatvorlage aus dem Vorlagensatz *Ausgefallen*. Immer wenn Sie den Formatvorlagensatz ändern, werden automatisch die Vorlagen in beiden Katalogen (Formatvorlagen- und -Katalog) geändert. Sinn und Zweck dieses Verfahrens soll es sein, durch zusammenpassende Schrift- und Absatzstile dem Dokument, in dem sie verwendet werden, ein optisch und stilistisch einheitliches Aussehen zu geben. Mit der Änderung eines Vorlagensatzes ändert sich der Stil aller im Dokument verwendeten Vorlagen. Sie können, wie bei anderen Funktionen auch, in einer Livevorschau die Änderungen begutachten.

Innerhalb eines Vorlagensatzes können sogenannte Designschriften und Designfarben zugewiesen werden. Das bedeutet, der Vorlagensatz erhält jeweils ein anderes Design, das sich wiederum auf das gesamte Dokument bezieht und diesem ein dem Stil entsprechendes einheitliches Aussehen verleihen soll. Da es sich bei den Designfarben und -schriften um Einstellungen handelt, die das ganze Dokument betreffen, werden diese in einem weiteren Teil (Registerkarte Seitenlayout) beschrieben. In der Standardeinstellung enthält Word 18 Schnellformatvorlagen, 11 Vorlagensätze, 25 Designschriften und 21 Designfarben. Diese miteinander multipliziert ergibt die Anzahl der <u>möglichen</u> Formatvorlagen (die braucht kein Mensch!). Da im Schnellformatvorlagen-Katalog nicht alle Formatvorlagen des Formatvorlagen-Kataloges enthalten sind, erhöht sich die Zahl der Formatvorlagen noch. Es wird deshalb empfohlen, sich aus erst einmal einen Überblick zu erschaffen und sich dann aus der Masse der möglichen Vorlagen die wenigen herauszusuchen, die Sie für sinnvoll halten und auch benutzen werden. Alle anderen, nicht benötigten Formatvorlagen sollten Sie eliminieren. Um das zu erreichen können Sie die jeweiligen Kataloge bearbeiten, Vorlagen heraus löschen und eigene abspeichern. Auf diese Art erhalten Sie ein übersichtliches Formatvorlagenkonzept, mit dem sich effektiv arbeiten lässt. Voraussetzung ist natürlich, dass Sie die Mühe nicht scheuen, sich dieses Konzept zu erarbeiten.

Wichtig: Alle über eine Zeichen- oder Absatzformatierung vorgenommenen Änderungen in Ihrem Text (Direktformatierung) werden von danach zugewiesenen Formatvorlagen überschrieben. Alle Zeichen- und Absatzformatierungen, die Sie nach der Zuweisung von Formatvorlagen ausführen, bleiben erhalten.

Deshalb ist die Reihenfolge der Formatierungen zu beachten. Immer erst Formatvorlagen zuweisen und danach einzelne Schrift- oder Absatzformatierungen (Direktformatierung) vornehmen, wie sie in Teil 2 beschrieben wurden. Hier ist ein breites Betätigungsfeld für Sie, um die vorhandenen Formatvorlagen auszutesten und sich selbst ein Bild über deren Einsatzmöglichkeiten zu machen.

Wenn Sie einen Vorlagensatz wechseln, ändern sich die Formatvorlagen im Schnellformatvorlagen-Katalog und im Formatvorlagen-Katalog. Dabei ist zu beachten, dass im Schnellformatvorlagen-Katalog in den Standardeinstellungen nur die wichtigsten Formate aufgeführt sind bzw. die Vorlagen, die Microsoft für die wichtigsten hält. Sie können aber Formatvorlagen aus dem Standardkatalog hinzufügen oder Vorlagen im Schnellformatvorlagen-Katalog löschen. Neue Formatvorlagen werden immer im Standardkatalog abgespeichert, von dort können sie dem Schnellformatvorlagen-Katalog hinzugefügt werden. Das betrifft Absatzvormate ebenso wie Zeichenfornate.

4. Formatvorlagen anwenden

4.1 Formatvorlagen aufrufen und zuweisen

Wie eingangs bereits ausgeführt, sind in den Formatvorlagen Gruppen von Formatierungseigenschaften zusammengefasst. Um diese Eigenschaften zuzuweisen, werden die Formatvorlagen-Kataloge aufgerufen.

In der Gruppe Formatvorlagen finden Sie alle Befehlsschaltflächen für das Zuweisen und Ändern von Formatvorlagen sowie das Erstellen eigener.

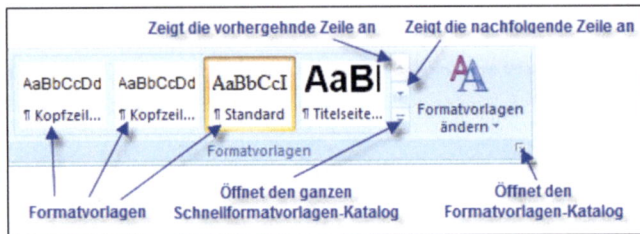

Abbildung 5: Gruppe Formatvorlagen

4.2 Formatvorlagensätze verwenden

Klicken Sie in der Gruppe Formatvorlagen auf die Schaltfläche Formatvorlagen ändern. Die Funktion dieser Schaltfläche bezieht sich nur auf die Vorlagensätze, nicht aber auf das Ändern einzelner Formatvorlagen.

Ein Klick auf die Schaltfläche *Formatvorlagen ändern* und dann auf *Formatvorlagensatz* öffnet das Arbeitsfenster für die Auswahl der Vorlagensätze, siehe Abbildung 4. Hier wählen Sie den Vorlagensatz aus, den Sie für Ihr Dokument einsetzen wollen. Es gilt: Jede Zuweisung eines Formatvorlagensatzes zeigt die Formatvorlagen des aktuellen Satzes, ändert die Formate im aktuellen Dokument entsprechend und überschreibt alle manuell zugewiesenen Zeichen- und Absatzformatierungen.

Abbildung 6: Wahl eines Vorlagensatzes

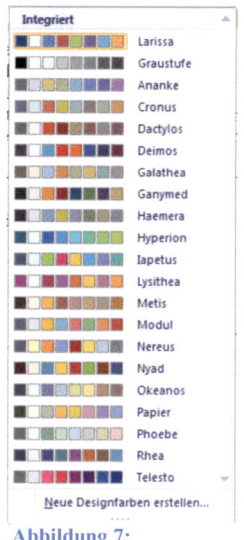

Wenn Sie den aktuellen *Vorlagensatz* auf einen anderen Farbstil umstellen möchten, zeigen Sie mit der Maus auf die Schaltfläche *Farben*, um die Design-Farbpalette zu öffnen. In der Farbpalette zeigen Sie mit der Maus auf die verschiedenen Farbkombinationen, um die Vorschau zu sehen. Um den Farbstil zuzuweisen, genügt ein Mausklick auf den ausgewählten Stil. Dadurch wird dem *Vorlagensatz* dieser Farbstil zugewiesen und Ihr Dokument wird entsprechend formatiert. Das gleiche Verfahren wird bei den Design-Schriftarten angewandt. Auch hier genügt es, den Mauszeiger über einem Schriftsymbol zu positionieren, um die Vorschau anzuzeigen. Der Mausklick weist dann den ausgewählten Stil dem Dokument zu.

Abbildung 7:
Designfarben

Abbildung 8:
Designschriften

4.3 Der Schnellformatvorlagen-Katalog

In der Gruppe Formatvorlagen sehen Sie vier Symbole aus dem Schnellformatvorlagen-Katalog in einer Zeile. Wie viele Symbole in einer Zeile angezeigt werden, hängt von der Breite des Word-Fensters ab. Ein Klick auf den unteren Pfeil neben diesen Symbolen öffnet den gesamten Katalog, siehe Abbildung 3. Ein Klick auf den mittleren Pfeil zeigt die nächste Schaltflächenzeile, ein Klick auf den oberen zeigt die vorhergehende Zeile an. Öffnen Sie nun den Katalog, klicken im Übungstext in einen Absatz und zeigen mit der Maus auf die verschiedenen Formatsymbole. Sie sehen sofort, welches Aussehen der zu formatierende Absatz annimmt. Wenn Ihnen die Formatierung zusagt, wird sie mit einem Klick zugewiesen.

Dieser Katalog kann auch über die Minisymbolleiste aufgerufen werden. Mit dem rechten Mausklick in einen Absatz öffnet sich – wie bereits beschrieben – das Kontextmenü und die Minisymbolleiste. Auf der Minisymbolleiste finden Sie die Schaltfläche für das Öffnen des Schnellformatvorlagen-Katalogs.

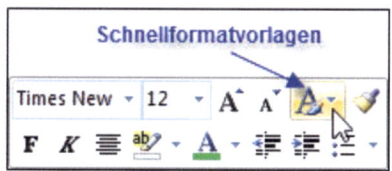

Abbildung 9: Schnellformatvorlagen-Katalog auf der Minisymbolleiste

Klicken Sie auf diese Schaltfläche öffnet sich der Katalog. Beim Start des Katalogs über die Minisymbolleiste wird keine Vorschau angezeigt. Es ist zu beachten, dass die Formatvorlagen für verschiedene Arten von Formatierungen gedacht sind. Einige beziehen sich auf einen ganzen Absatz, das sind zum Beispiel die Titel- und Überschriftenformate. Weiter gibt es Formate für Wörter oder Zeichenfolgen, das sind beispielsweise *schwacher* und *intensiver Verweis* und *Hervorhebung.* Wenn Sie in einen Absatz klicken und eines der Absatzformate wählen, wird dem Absatz das gewählte Format zugewiesen. Klicken Sie in einen Absatz und weisen ein Zeichenformat zu, wird nur dem Wort, in das Sie geklickt haben das gewählte Format zugewiesen. Wenn also eine Wortgruppe mit dem Format *Intensiver Verweis* versehen werden soll, muss diese Wortgruppe, wie in Teil 2 beschrieben, markiert und das Format mittels Mausklick zugewiesen werden, zum Beispiel:

MIT EINEM KLICK AUF DIESE SCHALTFLÄCHE ÖFFNET SICH DER KATALOG.

Dieser Satz wurde markiert und dann das Format zugewiesen. Hier wie auch an vielen anderen Punkten der Arbeit mit Formatvorlagen empfiehlt sich dringend, in Testdokumenten die verschiedenen Einstellungen auszuprobieren, bevor Sie Formatvorlagen aktiv anwenden. Dies ist die Grundlage für den späteren effektiven Einsatz von Formatvorlagen.

Wichtig: Es wird dringend davon abgeraten, in einem in Arbeit befindlichen Dokument, zum Beispiel einem Brief oder Protokoll probeweise verschiedene Formatvorlagen zuzuweisen. Da sich Schriftgrößen, Einzüge, Umbrüche, Farben usw. dabei automatisch verändern können, nimmt Ihr Dokument möglichweise ein ungewolltes Aussehen an und es ist manchmal schwierig, die Ausgangsformatierung wieder herzustellen. Da hilft nur, sofort auf die Rückgängig-Funktion zu benutzen, so oft, bis die Ausgangsformatierung wieder erreicht ist.

4.4 Der Formatvorlagen-Katalog

Klicken Sie in der Gruppe Formatvorlagen auf den kleinen Pfeil rechts unten oder nutzen die Tastenkombination Alt+Strg +⇧+S. Der Vorlagen-Katalog wird geöffnet. In der Standardeinstellung werden die Formate so angezeigt, wie die damit formatierten Texte aussehen. Diese Einstellung kann über die Schaltfläche *Vorschau anzeigen* ausgeschaltet werden:. Ein Klick auf diese Schaltfläche setzt ein Häkchen oder löscht es. Die Zeichen in der rechten Spalte des Katalogfensters bedeuteten:

¶   Absatzformat
a   Zeichenformat
¶a   Beide Formate

Abbildung 10: Vorschau eingeschaltet, Vorschau ausgeschaltet

Der Formatinspektor

Wenn Sie wissen möchten, welche Formatvorlage Sie gerade benutzen, rufen Sie den Formatinspektor (Style Inspector) auf. Dazu gehen Sie folgendermaßen vor: Ein Klick auf den Pfeil rechts unten in der Gruppe *Formatvorlagen* öffnet sich das Dialogfenster *Formatvorlagen*, siehe Abbildung 10. Im unteren Teil dieses Fensters befinden sich drei Symbole. Das mittlere Symbol öffnet das Fenster *Formatinspektor*. Hier erhalten Sie einen Überblick über die aktuelle Formatvorlage und deren Formatierungen, das kann nützlich sein, wenn Sie nicht genau wissen, welche Eigenschaften mit der Formatvorlage und welche manuell zugewiesen wurden.

Abbildung 11: Der Formatinspektor

Der Formatinspektor zeigt die Formatierungen der markierten bereiche an. Weitergehende Informationen erhalten Sie, wenn Sie hier auf die Schaltfläche *Formatierung anzeigen* klicken, dann öffnet sich das Arbeitsfenster *Formatierung anzeigen*, in dem alle Einzelheiten Ihrer Textformatierung im Detail angezeigt werden, Sie können auch die Tastenkombination ⇧ + F1 benutzen. Hier können Sie alle eingestellten Formatierungen ablesen. Im untersten Auswahlkästchen können Sie zusätzlich die Formatierungszeichen (nichtdruckbare Steuerzeichen) ein- und ausblenden.

Im Formatinspektor können Sie sich zum einen die Informationen zu den verwendeten Absatz- und Zeichenformatierungen anzeigen lassen, zum anderen auch die Formatierungen, die nach dem Zuweisen der Formatvorlagen vorgenommen wurden. Die Schaltflächen auf der rechten Seite des Formatinspektors können zum Rücksetzen auf die ursprüngliche Formatvorlage (oberste Schaltfläche) bzw. zum Löschen der angezeigten Formatierungen genutzt werden.

Übungsfragen

Frage 1: Was sind Formatvorlagen und welche Vorteile bieten sie?

Frage 2: Wie können Sie sich die den Formatnamen zugeordneten Formatierungen anzeigen lassen?

Frage 3: Welche Form eines Formatvorlagen-Katalogs ist in Word 2007 neu?

Frage 4: Wie werden Formatvorlagen eingesetzt?

Frage 5: Wie rufen Sie den Formatvorlagen-Katalog auf?

Frage 6: Wie rufen Sie den vollständigen SchnellFormatvorlagen-Katalog auf?

Frage 7: Was sind Formatvorlagensätze?

Frage 8: Welche Funktion erfüllt der Formatinspektor?

4.5 Formatvorlagen ändern und löschen

Wenn die vorhandenen Formatvorlagen nicht Ihren Vorstellungen entsprechen, können Sie diese ändern. Nicht erwünschte Formatvorlagen lassen sich in aktuellen Dokumenten einfach löschen. Das erhöht die Übersichtlichkeit in den Katalogen. Die gelöschten Formatvorlagen können auf dem gleichen Weg wieder hergestellt werden. Am einfachsten funktioniert das Ändern mit einem Rechtsklick auf eine Formatvorlage, entweder im Formatvorlagen-Katalog oder Schnellformatvorlagen-Katalog. In beiden Fällen öffnet sich ein Auswahlfenster, das in der ersten Zeile den Namen der ausgewählten Vorlage anzeigt. Wenn Sie Text markiert und ein Zeichen- oder Absatzformat zugewiesen haben, können Sie über *... aktualisieren, um der Auswahl anzupassen* ohne weitere Eingaben die Formatvorlage auf die neuen Formatierungen ändern.

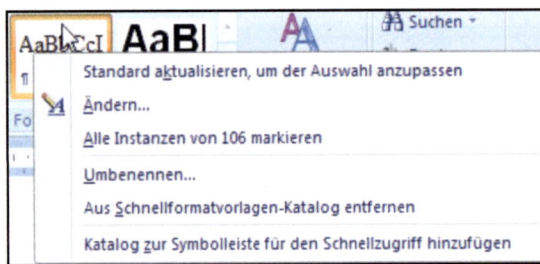

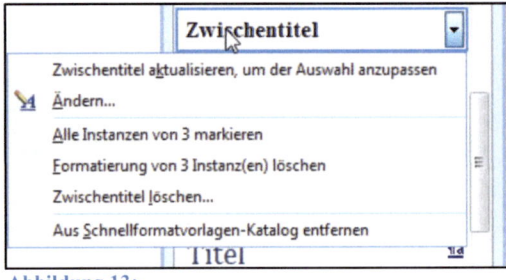

Abbildung 12:
Aufruf über den Schnellformatvorlagen-Katalog

Abbildung 13:
Aufruf über den Formatvorlagen-Katalog

In einigen Punkten unterscheiden sich die beiden Menüs voneinander. Haben Sie das Menü über den Schnellformatvorlagen-Katalog aufgerufen, können Sie die betreffende Formatvorlage aus dem Schnellformatvorlagen-Katalog entfernen, sie kann aber in diesem Menü nicht gelöscht werden. Wenn die Vorlage aus dem Schnellformatvorlagen-Katalog entfernt wird, ist sie im Formatvorlagen-Katalog immer noch vorhanden und kann nur von dort endgültig entfernt werden. Im Schnellformatvorlagen-Katalog kann die Vorlage aber umbenannt werden. Aus dem Gesagten erkennen Sie die unterschiedlichen Eigenschaften der Kataloge. Der Formatvorlagen-Katalog ist der Hauptkatalog, Dessen Formatvorlagen können auch im Schnellformatvorlagen-Katalog gespeichert werden. Das heißt: Alle Formatvorlagen aus dem Schnellformatvorlagen-Katalog finden Sie auch im Formatvorlagen-Katalog. Umgekehrt gilt dies nicht. Der Schnellformatvorlagen-Katalog beinhaltet also nur eine Untermenge des Formatvorlagen-Katalogs. Diese Tatsache ist zu beachten, wenn Sie darüber entscheiden, welchen der Formatvorlagen-Kataloge Sie zum Bearbeiten öffnen und das hängt davon ab, welche Aktionen Sie ausführen möchten. Das Menü für das Ändern einer Formatvorlage ist jedoch in beiden Fällen identisch.

In der zweiten Reihe des Fensters zur Bearbeitung der Formatvorlagen befindet sich die Befehlsschaltfläche *Ändern ...* Ein Klick hierauf öffnet das Arbeitsfenster *Formatvorlage ändern*, siehe Abbildung 14. In diesem Fenster stehen Ihnen alle Formatierungsoptionen zur Verfügung. Alle diesem Format zugewiesenen Formatierungen werden angezeigt und können geändert werden.

.

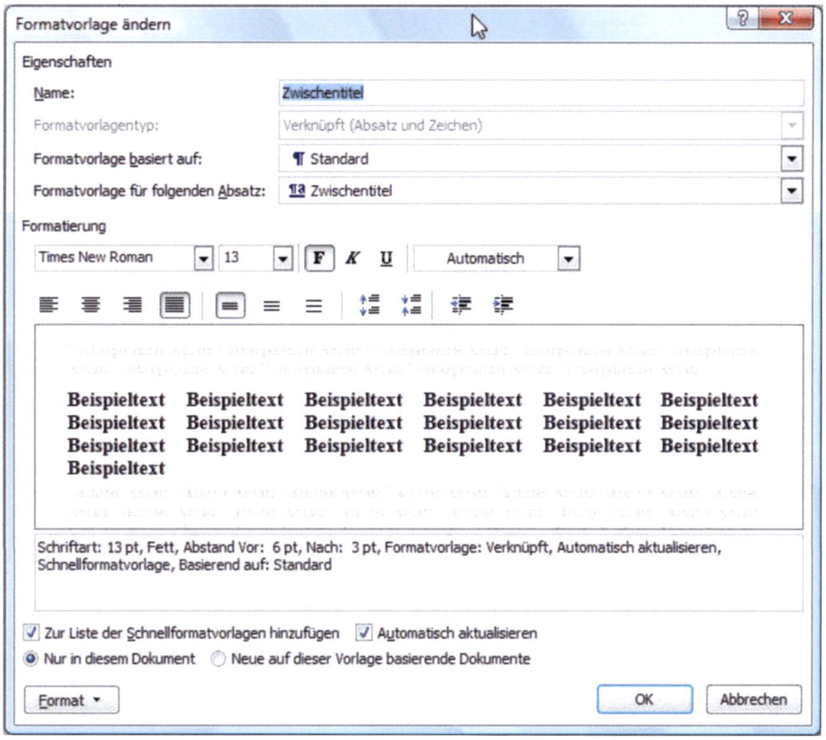

Abbildung 14: Formatvorlage ändern

Im oberen Fensterbereich sehen Sie folgendes:
Name: *Zwischentitel,* **Formatvorlage basiert auf:** *Standard*
Schrift: *New Times Roman*
Schriftgröße: *13 pt*
Schriftattribut: *fett*
Absatzausrichtung: *Blocksatz*
Zeilenabstand: *einfach*

In der Mitte wird das künftige Aussehen angezeigt, im unteren Fensterbereich die aktuellen Einstellungen. Dazu gehört, ob die Formatvorlage zum Schnellformatvorlagen-Katalog zugefügt wird und ob sie automatisch aktualisiert werden soll.

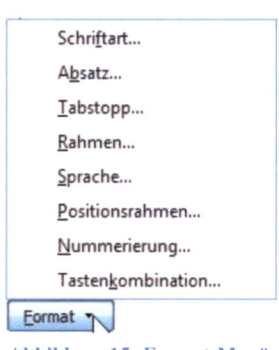

Abbildung 15: Format-Menü

Hier kann auch festgelegt werden, ob die geänderte Formatvorlage nur im aktuellen Dokument genutzt oder auch für neue Dokumente übernommen werden soll. Die Anwendung dieser Funktion ist gut zu überlegen. Formatvorlagen, die wirklich nur im aktuellen Dokument Gültigkeit haben sollen, stehen Ihnen in weiteren ähnlichen Dokumenten nicht zur Verfügung. Manchmal ist es jedoch sinnvoll, die neue Formatvorlage auch in weiteren Dokumenten einzusetzen. Mit dem Ändern einer Formatvorlage werden die vorherigen Einstellungen überschrieben. Alle hier angezeigten Formatierungen können geändert werden. Soll nur der Formatname geändert werden, können Sie dies auch über die Funktion *Umbenennen* (siehe Abbildung 12) tun.

Im Fenster *Formatvorlage ändern* befindet sich in der linken unteren Ecke die Schaltfläche *Format.* Ein Klick auf diese Schaltfläche öffnet ein Menü, in dem Sie neben den bereits erwähnten weitere Formatierungen vornehmen können. Jeder dieser Menüpunkte öffnet ein Dialogfeld gleichen Namens, also das Zeichen-, das Absatz- oder das Tabstopp-Fenster, wie sie in den *Basisfunktionen* beschrieben wurden. Im Fenster *Nummerierungen* finden Sie auch das Menü *Aufzählungszeichen*. Außerdem können Sie der aktuellen Formatvorlage eine Tastenkombination zuweisen. Wichtige, oft benutzte Vorlagen können auf diesem Weg schneller zugewiesen werden als über die Kataloge.

5. Eigene Formatvorlagen

Das Erstellen eigener Formatvorlagen erfolgt über die gleichen Arbeitsfenster wie sie in den bereits beschriebenen Arbeitsgängen vorgestellt wurden. Es gibt drei Möglichkeiten, eigene Formatvorlagen zu erstellen.

1. Eine vorhandene Vorlage zugrundelegen, die gewünschten Änderungen vornehmen und die Vorlage dann unter einem neuen Namen abspeichern. Die als Vorlage benutzte Vorlage bleibt unter ihrem bisherigen Namen erhalten.

2. Über den Formatvorlagen-Katalog. Hier werden alle Einstellungen neu eingetragen und dann ein Name zugewiesen

3. Absätze oder Texte markieren, formatieren und als neue Schnellformatvorlage speichern.

5.1 Neue Vorlagen aus vorhandenen erstellen

Wählen Sie aus den vorhandenen Formatvorlagen eine aus, die Ihren Vorstellungen von der neuen nahekommt. In diesem Fall brauchen Sie nicht zu viele Änderungen vorzunehmen. Öffnen Sie mit einem Rechtsklick dieses Format entweder im Schnellformatvorlagen-Katalog oder, wenn das gewünschte Format hier nicht abgespeichert ist, über den Pfeil in der Gruppe *Formatvorlagen* die Vorlage aus dem Formatvorlagen-Katalog. Die Funktion *Neue Formatvorlage* können Sie auch über den Formatinspektor aufrufen. In allen Fällen öffnet sich das Dialogfeld *Ändern*. Nehmen wir an, Sie wollen eine Überschrift mit großer Schrift und auffälliger Farbe in die Mitte stellen. Dazu wählen Sie als Beispiel die Formatvorlage *Überschrift 2*. Um daraus ein neues Format zu kreieren, gehen Sie folgendermaßen vor: Die Vorlage *Überschrift 2* ist im Schnellformatvorlagen-Katalog enthalten. Sie brauchen also nur mit der rechten Maustaste auf dieses Format zu klicken und das Menü zum Ändern von Formatvorlagen öffnet sich, hier klicken Sie auf *Ändern*, wie bereits weiter oben beschrieben.

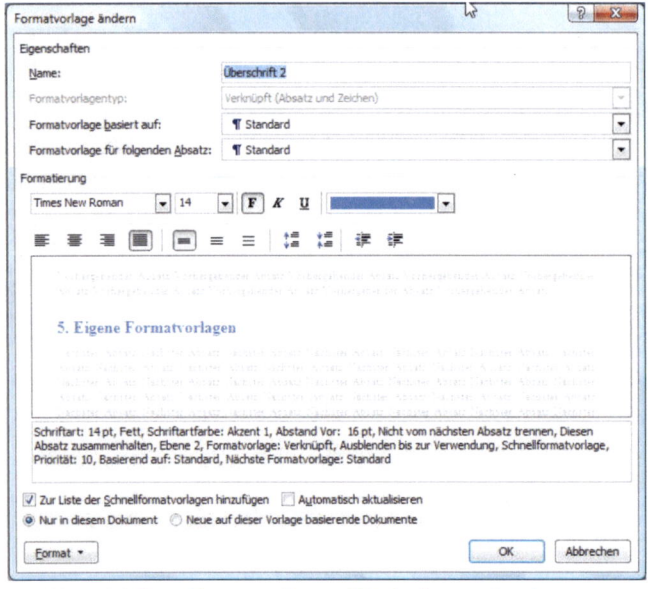

Abbildung 16: Neue Formatvorlage auf Basis einer vorhandenen

Ändern Sie den Namen in *Überschrift zentriert*. Die weiteren Felder zur Formatvorlage müssen nicht geändert werden. In den Feldern zur Formatierung werden Änderungen vorgenommen. Die Schriftart bleibt unverändert, die Schriftgröße wird auf *18 pt* festgelegt, der Schriftschnitt *Fett* bleibt unverändert. Rechts neben den Auswahlfeldern der Schriftattribute wählen Sie die Farbe rot. In der nächsten Zeile wird die Absatzausrichtung zentriert eingestellt.

Die neuen Einstellungen sehen folgendermaßen aus:

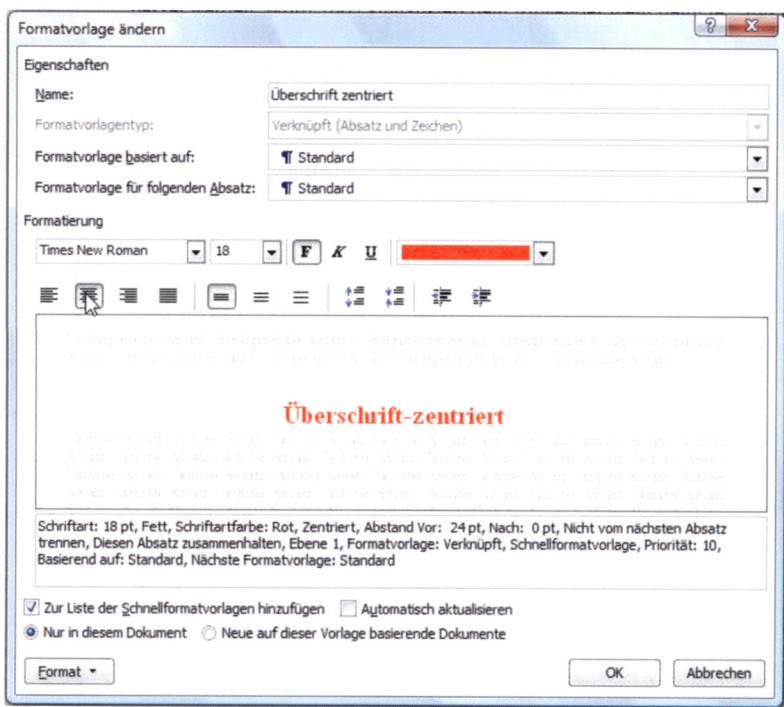

Abbildung 17: Die geänderte Formatvorlage

In der Mitte des Dialogfeldes sehen Sie, wie die neue Vorlage im Text wirkt. Hier ist es noch erforderlich, den Absatzabstand zum folgenden Text zu vergrößern. Das erreichen Sie über die Schaltfläche Format links unten, hier klicken Sie auf Absatz und geben dann die entsprechenden Werte ein, zum Beispiel 10 pt. Sie können nun noch festlegen, ob Sie diese Vorlage zur Liste der Schnellformatvorlagen zufügen wollen, ob sie automatisch aktualisiert werden soll und ob sie nur in diesem Dokument oder auch in anderen Dokumenten Gültigkeit haben soll. Ist die Vorlage, die Sie als Grundlage nehmen wollen, nicht im Schnellformatvorlagen-Katalog enthalten, dann klicken Sie im Gruppenfenster *Formatvorlagen* auf den kleinen Pfeil rechts unten und der Formatvorlagen-Katalog öffnet sich. Ein Rechtsklick auf die gewählte Vorlage und das Vorgehen wie oben beschrieben.

Wichtig: Wenn eine neue Formatvorlage aus einer vorhandenen erstellt werden soll, ist es sinnvoll, als Basis für die neue Vorlage eine der neuen Ähnliche auszuwählen, damit möglichst wenig Änderungen vorgenommen werden müssen. So wie im Beispiel gezeigt.

5.2 Neue Formatvorlage mit dem Formatvorlagen-Katalog

Öffnen Sie den Formatvorlagen-Katalog (siehe Abbildung 5) und klicken unten auf die linke Schaltfläche *Neue Formatvorlage*. Das Arbeitsfenster heißt jetzt nicht *Formatvorlage ändern* (siehe Abbildung 17) sondern *Neue Formatvorlage von Formatierung erstellen* (Abbildung 18). Der Aufbau des Dialogfeldes ist jedoch identisch. Hier tragen Sie nun alle gewünschten Eigenschaften ein. Neben dem Vorlagennamen wird nach dem Vorlagentyp gefragt. Dadurch werden die Formatvorlagen noch einmal nach Typen unterteilt. Es können folgende Vorlagentypen ausgewählt werden:

Zeichen:
Gespeichert werden alle Einstellungen, die über die *Registerkarte Start* in der Gruppe Schriftart ausgewählt werden können.

Absatz:
Alle Einstellungen, die für Absätze vorgenommen werden, wie Ausrichtung, Einzüge, Abstände

Verknüpft (Absatz und Zeichen):
Kombiniert Absatz- und Zeichenformate

Tabelle:
Enthalten Tabelleneigenschaften, wie Umrahmung und Füllfarbe, Zeilen- und Spaltengröße sowie die Texteigenschaften innerhalb einer Tabellenzelle.

Liste:
Formatierung von nummerierten Listen und Aufzählungen, Festlegung von Einzügen, Abständen, Aufzählungszeichen.

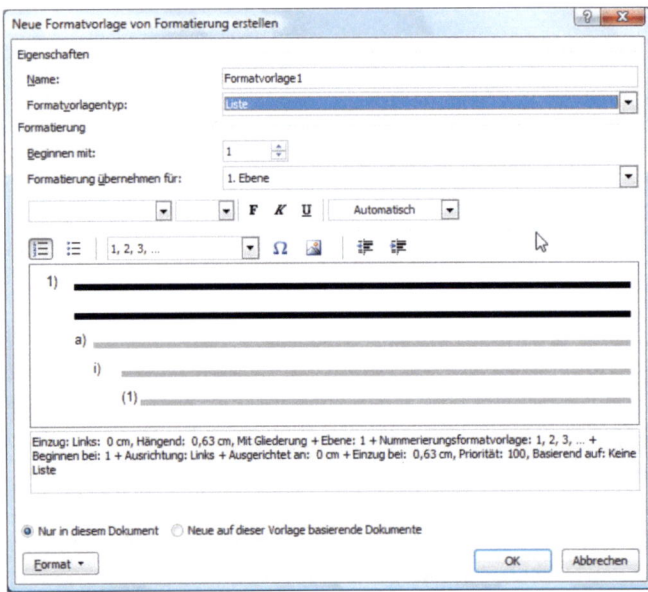

Wählen Sie einen dieser Vorlagentypen aus, zeigt das Dialogfeld die möglichen Formatierungen an. Für den Vorlagentyp *Liste* sieht das folgendermaßen aus, (Abbildung 18). In diesem Dialogfeld können Sie die Listenstruktur, die Ebenen, die Nummerierungen und anderes einstellen. Diese Einstellungen sind identisch mit den Funktionen, die in der Gruppe Absatz der Registerkarte Start vorgenommen werden können. Wenn Sie Word häufig für das Schreiben von Listen einsetzen, ist es sinnvoll, sich ein eigenes Listenformat zu erzeugen und für die tägliche Arbeit bereitzustellen.

Abbildung18: Neue Formatvorlage für eine Liste

Außerdem ist das Format einzutragen, auf dem das neue basiert (das wird in der Regel *Standard* sein) und das Format für den folgenden Absatz. Auch hier ist es sinnvoll, als Folgeformat *Standard* einzutragen. Wird zum Beispiel eine Überschrift formatiert, sollte das Folgeformat auf jeden Fall als Standard formatiert werden sonst würde laufender Text nach dem Return automatisch auch als Überschrift formatiert. Die Zeichen- und Absatzformatierungen sind mit den bisherigen Ausführungen identisch. Weiter ist zu entscheiden, ob das neue Format in den Schnellformatvorlagen-Katalog übernommen und ob das Format automatisch aktualisiert werden soll. *Automatisch aktualisieren* heißt: Änderungen, die in einem Absatz vorgenommen werden, werden auch allen Absätzen zugewiesen, die mit derselben Formatvorlage formatiert sind. Bevor hier ein Häkchen gesetzt wird, ist gut zu überlegen, ob das automatische Aktualisieren sinnvoll ist. In den meisten Fällen ist ein automatisches Aktualisieren aller Absätze eines Formates unerwünscht.

5.3 Neue Formatvorlagen von Auswahl

Neben den bisher erwähnten Verfahren kann ein neues Format auch über eine *Auswahl* erstellt werden. Dazu markieren Sie einen Text, der entweder schon ein bestimmtes Format hat, oder Sie weisen diesem Text einfach Formateigenschaften zu. Das können Schriftattribute oder Absatzeigenschaften sein. Wenn ein neues Absatzformat erstellt werden soll, genügt der Mausklick in einen Absatz Der markierte Text/Absatz nimmt das Aussehen der zugewiesenen Eigenschaften an. Wenn Sie nun mit der rechten Maustaste in diesen Text klicken, öffnet sich das bekannte Kontextmenü einschließlich Minisymbolleiste. Hier können Sie noch weitere Formatierungen zuweisen bevor Sie auf die Schaltfläche *Formatvorlagen* klicken. In dem nun geöffneten Dialogfenster klicken Sie auf *Auswahl als neue Schnellformatvorlage speichern…* Im Fenster *Neue Formatvorlage von Formatierung erstellen* tragen Sie den Namen der neuen Formatvorlage ein. Im unteren Teil des Fensters kann das Aussehen des neuen Formates begutachtet werden. Mit der Auswahl *Ändern …* öffnet sich wieder das bekannte Dialogfenster (Abbildung 19) mit der Bezeichnung *Neue Formatvorlage von Formatierung erstellen*. Hier können Änderungen und Ergänzungen zu den vorhandenen Formaten, wie bereits beschrieben, vorgenommen werden. Mit OK wird die neue Vorlage dem Schnellformatvorlagen-Katalog hinzugefügt.

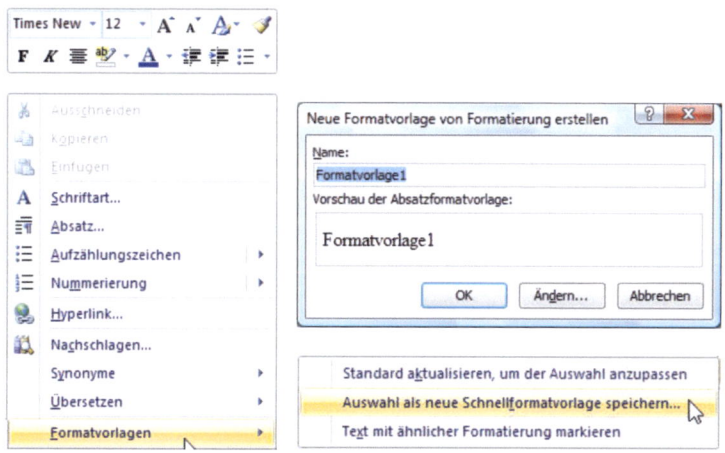

Abbildung 19: Neue Formatvorlage aus Formatierung

Außerdem können Sie hier (im Beispiel Abbildung 19, 1. Zeile des Dialogfeldes im rechten unteren Bild) die Formatvorlage Standard einfach der von Ihnen gewählten Auswahl anpassen. So kann zum Beispiel die Schriftart auf Arial und die Schriftgröße auf 10 pt festgelegt werden, wenn Sie den Auswahltext entsprechend formatiert haben. Zukünftig werden nun alle Texte im aktuellen Dokument mit der geänderten Formatvorlage Standard, also mit der neuen Schriftart und neuen Schriftgröße formatiert. Da das Format *Standard*, wie der Name sagt, als Standardtextformat festgelegt ist, betreffen die Änderungen den gesamten Text eines Dokumentes, wenn keine weiteren Formatierungen vorgenommen werden. Immer wenn ein neues Dokument angelegt wird, setzt Word automatisch das Format *Standard* für die Texteigabe und die Dokumentvorlage *Normal.dotx* oder *Normal.dotm* ein. Das *dotm* steht für eine Standardvorlage mit Makros.

Wenn Sie wissen möchten, welche Formatvorlagen in Ihrem Dokument vorkommen, können Sie diese Information drucken. Dazu öffnen Sie den Menüpunkt *Drucken* über das *Office-Menü* und wählen im Dialogfenster *Drucken* statt Dokument *Formatvorlagen*. Word druckt nun alle im Dokument angezeigten Formatvorlagen und die zugeordneten Formatierungen, also nicht nur die aktuell von Ihnen verwendeten. Aber manchmal ist so eine Generalübersicht vielleicht hilfreich.

6. Dokumentvorlagen

Dokumentvorlagen sind Vorlagen, die das gesamte Dokument betreffen. Den Dokumentvorlagen untergeordnet sind die beschriebenen Formatvorlagen. Wenn Sie Word starten und über die *Office-Schaltfläche* mit *Neu* ein neues Dokument erstellen, ist standardmäßig *Leere Seite* voreingestellt. Auf der rechten Seite dieses Dialogfensters klicken Sie unten auf Erstellen, um sich die leere Seite zu laden. Dieser Seite ist die Dokumentvorlage *normal.dotx/dotm* zugeordnet (*dotx/dotm* steht in Office 2007 für Vorlagen, *docx* für Dokumente). Wenn keine Vorlage ausgewählt wurde, wird immer mit *normal.dotx* gearbeitet. Es besteht die Möglichkeit vorhandene Vorlagen, über die Schaltfläche *Installierte Vorlagen* zu wählen und damit zu arbeiten. Hier gibt es eine Reihe verschiedener Dokumentvorlagen für bestimmte Dokumente, so zum Beispiel für Faxe, Berichte, Lebensläufe, Serienbriefe und anderes. Eigene Dokumentvorlagen können über das Dialogfeld *Meine Vorlagen* erstellt werden.

Dokumentvorlagen werden unter *Office-Schaltfläche / Neu / Vorlagen* ausgewählt. Im Vorlagen-Menü stehen eine Reihe verschiedener Vorlagen bereit, mit deren Hilfe unterschiedliche Dokumentarten leichter erstellt werden können. Diese Vorlagen sind mit Formatvorlagen, Textfeldern, Grafiken, Umrandungen u. a. voreingestellt.

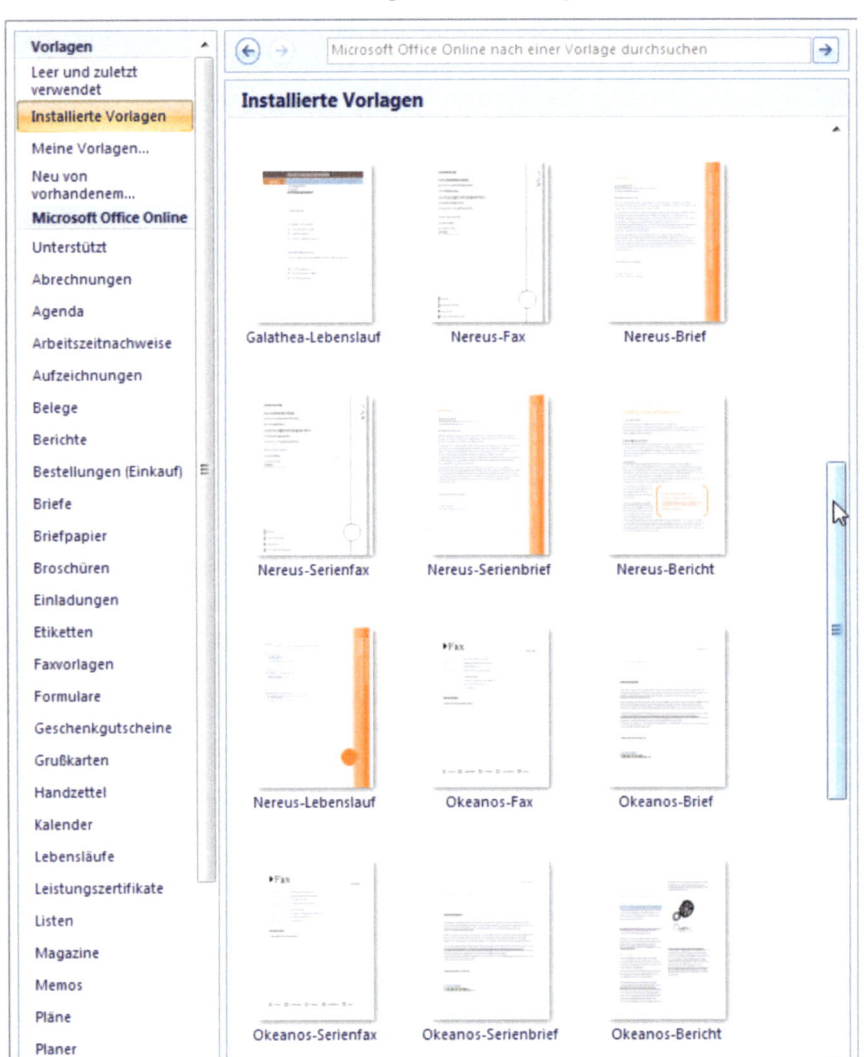

Abbildung 20: Ausschnitt aus dem Dialogfenster Vorlagen

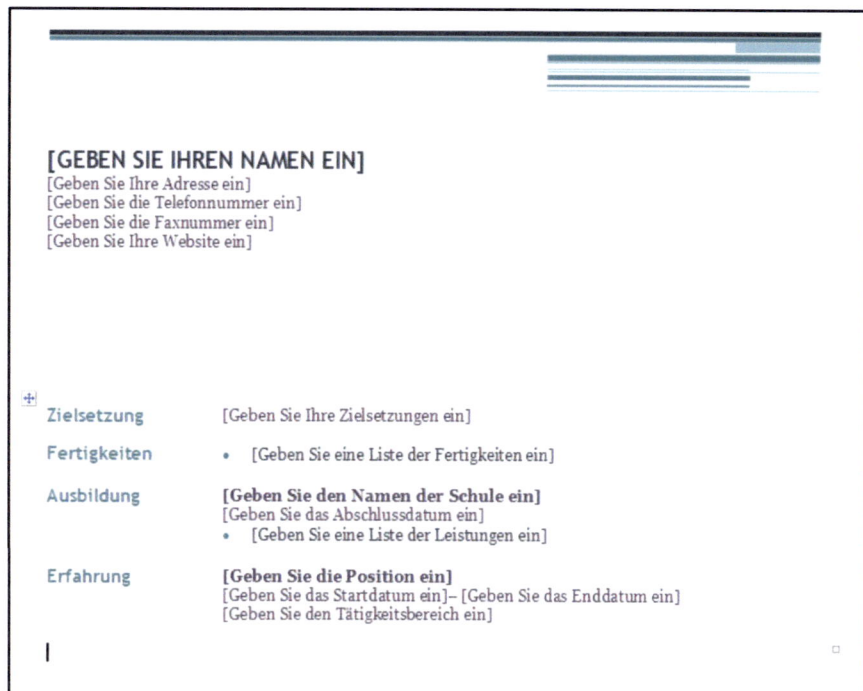

[GEBEN SIE IHREN NAMEN EIN]
[Geben Sie Ihre Adresse ein]
[Geben Sie die Telefonnummer ein]
[Geben Sie die Faxnummer ein]
[Geben Sie Ihre Website ein]

Zielsetzung   [Geben Sie Ihre Zielsetzungen ein]

Fertigkeiten   • [Geben Sie eine Liste der Fertigkeiten ein]

Ausbildung   **[Geben Sie den Namen der Schule ein]**
                     [Geben Sie das Abschlussdatum ein]
                     • [Geben Sie eine Liste der Leistungen ein]

Erfahrung   **[Geben Sie die Position ein]**
                     [Geben Sie das Startdatum ein]–[Geben Sie das Enddatum ein]
                     [Geben Sie den Tätigkeitsbereich ein]

Abbildung 21: Eine der Vorlagen Lebenslauf

Die Arbeit mit diesen Vorlagen ist selbsterklärend, da zu jeder Auswahl angezeigt wird, was zu tun ist, siehe Abbildung 21. Haben Sie eine neue Dokumentvorlage gestartet, ändern sich die Symbole in der Gruppe Formatvorlagen. Die Änderungen sind von Dokumentvorlage zu Dokumentvorlage unterschiedlich. Wie in der Dokumentvorlage *normal.dotx* können auch hier (mit einigen Ausnahmen) zusätzlich noch Formatvorlagensätze, Designfarben und Designschriftarten zugewiesen werden.

Sie können auch eigene Dokumentvorlagen erstellen. Wie bei den Formatvorlagen gibt es die drei Möglichkeiten: *Neue Dokumentvorlage*, *Neue Dokumentvorlage auf Basis einer vorhandenen* und eine *neue Dokumentvorlage aus dem aktuellen Dokument*. Sie können jedes Dokument als Dokumentvorlage speichern, zum Beispiel Faxformulare oder Geschäftsbriefvordrucke, so dass Sie auf deren Basis weitere Dokumente herstellen können. Mit dem Kommando *Speichern unter* öffnet sich das Dialogfeld *Kopie des Dokuments* speichern, hier wählen Sie in der zweiten Zeile *Word-Vorlage*. Word fragt nun nach dem Namen der Vorlage. Hier kann der vorgeschlagene Name angenommen oder ein anderer eingegeben werden.

Auf die konkreten Arbeitsschritte wird in einem weiteren Teil dieser Anleitung „Registerkarte Seitenlayout" ausführlich eingegangen.3

Wenn Sie eine neue Formatvorlage erstellt haben, ist diese Formatvorlage, wie bereits ausgeführt, anschließend nur im aktuellen Dokument enthalten, nicht aber in der Dokumentvorlage, die dem Dokument zugrunde liegt. Wenn Sie Die neue Formatvorlage in der aktuellen Dokumentvorlage speichern wollen, müssen Sie im Dialogfenster *Neue Formatvorlage* das Operationsfeld *Neue auf dieser Vorlage basierende Dokumente* einschalten. Das heißt, die von Ihnen neu erstellte Formatvorlage befindet sich maximal in der aktuellen Dokumentvorlage, nicht aber in anderen Dokumentvorlagen. Wollen Sie ein eigenes Format in mehreren Vorlagen speichern, müssen Sie dies in jeder Dokumentvorlage tun.

Auf den Umgang mit Dokumentvorlagen wird im Teil 6, Dokumente einrichten – Seitenlayout ausführlich eingegangen.

Übungsfragen

Frage 9:   Was sind Dokumentvorlagen?

Frage 10: Wozu werden Dokumentvorlagen benötigt?

Frage 11: Was ist der Unterschied zwischen Formatvorlagen und Dokumentvorlagen

Frage 12: Woran erkennen Sie, ob es sich bei einer Datei um ein Dokument oder eine Dokumentvorlage handelt?

Frage 13: Wie öffne ich eine Dokumentvorlage?

Lösungen

Frage 1:   Formatvorlagen sind die Zusammenfassung verschiedener Formatierungen zu einem Text oder Absatz. Der Vorteil von Formatvorlagen liegt in der Vereinfachung von Formatzuweisungen. Es müssen nicht mehrere verschiedene Formate einzeln zugewiesen werden, sondern die Formatvorlage enthält verschiedene Formate, die in einem Arbeitsgang zugewiesen werden. Eine Formatvorlage kann immer wieder angewendet werden.

Frage 2:   Mit einem Mausklick in der Gruppe Formatvorlagen auf den kleinen Pfeil rechts unten. Das Vorlagenfenster öffnet sich, zeigt die Maus auf einen Formatnamen, öffnet sich ein PopUp-Fenster, in dem die Formatierungen angezeigt werden. Auch über den Formatinspektor können Formatierungen eingesehen werden.

Frage 3:   Der Schnellformatvorlagen-Katalog

Frage 4:   Markierten Texten oder Absätzen wird mit einem Mausklick eine Vorlage zugewiesen. Dazu wird entweder der Schnellformatvorlagen-Katalog genutzt oder der Formatvorlagen-Katalog aus der Gruppe Formatvorlagen geöffnet.

Frage 5:   Gruppe *Formatvorlagen,* Klick auf kleinen Pfeil rechts neben dem Gruppennamen.

Frage 6:   Über die Symbole in der Gruppe Formatvorlagen, der ganze Katalog öffnet sich, wenn auf den unteren Pfeil rechts neben den Symbolen geklickt wird.

Frage 7:   Formatvorlagensätze sind den Formatvorlagen übergeordnet, jeder Satz umfasst eine Gruppe von Formatvorlagen, die im Design und Stil zusammen passen.

Frage 8:   Der Formatinspektor zeigt die Formatierungen des aktuellen Objektes an. Es werden die Formate der Vorlage und die manuell vorgenommenen Formatierungen angezeigt.

Frage 9:   In Dokumentvorlagen sind alle Formatierungseigenschaften zusammengefasst, die für verschiedenartige Dokumente benötigt werden. Sie enthalten Einstellungen, die für das gesamte Dokument gelten, wie Seitengröße, Seitenformat und zugeordnete Formatvorlagen.

Frage 10: Sie werden benötigt, um Einstellungen vorzunehmen, die für ein Dokument Gültigkeit haben, jede Dokumentvorlage enthält eigene Formatvorlagen. Mit den vordefinierten Formatvorlagen lassen sich Dokumente, wie zum Beispiel Berichte, Faxe, Lebensläufe leicht erstellen

Frage 11: Formatvorlagen werden zur Formatierung von Zeichen und Absätzen eingesetzt, sie sind den Dokumentvorlagen untergeordnet.

Frage 12: Dokumentvorlagen haben die Endung dotx oder dotm, Dokumente die Endung docx.

Frage 13: Dokumentvorlagen werden über die *Office-Schaltfläche / Neu / Vorlagen* ausgewählt und geöffnet

Nachbemerkung

Das Thema Formatvorlagen begegnet Ihnen in Word und anderen Textverarbeitungs-Programmen immer wieder. Formatvorlagen sind die wichtigsten Arbeitsmittel, wenn mit Word effektiv und umfassend gearbeitet wird. Deshalb ist es empfehlenswert, sich intensiv mit der Anwendung von Formatvorlagen zu befassen. Die Zeit, die zum Erlernen dieser Funktionen aufgewandt wird, zahlt sich später bei der täglichen Arbeit aus.

Die in Word 2007 neu eingeführten Schnellformatvorlagen ermöglichen ein schnelles Zuweisen verschiedener Formate. Das erscheint praktisch und leicht handhabbar, ist es auch, wenn das Prinzip der Anwendung von Formatvorlagen klar ist. Dieses trifft für alle Formatvorlagentypen zu, egal ob Absatz-, Zeichen-, Dokument oder Excelvorlagen.

Nicht nur für die Formatierung der Dokumente, Absätze und des Textes werden Formatvorlagen eingesetzt, sondern – wie Sie weiter sehen werden – auch für Tabellen und Illustrationen. Überall dort wo es möglich ist, mit Formatvorlagen zu arbeiten, sollten Sie dies auch tun. Voraussetzung dafür ist, dass das Prinzip verstanden wurde.

Teil 4: Die Tabellenfunktion

Inhaltsverzeichnis

1. Vorbemerkungen

Wer mit Textprogrammen arbeitet wird früher oder später auch Listen und Aufstellungen in die Dokumente einarbeiten. Die im Teil 1 beschriebene Methode, die Listenpositionen mittels Tabulator festzulegen, ist bei kleineren und einfachen Listen durchaus sinnvoll. Handelt es sich jedoch um umfangreichere Aufstellungen oder sogar um das Verarbeiten von Excel-Tabellen, dann sollte die Tabellenfunktion von Word eingesetzt werden. Diese Funktion mit ihren vielfältigen Einstellungsmöglichkeiten erleichtert das Anfertigen von Listen, Verzeichnissen, Katalogen, Prospekten, Registern u.a. in einem Word-Dokument. Wenn die Tabelle ohne Umrandungen, Zeilen- und Spaltenlinien eingerichtet wird, sieht man der fertigen Liste die Tabellenfunktion nicht an. Da auch bei der Nutzung der Tabellenfunktion mit Formatvorlagen gearbeitet wird, gilt das im Teil 3 zu Formatvorlagen Gesagte auch hier. Mit den Formatvorlagen für Tabellen können alle Eigenschaften für jede Art von Tabellen festgelegt werden. Wie auch bei den Formatvorlagen zu Textformaten gibt es eine Reihe vorgefertigter Tabellenformate, die durch eigene ergänzt und erweitert werden können. So kann sich jeder Nutzer seine speziellen Tabellenformate einrichten und abspeichern. Auf die Art stehen diese Formatvorlagen später zur weiteren Verwendung zur Verfügung und ein neues Tabellenlayout braucht nicht jedesmal neu erfunden zu werden. Wie bei den Formatvorlagen zur Textformatierung sollten Sie auch hier die Mühe nicht scheuen, sich mit dem Prinzip der Tabellen-Formatvorlagen zu befassen. Das hilft, im täglichen Umgang mit Word-Texten und -Tabellen, effektiv zu arbeiten. Hier sei noch einmal gesagt: Wer sich mit dem Grundprinzip der Formatvorlagen auseinandergesetzt und das Prinzip begriffen hat, wird mit der Tabellenformatierung keine großen Probleme haben. Da diese Funktionen nur eine weiterführende Nutzung der bereits beschriebenen Formatvorlagen sind.

Mit der Tabellenfunktion von MS Office 2007 wie auch mit den Word-Vorgängerversionen können einfache Zahlenkolonnen ebenso schnell fachgerecht formatiert werden wie eine aufwändige Preisliste. Mit den umfangreichen Tabellen-Formatvorlagen können Sie Ihre Tabellen in kürzester Zeit mit einer ansprechenden Optik versehen.

Unter Word 2007 gibt es zwei Möglichkeiten, Tabellen einzurichten und zu bearbeiten. Einmal die auch aus den Vorversionen bekannten Funktionen, die hier ähnlich nutzbar sind und zum anderen die neuen Funktionen der Tabellentools. Auf beide Arbeitsweisen wird getrennt eingegangen. Aber auch die Tabellentools greifen auf die bereits bekannten Funktionen zurück. Hier wie auch in den bisherigen Teilen beschrieben, gibt es für jede Funktion mehrere Möglichkeiten der Anwendung. Diese sind in der Kurzübersicht zu den Tabellenfunktionen beschrieben

Es wird empfohlen, die verschiedenen Möglichkeiten auszutesten, um dann die individuell passende Methode anzuwenden.

2. Tabellen einfügen und bearbeiten

2.1 Einfügen einer Tabelle

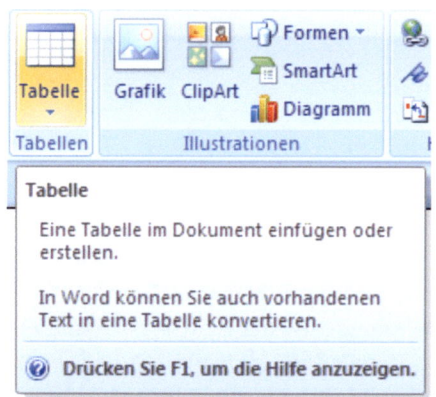

Um eine Tabelle einzufügen wählen Sie die Register-karte Einfügen und hier die Gruppe Tabellen.

Die verschiedenen Vorgehensweisen für das Einfügen einer Tabelle werden im Menü der Schaltfläche *Tabelle* zur Auswahl angezeigt (siehe Abbildung 2). Hier, wie auch an anderer Stelle bereits erwähnt, bleibt es dem Anwender überlassen, welchen Weg er in der späteren Routinearbeit bevorzugt.

Für den Einstieg und den Test ist es sinnvoll, alle Möglichkeiten einmal auszuprobieren.

Abbildung 1: Eine Tabelle einfügen

Klicken Sie auf die Schaltfläche *Tabelle* in der Gruppe *Tabellen*. Es öffnet sich das Auf-klappmenü zur Auswahl der Tabellengrößen. Dieses Tabellenmenü stellt alle Funktionen für das Einrichten einer Tabelle zur Verfügung. Sie können die *Minitabelle* nutzen oder mit der Schaltfläche *Tabelle einfügen* eine Tabelle Ihrer Wahl einfügen. Sie können die Tabelle auch zeichnen oder vorhandenen Text in eine Tabelle umwandeln sowie Excel-Tabellen einfügen. Mit der Schaltfläche Schnelltabellen stehen verschiedene vorgefertigte Tabellenformate zur Verfügung.

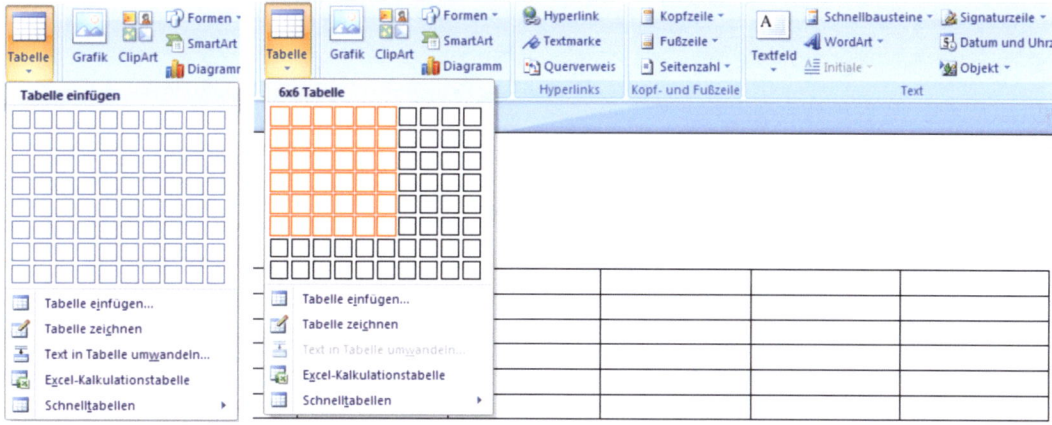

Abbildung 2: Aufklappmenü Tabelle einfügen (links) und einfügen über die Minitabelle (rechts)

Klicken Sie mit der linken Maustaste in Ihr Dokument an die Position, an der eine Tabelle eingefügt werden soll und dann auf *Tabelle*. Unter *Tabelle einfügen* wird die Vorlage für die Minitabelle geöffnet. In dieser Minitabelle können Sie die nun Anzahl der Spalten und Zeilen für die neue Tabelle mit der Maus auswählen. Wenn Sie die Maus über die angezeigten Quad-rate der Minitabelle ziehen, färben sich die Umrandungen der markierten Bereiche orange und zeigen damit die Zahl der gewählten Zeilen und Spalten der Tabelle an. Oberhalb wird die Größe der Tabelle als Anzahl der markierten Zeilen und Spalten in der Form *6x6 Tabelle* ein-geblendet. Sobald Sie die Maustaste loslassen, ist die Tabelle entsprechend der orange mar-kierten Felder ausgewählt und in Ihr Dokument eingefügt..

Ist die Livevorschau in Word aktiviert, sehen Sie gleichzeitig eine Vorschau. Ziehen Sie die Maus probehalber über die verschiedenen Bereiche der Minitabelle, um sich die Auswirkungen anzusehen. Dieses grafische Verfahren funktioniert bis zu einer Tabellengröße von 10x8, das heißt maximal 10 Spalten und 8 Zeilen. Entspricht die Tabellengröße Ihren Wünschen, genügt es, die Maustaste loszulassen. Aber auch mit einem Klick oder Return können Sie die Tabelle in Ihr Dokument einfügen.

Das Tabellenmenü bietet aber noch weitere Möglichkeiten zum Erstellen einer Tabelle. An zweiter Position im Aufklappmenü befindet sich die Schaltfläche *Tabelle einfügen*

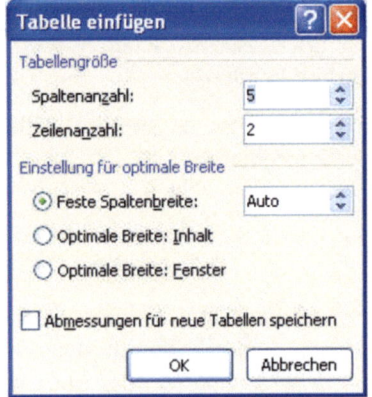

Klicken Sie auf diese Schaltfläche und das Fenster *Tabelle einfügen* öffnet sich. In diesem Fenster können Sie nun die Größe Ihrer Tabelle in freier Wahl festlegen, ohne die Begrenzung der Minitabelle auf 10x8. Mit dem Klick auf OK wird die Tabelle mit der eingegebenen Zeilen- und Spaltenanzahl in Ihr Dokument eingesetzt. Hier wird jedoch keine Livevorschau angezeigt, wie das bei Nutzung der Minitabelle der Fall ist.

Abbildung 3: Tabelle einfügen

An dritter Position finden Sie die Schaltfläch *Tabelle zeichnen*. Hier können Sie auch Ihrer Kreativität freien Raum lassen, indem Sie die gewünschte Tabelle zeichnen. Ein Klick auf die Schaltfläche stellt den Zeichenmodus ein. Der Mauszeiger verwandelt sich in das Symbol für einen Stift. Mit der Maus ziehen Sie nun den Tabellenumriss und danach die Linien für die Unterteilungen in Zeilen und Spalten. Die Linienpositionen sind frei wählbar, damit keine Lücken entstehen, schließt Word die Linien automatisch an, immer im rechten Winkel.

Abbildung 4: Funktion Tabelle zeichnen

Für die Anwendung der Funktion *Text in Tabelle umwandeln* müssen Sie den entsprechenden Text, das werden in der Regel Aufstellungen sein, markieren. Sonst ist diese Funktion nicht aktiv.

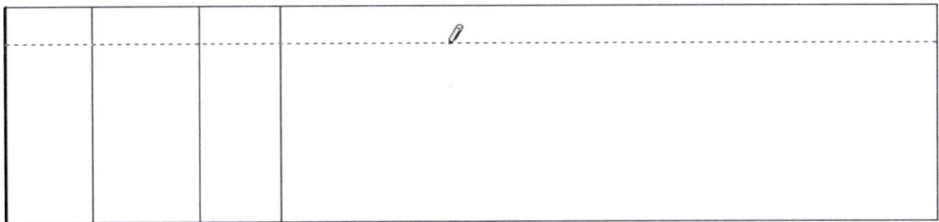

Arbeitsablauf Abbildung 5:
(1) Liste schreiben und durch Tabs trennen.
(2) Liste markieren
(3) Text in Tabelle umwandeln

Abbildung 5: Text in Tabelle umwandeln.

In diesem Fall wurde als Trennzeichen der Tabulatorverwendet. Wie Sie in Abbildung 6 lesen, können auch andere Trennzeichen eingesetzt werden.

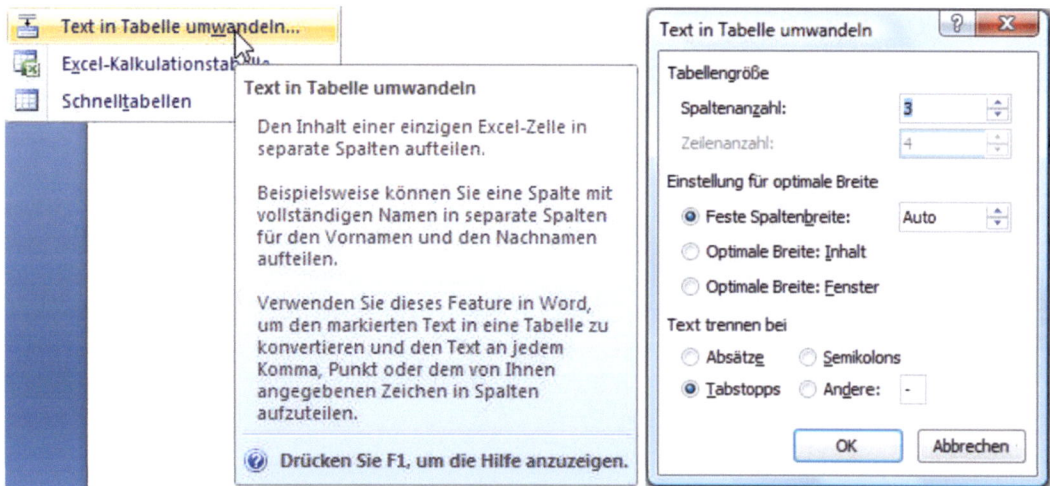

Abbildung 6: Funktionen zur Umwandlung von Text in eine Tabelle

Um eine eingefügte Tabelle wieder zu löschen, das wird in der Übungszeit öfter der Fall sein, gibt es einen einfachen Weg: Markieren Sie die Tabelle mit der Maus über die eigene Größe hinaus, also möglichst eine Zeile davor und/oder eine Zeile danach. Wenn Sie nun auf *Entf* (Del) drücken, wird die markierte Tabelle entfernt. Wenn Sie nur den Tabelleninhalt markieren, wird auch nur der Inhalt gelöscht, nicht die ganze Tabelle. Auf das offizielle Verfahren zum Löschen einer Tabelle wird im Kapitel *Tabellentools* später eingegangen.

Mit Hilfe des Tabellenmenüs können auch Excel-Kalkulations-Tabellen eingefügt werden. Klicken Sie dazu auf *Excel-Kalkulationstabelle* im Tabellen-Einfügen-Menü Wenn Sie diese Funktion wählen, fügt Word eine Tabelle ein, die das Aussehen einer Excel-Tabelle hat und die Excel-Funktionen zur Verfügung stellt. Innerhalb von Word wird sie wie eine normale Tabelle behandelt und in den Text nach Wunsch integriert. Erst wenn Sie in diese Excel-Tabelle hinein klicken, wird sie aktiviert und die Excel-Funktionen können genutzt werden. Voraussetzung: Sie müssen neben MS Word auch MS Excel installiert haben.

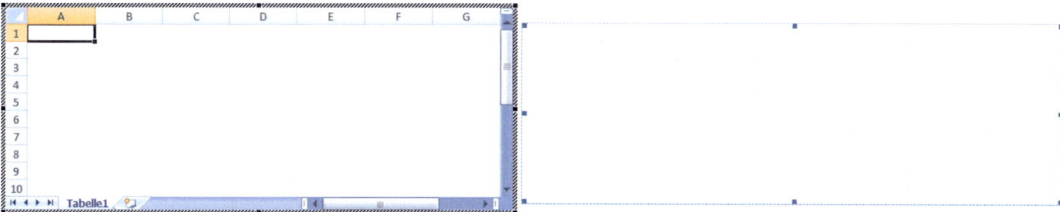

Abbildung 7: Excel-Tabelle links aktiv, rechts passiv

Eine weitere Möglichkeit, eine Tabelle einzufügen, bietet die Funktion *Schnelltabellen.* Word stellt hier einige Standardtabellen, wie zum Beispiel Kalender, einfache und auch komplizierte Aufstellungen zur Verfügung. Wenn Sie im Tabellen-Einfügen-Menü mit der Maus auf den Eintrag *Schnelltabellen* zeigen, öffnet sich ein Auswahlfenster mit den vorhandenen Schnelltabellen. Hier können Sie eine der vorgefertigten Tabellenarten auswählen und dann bearbeiten. Abbildung 8 zeigt eine Auswahl aus dem Menü Schnelltabellen.

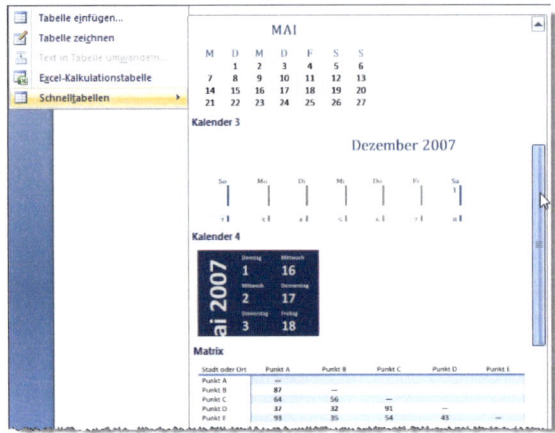

Abbildung 8: Schnelltabellen

Scrollen Sie über das Fenster, um sich alle Schnelltabellen anzusehen. Es zeigt eine Auswahl an vorgefertigten Tabellen. Nicht alle werden Ihren Vorstellungen entsprechen. Sie können jedoch jede dieser Schnelltabellen nach Ihren Ansprüchen bearbeiten und anpassen. In manchen Fällen ist dies der kürzere Weg, eine anspruchsvolle Tabelle zu erhalten.

Auch die von Ihnen selbst entwickelten Tabellen lassen sich als Schnelltabellen speichern. Das macht vor allen dann Sinn, wenn Sie ständig wiederkehrende Tabellenstrukturen benötigen.

2.2 Mit Tabellen arbeiten

Haben Sie nach einem der vorbeschriebenen Verfahren eine Tabelle in Ihr Dokument eingefügt, zeigt diese das Standardaussehen. Die Tabelle wird automatisch in der Breite dem vorhandenen Seitenlayout und in der Höhe der eingestellten Schriftgröße angepasst.

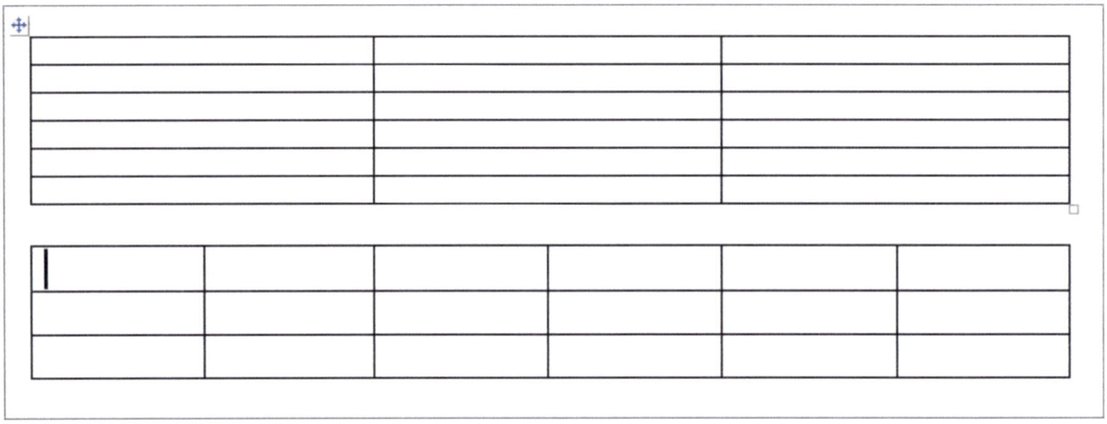

Abbildung 9: Standardtabellen

Im oberen Beispiel der Abbildung 9 sind drei Spalten über die Seitenbreite verteilt und die Höhe ist einer Schriftgröße von 10 pt angepasst. Im unteren Beispiel verteilen sich 6 Spalten über die Seitenbreite, die Höhe entspricht der Schriftgröße von 16 pt. Die Tabellen-, Spalten- und Zeichengrößen können nach Bedarf geändert und angepasst werden. Sie können aber mit diesen Standardeinstellungen erst einmal arbeiten und Text sowie Zahlen hineinschreiben. Änderungen und Anpassungen können auch später vorgenommen werden.

2.2.1 In Tabellen navigieren, Zellen markieren

Jede Tabelle besteht aus einer beliebigen Anzahl von Tabellenfeldern, Zellen genannt. Um von einer Zelle in eine andere zu gelangen, benutzen Sie die vier Pfeiltasten oder klicken einfach mit der Maus in das gesuchte Feld. Horizontal, also von Spalte zu Spalte können Sie auch mit Hilfe des Tabulators springen. Der Tabulator hat in Tabellen die Funktion der horizontalen Navigation von Zelle zu Zelle. Hat er die letzte Zelle in der Zeile erreicht, springt er auf die erste der nächsten Zeile. Wollen Sie einen Tabulator innerhalb einer Tabellenzelle anwenden (was selten der Fall sein wird), benutzen Sie die Tastenkombination *Strg+Tab*.

Horizontal, also von Spalte zu Spalte können – und sollten – Sie mit der Tabulator-Taste springen. Die Pfeiltasten → und ← sind nur in leeren Zellen für die Navigation sinnvoll: Sind

Zellen mit Text oder Zahlen gefüllt, springt der Cursor bei Nutzung der Pfeiltasten jeweils von Zeichen zu Zeichen und erst am Textanfang oder -ende in die nächste Zelle Die Pfeiltasten zur vertikalen Navigation ↑ und ↓ können problemlos zum Springen in die obere oder untere Zelle genutzt werden.

Wenn die Funktion *Absatzmarken anzeigen:* ¶ im Register *Start / Gruppe Absatz* markiert ist, wird in der Tabelle das Zellenendezeichen ¤ angezeigt.

¤	¤
¤	¤
¤	¤

Überschrift·¤	¤
Inhalt1¤	¤
Inhalt2¤	¤

Die Absatzausrichtung (links, zentriert, rechts) innerhalb der Zellen wird am einfachsten über die Symbole in der *Registerkarte Start / Gruppe Absatz* eingestellt. Als Standard ist linksbündig voreingestellt. Um die Absatzausrichtung einzustellen, sind die in Frage kommenden Zellen zu markieren. Das kann auf unterschiedliche Arten vorgenommen werden. Mit einem Mausklick setzen Sie den Cursor in die ausgewählte Zelle. Nun können die Einstellungen vorgenommen werden. Mehrere Zeilen und/oder Spalten werden durch das Ziehen der Maus mit gedrückter linker Maustaste über den auszuwählenden Bereich markiert. Ganze Spalten werden am einfachsten markiert, indem der Mauszeiger direkt über die zu markierende Spalte geführt wird bis er sich in diesen Pfeil ↓ verwandelt (1), siehe Abbildungen unten. Ein Klick markiert eine Spalte oder mehrere. Dazu wird besagter Mauszeiger über mehrere Spalten gezogen. Zeilen werden markiert, indem der Mauszeiger links neben die zu markierende Zeile gesetzt wird, bis er sich in den bereits bekannten nach oben rechts zeigen Mauspfeil verwandelt (2). Wieder ein Klick markiert die ausgewählte Zeile. Eine einzelne Zelle kann auch markiert werden, indem mit der Maus so lange gezirkelt wird, bis sich der Mauszeiger in einen kleinen nach rechts oben zeigenden schwarzen Pfeil ↗ verwandelt (3) und Klick. Mehrere Zeilen werden markiert, indem verfahren wird wie beim Markieren einer einzelnen Zeile. Die Maus wird jedoch von oben nach unten oder von unten nach oben über den Bereich vor die zu markierenden Zeilen gezogen und die Aktion mit einem Klick abgeschlossen (4).

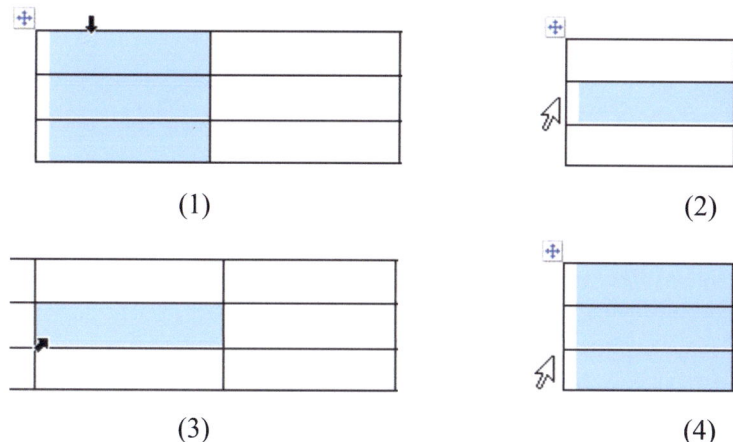

(1) (2)

(3) (4)

2.2.2 Tabelle mit Inhalten füllen

In jede Zelle einer Tabelle können Sie Text oder Zahlen oder auch einfache Formeln einfügen. Das funktioniert wie eine normale Texteingabe, ist aber jeweils auf die aktuelle Zelle beschränkt. Wie Sie von einer Zelle zur anderen springen, wurde bereits erläutert. Die Formatierung der einzelnen Zellen können vor einem Eintrag oder auch danach vorgenommen werden. In der Regel werden die eingegebenen Zeichen linksbündig eingetragen. Texte sollten linksbündig bleiben, Zahlen aber rechtsbündig festgelegt werden. Handelt es sich um Dezimalzahlen, sind die Stellen nach dem Komma auszuschreiben, damit sie richtig untereinander stehen, also zum Beispiel 1,10 oder 2,00. Eine Ausnahme bildet eine eingefügte Excel-Tabelle. Da diese auf die installierte Excel-Version zugreift, können hier die gewünschten Nachkommastellen eingestellt werden, die das System nach Bedarf ergänzt. Dann genügt es nach dem oben gezeigten Beispiel 1,1 oder 2 einzugeben. Wie bereits erwähnt, wird die gewünschte Ausrichtung über die *Gruppe Absatz* (*Registerkarte Start*) oder über die *Minisymbolleiste* festgelegt. Die Schriftgrößen und -schnitte weisen Sie über die *Gruppe Schriftart* in der *Registerkarte Start* zu. Die Abstände der Inhalte von den Umrahmungen sind mit 0,19 cm links und rechts voreingestellt, oben und unten sind keine Abstände eingestellt. Das kann mit der Funktion *Textbegrenzungen* über die Tabellentools individuell geändert werden. Das Verfahren wird später erläutert.

Übung 1

a) Erzeugen Sie eine Tabelle, die 4 Spalten und 5 Zeilen enthält. Sie soll die Grundlage für eine Materialdatei sein. Die erste Spalte und die erste Zeile werden als Überschriften formatiert.

b) Weisen Sie der ersten Zeile und der ersten Spalte die Schriftgröße 14 pt und fett zu, so dass die Tabelle folgendes Aussehen erhält:

Spalte1	Spalte2	Spalte3	Spalte4
Zeile1			
Zeile2			
Zeile3			
Zeile4			

Die übrigen Zellen formatieren Sie mit der Schriftgröße 12 pt und dem Schriftschnitt normal. Die Schriftart für alle Zellen wird mit Arial festgelegt. Tragen Sie folgende Inhalte in die Zellen ein:

Spaltenüberschriften:
Spalte 1 = Artikel, Spalte 2 = Nettopreis in €,
Spalte 3 = Bruttopreis in €, Spalte 4 = Bestand

Zeilenbeschriftung der ersten Spalte:
Leitz-Ordner, Elba-Ordner, Herlitz-Ordner, Viking-Ordner

Zeileninhalt Zeile 1: 3,90, 4,64, 23
Zeileninhalt Zeile 2: 2,29, 2,73, 10
Zeileninhalt Zeile 3: 2,19, 2,61, 15
Zeileninhalt Zeile 4: 1,69, 2,01, 12

Die Spaltenüberschriften formatieren Sie zentriert, die Textzellen linksbündig, die Zellen mit Zahlen rechtsbündig. Die Formatierungen können – Zellen markieren vorausgesetzt – vor oder nach der Texteingabe vorgenommen werden.

In dieser Übung geht es nur um das Markieren, das Formatieren des Tabelleninhaltes und das Eintragen von Text und Zahlen in die einzelnen Zellen, so wie vor beschrieben. Das Formatieren der Tabellen selbst wird später erläutert, ebenso auf die Möglichkeit, Spalten- und Zeilensummen zu bilden.

2.3 Festlegen der Tabelleneigenschaften (Formatieren)

2.3.1 Zellengröße verändern mit Hilfe der Maus

Um die Zeilen- und Spaltenposition in einer Tabelle zu verändern, zeigen Sie mit der Maus auf die zu verschiebende Linie bis sich der Mauszeiger in einen Doppelpfeil verwandelt, ziehen Sie nun die Linie an die gewünschte Position und lassen los.

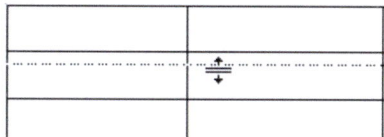

Die Position der Zeilen- oder Spaltenlinien wird auf den Linealen in Form von Spaltenmarken (horizontal) oder Zeilenmarken (vertikal) exakt angezeigt. So können die Abstände beim Verschieben also genau eingestellt werden.

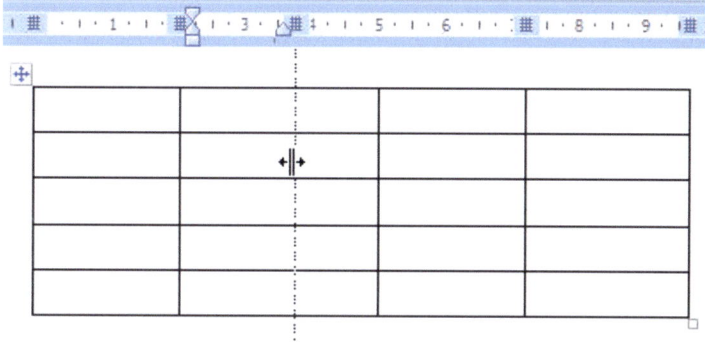

Das kleine Kreuz links oben neben der Tabelle (Verschiebepunkt) ermöglicht das Verschieben der gesamten Tabelle mit gedrückter Maustaste und das Markieren der Tabelle durch einen Mausklick. Mit dem kleinen Quadrat rechts unten (Ziehpunkt) wird die Tabelle skaliert (nach Wunsch vergrößert oder verkleinert), bei gleichzeitigem Drücken der Umschalt-Taste wird proportional skaliert, das Verhältnis von Länge zur Breite bleibt erhalten.

Voraussetzung für die Anzeige der Zeilenmarken ist das Aktivieren der Anzeige des vertikalen Lineals über die Word-Optionen.

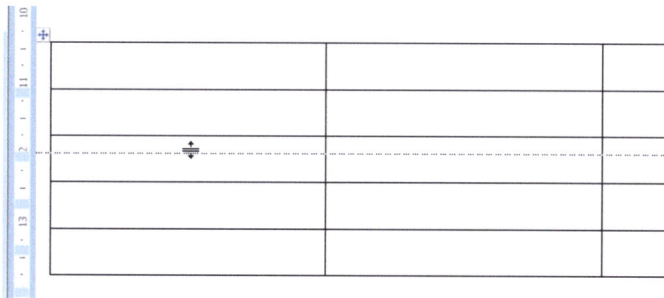

Die Zellbreite und -höhe kann auch über das Tabellen-Kontextmenü eingestellt werden, das durch einen Klick mit der rechten Maustaste in einen markierten Bereich geöffnet wird. Beim Verschieben von Rahmenlinien können Sie sich die Spaltenbreite auf dem horizontalen Lineal und die Zeilenhöhe auf dem vertikalen Lineal anzeigen lassen. Dazu müssen Sie beim Verschieben der Linien die Alt-Taste gedrückt halten. Die Anzeige erfolgt in cm.

2.3.2 Formatieren über das Kontextmenü – Tabelleneigenschaften

Markieren Sie einen Bereich innerhalb der Tabelle oder die ganze Tabelle und klicken dann mit der rechten Maustaste in die Markierung oder benutzen Sie die Kontextmenütaste. Das Kontextmenü für die Bearbeitung einer Tabelle öffnet sich.

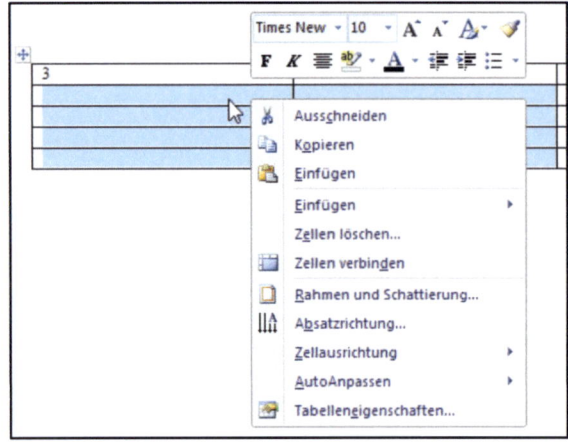

Abbildung 10: Tabellen-Kontextmenü

Hier finden Sie alle Funktionen, die für die Arbeit mit Tabellen relevant sind. Für die Textformatierung wird, wie bereits bekannt, die *Minisymbolleiste* geöffnet. Die oberen drei Zeilen des Kontextmenüs enthalten die aus der Textverarbeitung bekannten Funktionen und werden auch so auf die markierten Zellen angewandt. Die Funktion *Ausschneiden* löscht den Inhalt der markierten Zellen und transportiert ihn in die Zwischenablage. Ist die gesamte Tabelle markiert, ist dies ein Weg, sie zu löschen. Aus der Zwischenablage können die gelöschte Tabelle und die Zelleninhalte wieder zurückgeholt werden. Die Funktionen *Kopieren* und *Einfügen* werden ihren Bezeichnungen entsprechend angewandt. Das Gleiche wird über die Tastenkombinationen *CTRL X, CTRL C, CTRL V* erreicht. Der Inhalt von Zellen kann auch ganz einfach mit der Maus von einer Zelle in eine andere verschoben werden: Inhalt markieren und mit gedrückter Maustaste in die gewünschte Zelle ziehen.

Alle anderen Funktionen beziehen sich ausschließlich auf die Arbeit mit Tabellen:
Einfügen von Zeilen oder Spalten, *Löschen* von Zellen, *Verbinden* mehrerer Zellen
Rahmen und Schattierungen festlegen, *Absatzausrichtung* festlegen.

Zeigt die Maus auf die Funktion *Zellausrichtung* öffnet sich das zugehörige Aufklappmenü. Hier wird festgelegt, wie der Text innerhalb der Zelle angeordnet wird, vertikal und horizontal. Auch die Funktion *Autoanpassen* wird durch das Zeigen mit der Maus geöffnet. Hier wird festgelegt, wie die markierten Spalten an vorhandene Einträge angepasst werden sollen.

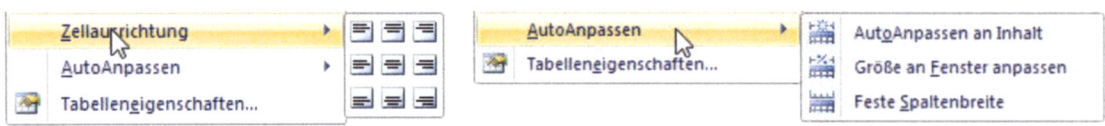

Autoanpassen an Inhalt:	Die Spaltenbreite wird an die Einträge angepasst, dadurch verschieben sich bei längeren Einträgen die Spaltenbegrenzungen so weit bis in der Seitenbreite kein Platz mehr bleibt. Danach wird in den betroffenen Spalten ein Zeilenumbruch eingefügt..
Größe an Fenster anpassen:	Die Tabelle wird an die Seitenbreite des Dokumentes angepasst, unabhängig von der jeweiligen Spaltenbreite
Feste Spaltenbreite:	Die Tabelle behält ihre Originalgröße, die Spaltenpositionen können innerhalb der Tabelle verschoben werden. Ist der Text innerhalb einer Spalte breiter als diese, wird automatisch ein Umbruch eingefügt.

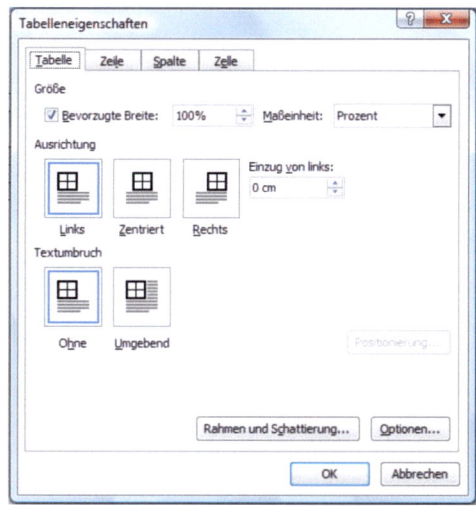

Abbildung 11: Eigenschaftsfenster/Tabelle

Ein wichtiges Werkzeug für die Arbeit mit Tabellen ist die Funktion *Tabelleneigenschaften*. Ein Klick auf diese Schaltfläche öffnet das gleichnamige Arbeitsfenster *Tabelleneigenschaften.* Im Menü *Tabelle* wird die Position der Tabelle innerhalb des Textes festgelegt. Die Rahmeneigenschaften der Tabelle sowie die jeweiligen Abstände des Zelleninhaltes von den Zellenbegrenzungen. Über die Schaltfläche *Rahmen und Schattierung* am unteren Rand können Rahmenlinien und Hintergrundfarben eingegeben werden. Einfacher ist dies wenn Sie bei markierter Tabelle im *Register Start / Gruppe Absatz* die Rahmen-Schaltfläche benutzen. Hier finden sich alle Funktionen für die optische Gestaltung Ihrer Tabelle. Über die Schaltfläche Optionen legen Sie die Abstände der Zelleninhalte von den Begrenzungslinien fest. Markieren Sie die Schaltfläche *Kein Rahmen*, werden die Rahmen-, Spalten- oder Zeilenlinien (je nach Einstellung) nicht angezeigt. Um die Arbeit in der Tabelle nicht zu erschweren, sollte nun *Gitternetzlinien anzeigen* eingeschaltet werden.

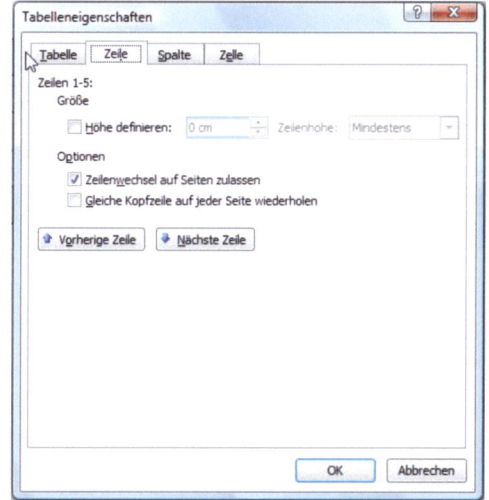

Abbildung 12: Eigenschaftsfenster/Zeile

Die Schaltfläche Zeile öffnet das gleichnamige Arbeitsfenster. Hier können Sie über die Schaltfläche *Höhe definieren* die Höhe der markierten Zeilen individuell festlegen. Wird hier kein Wert eingegeben, richtet Word die Zeilenhöhe nach der Schriftgröße ein. Haben sie einen Wert (z. B. 0,8 cm) eingegeben, sollten Sie im Menü *Zelle* des Tabelleneigenschaften-Fensters die vertikale Position des Zelleninhaltes auf *zentriert* stellen. Diese Einstellung können Sie auch unter dem Menüpunkt *Zellausrichtung* (siehe Abbildung 10) vornehmen.

Unter Optionen können Sie festlegen, ob beim Seitenwechsel das Trennen der letzten Zeile zugelassen werden soll und ob das Wiederholen der Kopfzeile auf allen Seiten erwünscht ist. Beide Einstellungen sind nur bei großen Tabellen, die sich über mehrere Seiten erstrecken, sinnvoll.

Übung 2

1) Benutzen die Tabelle aus Übung 1. Diese Tabelle soll nun ein professionelles optisches Aussehen erhalten. Setzen Sie die Zeilenhöhe auf 0,8 cm fest. Ziehen Sie die Spaltenlinien mit der Maus so weit nach links, dass sich die Spalteninhalte gerade noch in einer Zeile befinden und kein Umbruch eingefügt wird.

2) Zentrieren Sie den Inhalt der Zellen vertikal.

3) Stellen Sie nun die Rahmenlinien auf 2¼ pt mit der Farbe grün ein und weisen dem Hintergrund eine hellgelbe Schattierung zu.

3. Die Word-Tabellentools

Sie werden bereits bemerkt haben, dass über der Registerkartenleiste eine neue Funktion (*Tabellentools*) eingeblendet wird, wenn Sie eine neue Tabelle entwerfen. Hier wird die Strategie weitergeführt, dem Anwender durch vorgefertigte Formate und eine Livevorschau die Arbeit zu erleichtern. Ähnlich wie die Schnellformatvorlagen für Texte werden hier im Register *Entwurf* Schnellformatvorlagen für die Formatierung von Tabellen angezeigt. Die Tabellentools enthalten neben der *Registerkarte Entwurf* noch die *Registerkarte Layout*.

Wenn Sie eine neue Tabelle in Ihr Dokument einfügen, wird gleichzeitig mit dieser Funktion auch die zugehörige Multifunktionsleiste der Registerkarte *Entwurf* geöffnet.

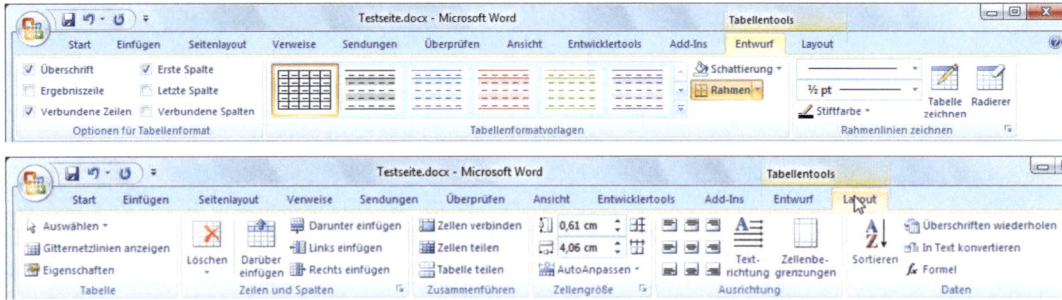

Abbildung 13: Tabellentools, oben: Registerkarte Entwurf, unten: Registerkarte Layout

Somit kommen zwei weitere Multifunktionsleisten zu den bereits bekannten hinzu, die jedoch nur für die Arbeit mit Tabellen bereitstehen, Abbildung 13. Die Funktion *Tabellentools* wird erst angezeigt, wenn den Mauszeiger in eine Tabelle setzen. Standardmäßig wird immer erst die Multifunktionsleiste der *Registerkarte Entwurf* eingeblendet. Soll die Multifunktionsleiste der *Registerkarte Layout* angezeigt werden, ist sie mit der Maus oder der Pfeiltaste → auszuwählen.

3.1 Tabellentools, Registerkarte Entwurf

Wie die Bezeichnung *Registerkarte Entwurf* besagt, werden hier die Funktionen für den Entwurf einer Tabelle zur Verfügung gestellt. Die Registerkarte enthält drei Gruppen: *Optionen für das Tabellenformat*, *Tabellenformatvorlagen* und *Rahmenlinien zeichnen*.

3.1.1 Gruppe Optionen für Tabellenformat

Abbildung 14: Besondere Formatierungen anzeigen

Im Beispiel der Abbildung 14 sollen die *besonderen Formatierungen* der Überschrift, der ersten Spalte, der Ergebniszeile und der letzten Spalte angezeigt werden. Über diese Funktion kann das Aussehen, zum Beispiel von Ergebniszeilen oder Spalten sowie der Umgang mit Überschriftenzellen festgelegt werden. Zeigen Sie mit der Maus auf eine der Schaltflächen in der Gruppe *Optionen für Tabellenformat*, wird das zugehörige Hilfefenster für *Überschrift (erste Zeile), Erste Spalte, Ergebniszeile, Letzte Spalte* eingeblendet. In der Gruppe Tabellenformatvorlagen werden die verschiedenen Layouts angezeigt, die den von Ihnen ausgewählten Optionen entsprechen.

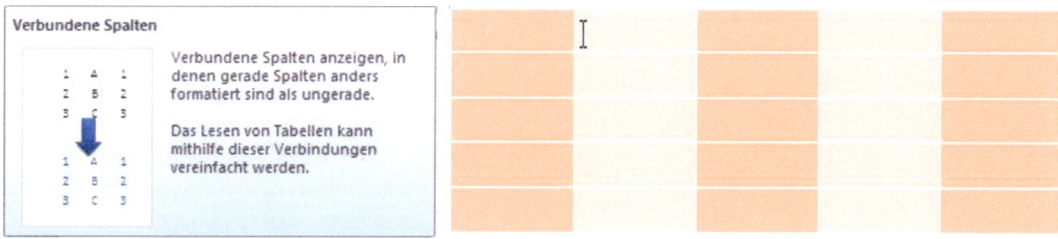

Abbildung 15: Anzeigen verbundener Spalten

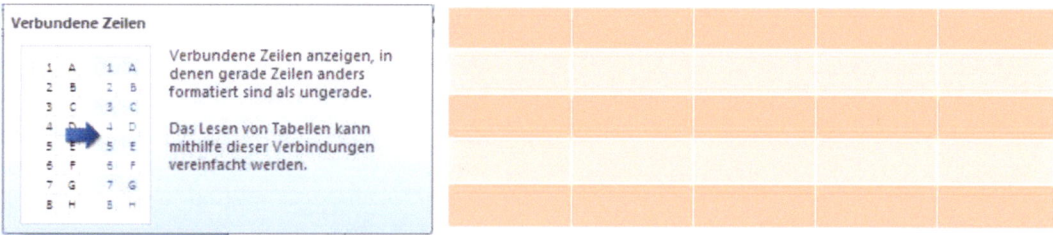

Abbildung 16: Anzeigen verbundener Zeilen

In den Abbildungen 15 und 16 wird gezeigt, wie sich das Markieren der Auswahlkästchen *Verbundene Spalten* und *Verbundene Zeilen* in der Gruppe Optionen auf das Aussehen der Tabelle auswirkt und was damit gemeint ist. Die Bezeichnung dieser Funktion ist meines Erachtens nicht selbsterklärend.

3.1.2 Gruppe Tabellenformatvorlagen

Bei den Tabellenformatvorlagen handelt es sich um die vorgefertigte Formatvorlagen für das äußere Aussehen einer Tabelle, also Farben der Zellen, Zeilen und/oder Spalten, Schrift- und Linienfarben. Das Prinzip der Anwendung ist das Gleiche wie bei Anwendung des Schnellformatvorlagen-Katalogs für die Textformatierung.

Abbildung 17: Tabellen-Formatvorlagen

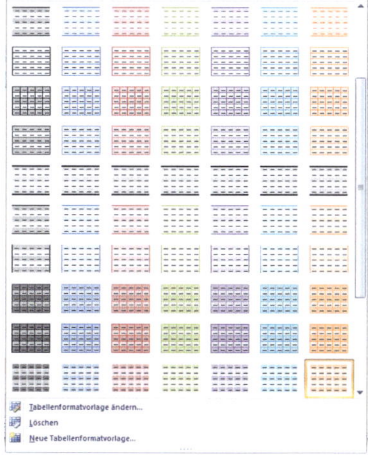

Abbildung 18: Vorlagenfenster

Die beiden oberen Pfeile rechts neben den Vorlagenbildern ermöglichen die Anzeige jeweils einer Zeile über oder unter der aktuellen Zeile. Der untere Pfeil öffnet den gesamten Vorlagenkatalog. Wie bereits im Kapitel Schnellformatvorlagen-Katalog (Teil 3) beschrieben, wird auch hier eine Livevorschau angezeigt: Zeigen Sie mit der Maus auf eine der Vorlagen-Schaltflächen, nimmt die markierte Zeile/Zeile/Spalte oder ganze Tabelle das entsprechende Aussehen an. Ein Klick weist das Format zu.

Im unteren Teil des Vorlagenkatalogs können Sie auswählen, ob Sie die markierte Tabellenvorlage ändern, löschen oder eine eigene entwerfen wollen. Das Aussehen der Formatvorlagen hängt von der Auswahl der Schaltflächen in der Gruppe *Optionen für Tabellenformat* ab.

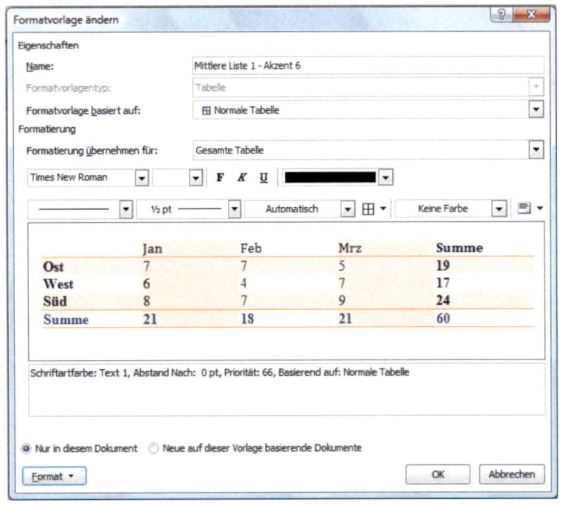

Abbildung 19: Ändern einer Tabellenformatvorlage

Mit einem Klick auf die Funktion *Tabellenvorlage ändern* wird das Fenster *Formatvorlage ändern* geöffnet. Hier können Sie auch eigene Formatvorlagen erzeugen. Klicken Sie auf *Neue Tabellenformatvorlage* öffnet sich das Arbeitsfenster *Neue Formatvorlage von Formatierung erstellen*. Beide Varianten entsprechen in der Handhabung dem Schnellformatvorlagen-Katalog für Text- und Absatzformate.

Bei der Funktion *Löschen* ist Vorsicht geboten, denn die markierte Vorlage wird ohne Warnung aus dem Katalog entfernt. Dieser Arbeitsgang lässt sich jedoch über die *Rückgängig*-Funktion von Word zurücknehmen.

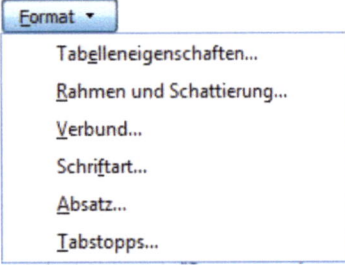

In erwähnten Formatvorlagen-Fenstern gibt es die Schaltfläche Format. Neben den beschriebenen *Tabellen-Eigenschaften* und *Rahmen und Schattierungen* befinden ich hier weitere. Hinter *Verbund* verbergen sich die die bereits erwähnten Funktionen *Verbundene Zeilen / Spalten*. Mit Hilfe dieser Funktionen können die Tabellen nach Ihren Wünschen formatiert werden. Die Einstellung der Höhe und Breite der Zeilen/Spalten und Zellen ist hier nicht möglich.

Rechts neben der Zeile mit den Tabellenformat-Vorlagen befinden sich die Schaltflächen für *Rahmen und Schattierungen*. Ein Klick auf die auf den Pfeil <u>neben</u> der Schaltfläche *Rahmen* öffnet das Menü (Abbildung 20). Ein Klick in die Bezeichnung *Rahmen* öffnet das Fenster *Rahmen und Schattierungen* (Abbildung 21).

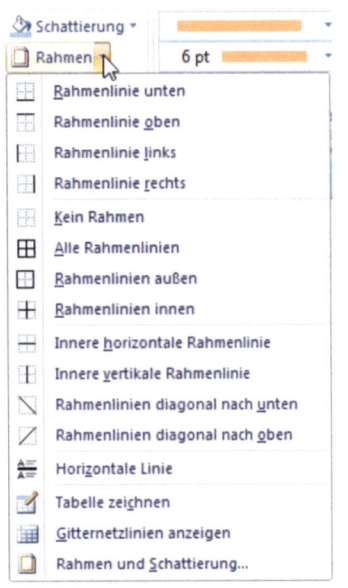

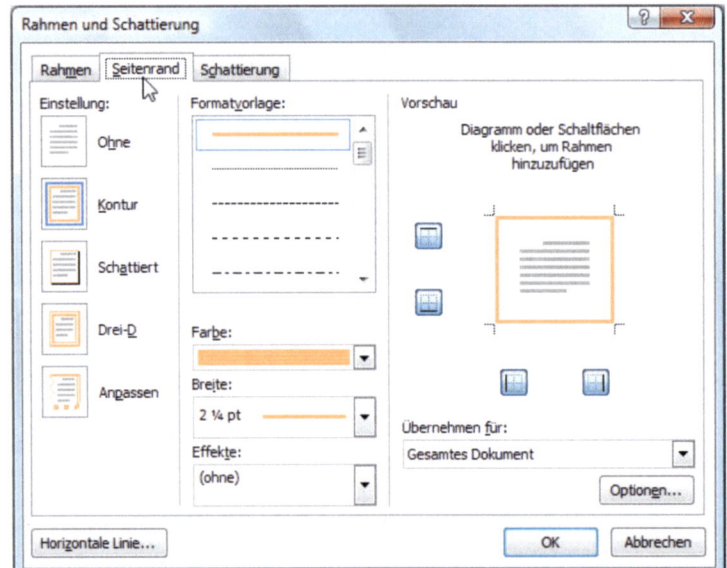

Abbildung 20: Menü Rahmen   **Abbildung 21 Arbeitsfenster Rahmen und Schattierungen**

Hiermit werden weitere Eigenschaften einer Tabelle festgelegt. Schattierung steht für den Einsatz von Farben. Mit der Rahmenfunktion wird eingestellt, welche Linien innerhalb der Tabelle angezeigt werden sollen, ebenso die Umrandung. Wie bereits im Kapitel Formatvorlagen ausgeführt, werden auch hier die Festlegungen zu Schattierung und Rahmen von der nachträglichen Zuweisung einer Tabellenformatvorlage überschrieben. Sie sollten also immer (wenn überhaupt erforderlich) eine Formatvorlage zuweisen und individuelle Änderungen erst danach vornehmen. Das Rahmenmenü, (Abb. 20) enthält neben den Funktionen zur Auswahl der Rahmenlinien zwei weitere wichtige Funktionen: *Gitternetzlinien anzeigen* und nochmals *Rahmen und Schattierungen.* Wenn Sie in Ihrer Tabelle die Anzeige der Rahmen und Linien abgeschaltet haben, sind die Gitternetzlinien besonders wichtig. Sie zeigen Ihnen die Positionen der Zeilen und Spalten, werden jedoch nicht gedruckt.

Im Fenster *Rahmen und Schattierungen* (Abb. 21) stehen Ihnen verschiedene Möglichkeiten für die Formatierung einer Tabelle mit Rahmen und Farbfüllungen zur Verfügung. Unter Schattierung ist immer das Zuweisen einer Farbe zu einem Objekt zu verstehen. Das können in diesem Fall die ganze Tabelle oder einzelne Zellen sein. Im rechten Teil des Arbeitsfensters Rahmen und Schattierungen wird Ihnen als Symbol angezeigt, wie sich die Einstellungen auf die Tabelle auswirken. Über die Schaltfläche Optionen ist für Tabellen nicht relevant.

3.1.3 Gruppe Rahmenlinien zeichnen

Rahmenlinien zeichnen ist die dritte Gruppe in der Multifunktionsleiste Entwurf. Hier stehen Funktionen zur Verfügung, die bereits in anderem Zusammenhang erläutert wurden. So finden wir hier die Funktion Tabelle zeichnen, Festlegen von Linienform und -farbe. Mit Hilfe des Radierers können Linien entfernt werden. Dazu klicken Sie auf die Radierer-Schaltfläche und ziehen die Maus mit gedrückter Taste über die Linien, die Sie entfernen möchten. Ein weiterer Klick auf *Radierer* oder *ESC* deaktiviert die Löschfunktion. Der kleine Pfeil rechts vom Gruppennamen *Rahmenlinien zeichnen* öffnet das Arbeitsfenster aus Abbildung 20. Hier zeigt sich wieder einmal, dass es unter Word für fast jede Aktion mehrere Verfahren gibt. Dies wird auch auf den folgenden Seiten deutlich.

3.2 Tabellentools, Registerkarte Layout

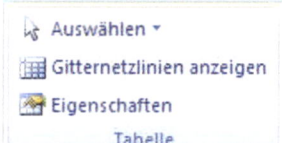

Das bisher Gesagte trifft auch für die Funktionen der Registerkarte Layout zu. Hier finden Sie alle Funktionen, die für das Layout einer Tabelle erforderlich sind. Die meisten Funktionen sind bereits im anderen Zusammenhang beschrieben. Hier jedoch sind sie sinnvoll zusammengefasst.

In der *Gruppe Tabelle* finden Sie bereits bekannte Funktionen. Mit der Funktion *Auswählen* legen sie fest, ob Zeilen, Spalten, Zellen oder die ganze Tabelle ausgewählt (markiert) werden sollen. Voraussetzung dafür ist die Position des Mauscursors. Die Funktion *Gitternetzlinien anzeigen* wurde bereits beschrieben. Klicken Sie auf Eigenschaften, dann öffnet sich das bekannte Eigenschaftsfenster (siehe Abbildung 11).

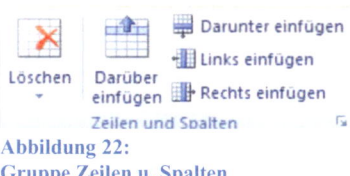

Abbildung 22:
Gruppe Zeilen u. Spalten

In der Gruppe Zeilen und Spalten befindet sich an erster Stelle die Funktion Löschen. Über diese Funktion lassen sich markierte Zellen oder auch die ganze Tabelle löschen. Welche der Methoden Sie für das Löschen verwenden hängt davon ab, mit welchen Funktionen Sie gerade arbeiten.

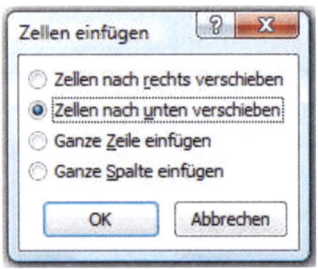

Die weiteren Funktionen der Gruppe *Zeilen und Spalten* sind selbsterklärend und brauchen nicht weiter erläutert zu werden. Der kleine Pfeil rechts neben dem Gruppennamen öffnet ein Auswahlmenü, in dem festgelegt werden kann, wie Zellen, Zeilen oder Spalten zugefügt werden sollen. Grundlage der Einfüge-Optionen ist immer die Cursorposition. Der Cursor muss also in eine der Zellen gesetzt werden, an der neue zugefügt werden sollen. Arbeiten Sie mit dem nebenstehenden Menü, setzt Word die neue Zeile oder Spalte stets vor die aktuelle. Arbeiten Sie mit den Funktionen der Gruppe *Zeilen und Spalten* (Abbildung 22), können Sie auswählen, ob die Zeilen/Spalten vor oder hinter die markierten eingefügt werden sollen. Es werden immer so viele Zeilen oder Spalten eingefügt, wie in der Tabelle markiert sind. Wollen Sie zum Beispiel vier Zeilen einfügen, dann müssen Sie zuvor vier Zeilen der Tabelle markiert haben, oder aber Sie fügen viermal eine Zeile ein.

Abbildung 23: Die Gruppen Zusammenführen, Zellengröße und Ausrichtung

Die Gruppe *Zusammenführen* ermöglicht Änderungen der Zellenstruktur innerhalb einer Tabelle. Sie können eine Zelle in mehrere aufteilen oder mehrere Zellen zu einer zusammenfassen. Der Inhalt der verbundenen Zellen wird in die neue übernommen und dort untereinander angeordnet. Der Inhalt der Zelle, die in mehrere aufgeteilt wurde, wird auf die neuen Zellen verteilt sofern Word eine Trennung der Inhalte erkennt, d. h. der Inhalt muss durch Return getrennt sein. Folgende Beispiele sollen das Zusammenführen und Teilen veranschaulichen:

Tabelle 1.1		
111	500	110
222	400	120
333	300	130
444	200	140
555	100	150

Tabelle 1.1 ist die Originaltabelle. Nach Markieren der ersten Zeile und einem Klick auf die Schaltfläche Zellen verbinden änderte sich die Tabellenstruktur in die Form von Tabelle 1.2.

Tabelle 1.2		
111¶ 500¶ 110¤		
222¤	400¤	120¤
333¤	300¤	130¤
444¤	200¤	140¤
555¤	100¤	150¤

Zur Verdeutlichung der Änderungen wurde die Anzeige der Steuerzeichen eingeschaltet. Wie Sie sehen, hat Word hinter den Eintrag jeder Zelle ein Absatzendezeichen gesetzt, hinter dem letzten Eintrag steht nur das Zeichen für das Ende der Zelle.

Tabelle		
111¤	500¤	110¤
222¤	400¶ 300¶ 200¶ 100¤	120¤
333¤		130¤
444¤		140¤
555¤		150¤

In Tabelle 1.3 wurden in der 2. Spalte die Zeilen 2, 3, 4, 5 markiert und auf Zellen verbinden geklickt. Word hat hier die verbundenen Zellen in der bisherigen Form zusammengefasst. Die neue Zelle wird nun als eine einzige behandelt.

Die verbundenen Zellen können auf die gleiche Weise wieder getrennt werden. Hier ist nichts weiter zu beachten. Mit dem Trennen der verbundenen Zellen erhalten Sie wieder die Originaltabelle. Die verschiedenen Möglichkeiten und Varianten sollten Sie ausgiebig testen, bevor mit aktuellen Inhalten gearbeitet wird. Eine falsche Anwendung kann Probleme verursachen. Hat Word die Änderungen in Ihrer Tabelle nicht nach Ihren Vorstellungen vorgenommen, sollten Sie immer gleich die *Rückgängig*-Funktion nutzen, ehe der Schaden zu groß wird und Sie alles neu eingeben müssen.

In der Gruppe *Zellengröße* können Sie die Höhe und Breite der markierten Zellen festlegen. Mit den kleinen Symbolen rechts neben den Zeilen- und Spaltenwerten legen Sie fest, ob die

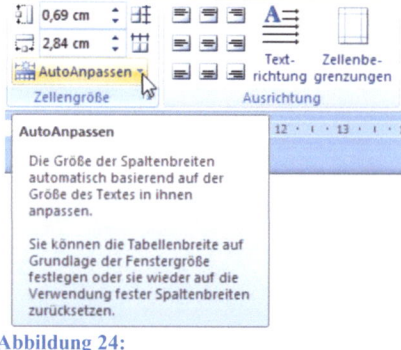

Höhe/Breite der Zeilen/Spalten innerhalb der Tabelle gleich groß sein soll. Mit der Funktion Autoanpassen lassen sich die Spaltenbreiten an die Textbreite anpassen. Ein Klick auf den kleinen Pfeil rechts neben dem Gruppennamen öffnet das bereits bekannte Tabellen-Eigenschaftenfenster, siehe Abbildung 11.

Die Gruppe *Ausrichtung* bietet die Möglichkeiten, den Text schnell und ohne den Umweg über die Tabelleneigenschaften, in den markierten Zellen auszurichten. Ein Klick in die jeweilige Schaltfläche genügt. Diese Schaltflächen sind selbsterklärend. Der Text kann vertikal, oben, zentriert unten, und horizontal links, zentriert und rechts ausgerichtet werden. Die Funktion Textrichtung dreht den Text in vier Schritten um jeweils 90°.

Abbildung 24:
Die Gruppen Zeilengröße und Ausrichtung

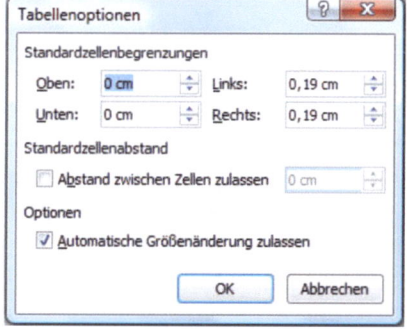

Über die Schaltfläche Zellenbegrenzungen werden die Abstände der Zelleninhalte von den Zellenlinien festgelegt. Tragen Sie oben und unten Abstände ein, damit sich der Zelleninhalt von den Linien abhebt.

Die Funktion Abstand zwischen Zellen zulassen bedeutet, dass zwischen den Zellen Abstände eingefügt werden können. Das macht eigentlich nur Sinn, wenn Sie die Anzeige der Linien ausgeschaltet haben. In dem Fall hat diese Funktion die gleiche Wirkung wie die Einträge in die Felder *oben* und *unten*.

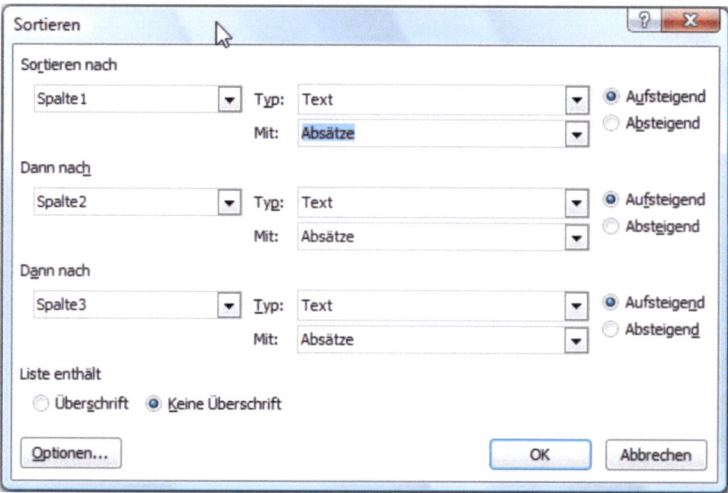

Die letzte Gruppe *Daten* stellt einige zusätzliche Funktionen zur Verfügung, eine Sortierfunktion und die Angabe, ob die ersten Zeilen der Tabelle (als Überschrift) auf allen Seiten wiederholt werden sollen. Das macht nur bei mehrseitigen Tabellen Sinn. Desweiteren können Tabelleninhalte über die Schaltfläche In Text konvertieren in normalen Text umgewandelt werden, dazu ist anzugeben, welches Trennzeichen verwendet werden soll, zum Beispiel Absatzmarken oder Tabulatoren. Für diesen Text stehen keine Tabellenfunktionen zur Verfügung

Eine Sortierfunktion ermöglicht das Sortieren der Tabelle. Es wird spaltenweise sortiert nach Text, Zahlen oder Datum. Wird die Sortierfunktion aufgerufen, markiert Word automatisch die ganze Tabelle. Sie können auch Zeilen markieren, die sortiert werden sollen, Word sortiert dann auch nur diese Zeilen und lässt die übrigen unverändert. Im Auswahlfenster wird dann abgefragt, nach welchen Spalten sortiert werden soll. Ist eine Spalte markiert, sortiert Word – sofern von Ihnen keine Änderungen vorgenommen wurden – nach dieser Spalte. Die aktuelle Spalte wird oben links im Sortierfenster angezeigt. Word erkennt, ob es sich um Text, Zahlen oder Datumseintragungen handelt.

Über die Schaltfläche in Text konvertieren wird der Tabelleninhalt in normalen Text konvertiert und es stehen keine Tabellenfunktionen mehr zur Verfügung. Hier muss nur angegeben werden, wonach der Tabellentext getrennt werden soll: nach Absatzmarken, Tabstopps, Semikolon oder irgend ein anderes Zeichen

Mit der Funktion *Formel* stehen einige mathematische Funktionen bereit, die aus Excel bekannt sind. Dazu gehören *Summe* und *Produkt* sowie logische Operationen, wie *Und*, *Oder*, *Minimum*, *Maximum* u.a.

4. Mit dem Inhalt einer Tabelle arbeiten

Haben Sie eine Tabelle fertiggestellt und mit Inhalten gefüllt, gibt es eine Reihe von einfachen Möglichkeiten, fehlerhafte Einträge zu korrigieren und auch Berechnungen vorzunehmen. Die eingestellten Formate bleiben erhalten. Jede Zelle hat ihr Format gespeichert, so dass eine Änderung des Inhaltes keine Änderung des Formates nach sich zieht. Sie können jedoch jederzeit auch die Formate ändern. Der einfachste Weg führt über die *Tabelleneigenschaften*, die immer durch einen Klick mit der rechten Maustaste in die Tabelle aufgerufen werden können oder aber über die *Tabellentools / Registerkarte Layout / Gruppe Tabelle / Eigenschaften*.

Wollen Sie Zellinhalte korrigieren, genügt es mit der Maus den Inhalt der Zelle zu markieren und einen neuen Inhalt einzutragen. Word löscht automatisch den alten Inhalt wenn ein neuer eingetragen wird. Sind mehrere Zellen zu ändern, ist es sinnvoll mit dem Tabulator von einer zur anderen zu springen. In diesem Fall markiert Word selbständig den Inhalt der angesprungenen Zelle und überschreibt ihn mit dem neuen.

Wollen Sie den Inhalt von einer Zelle in eine andere verschieben, brauchen Sie nicht über die Funktionen *Ausschneiden/Einfügen* zu gehen. Markieren Sie einfach den Zelleninhalt und ziehen ihn mit gedrückter Maustaste an gewünschte Position. Das funktioniert genauso einfach wie Text innerhalb einer Word-Datei zu verschieben.

Tabellen beinhalten häufig Listen, die mit Zahlen gefüllt sind. In vielen Fällen genügt es dem Anwender, Spalten- oder Zeilensummen zu bilden wenn keine weiteren Berechnungen erforderlich sind. Dazu ist es nicht notwendig, eine Exceltabelle einzufügen. Word bietet eine einfache handhabbare Funktion, diese Summen zu bilden

Setzen Sie den Mauscursor in die letzte Zeile einer mit Zahlen gefüllten Spalte. Ist keine leere Zeile vorhanden, muss eine eingefügt werden. Wählen Sie nun in den *Tabellentools* die *Registerkarte* Layout, die *Gruppe Daten* und hier die Schalfläche *Formel*. Word bietet automatisch die Funktion *=SUM(ÜBER)* oder *=SUM(ABOVE)* an. Mit einem Klick auf OK wird die Spaltensumme berechnet. Voraussetzung ist dabei, dass sich keine leeren Zellen zwischen zwei Einträgen in der Spalte befinden. Word berechnet immer nur die Summe über Zellen, die hinter einer leeren Zelle stehen. Wenn Sie die Berechnung trotzdem durchführen wollen, müssen Sie in jede die leere Zelle eine Null eintragen.

Artikel	Nettopreis in €	Bruttopreis in €	Bestand
Leitzordner	3,90	4,64	23
Elba-Ordner	2,29	2,73	10
Herlitz-Ordner	2,19	2,61	15
Viking-Ordner	1,69	2,01	12
			60

Das gleiche Verfahren wird für die Berechnung von Zeilensummen angewendet. Setzen Sie den Mauscursor in die letzte Spalte einer mit Zahlen gefüllten Zeile (ist keine leere Spalte vorhanden, bitte eine einfügen) und rufen Sie in der *Gruppe Daten* die Funktion *Formel* auf. Word schlägt nun die Formel *=SUM(LINKS)* oder *=SUM(LEFT)* vor. Mit einem Klick auf OK wird die Zeilensumme berechnet. Befinden sich leere Zellen in der Zeile gilt das Gleiche wie bei den Spaltensummen Gesagte.

5. Kurzübersicht über die wichtigsten Tabellenfunktionen

Aktion	Mögliche Funktionen		
Eine Tabelle erzeugen	Register Einfügen / Gruppe Tabelle / Schaltfläche Tabelle	a)	die Maus mit gedrückter Maustaste über die Minitabelle ziehen.
	Oder	b)	Tabelle einfügen
	oder	c)	Tabelle zeichnen
	oder	e)	Excel-Tabelle einfügen
	oder	f)	Schnelltabellen nutzen
Tabellen, Tabellenteile markieren		a)	Markieren einer Tabelle: Klick auf den Verschiebepunkt
	oder	b)	Die Maus mit gedrückter Taste über die gewünschten Zellen ziehen.
	Oder	c)	Ganze Spalten oder Zeilen mit Hilfe des Mauspfeils markieren
Tabelle formatieren		a)	Kontextmenü mit rechter Maustaste öffnen
	oder	b)	Tabellentools / Registerkarte Entwurf
Ändern der Spaltenbreite bzw. Zeilenhöhe		a)	Kontextmenü mit rechter Maustaste öffnen / Tabelleneigenschaften
	oder	b)	Mit der Maus die Spalten bzw. Zeilenlinien verschieben
	oder	c)	Tabellentools / Registerkarte Layout / Gruppe Zellengröße
Einfügen von Zeilen, Spalten, Zellen		a)	Kontextmenü mit rechter Maustaste öffnen / Einfügen, Auswahl von Spalten, Zeilen, Zellen
	oder	b)	Tabellentools / Registerkarte Layout / Gruppe Zeilen

Aktion	Mögliche Funktionen
	und Spalten
	oder c) Zeile einfügen: Cursor rechts außen direkt hinter die letzte Zeile der Tabelle setzen und Return drücken
	oder d) Zeile einfügen: Cursor in die rechte Zelle der letzten Zeile einer Tabelle setzen und Tab drücken
Überschriften auf jeder Seite wiederholen	Mit Maus in die erste Zeile (Überschriftenzeile) klicken a) Kontextmenü öffnen / Tabelleneigenschaften / Tabelle, Gleiche Kopfzeile auf jeder Seite wiederholen oder b) Tabellentools / Registerkarte Layout, Daten, Überschriften wiederholen
Tabelle löschen	a) Tabelle über ihre Grenzen hinaus mit der Maus markieren, mit Entf oder Rückwärtstaste löschen oder b) Markieren der Tabelle über den Verschiebepunkt, mit der Rückwärtstaste löschen oder c) Tabellentools / Registerkarte Layout / Gruppe Zeilen und Spalten / Tabelle löschen
Zeilen/Spalten oder einzelne Zellen löschen	Zelle(n)/Zeile(n)/ Spalte(n) markieren a) Kontextmenü / Zellen löschen oder b) Tabellentools / Registerkarte Layout / Gruppe Zeilen und Spalten / Löschen öffnen
Text in Zellen ausrichten	a) Kontextmenü / Textausrichtung oder b) Kontextmenü / Tabelleneigenschaften / Zelle oder b) Tabellentools / Registerkarte Layout / Gruppe Ausrichtung
Ränder innerhalb von Tabellenzellen einrichten (Abstand des Zelleninhaltes von den Umrandungen)	a) Kontextmenü / Tabelleneigenschaften / Tabelle / Optionen / Standardzellenbegrenzungen oder b) Tabellentools /Registerkarte Layout / Gruppe Ausrichtung / Standardzellenbegrenzungen
Sortierfunktion	a) Tabelle markieren / Tabellentools / Registerkarte Layout / Gruppe Daten / Sortieren oder b) Tabelle markieren / Registerkarte Start / Sortierfunkti on in der Gruppe Absatz
Tabelleninhalte formatieren	a) Registerkarte Start Gruppen Schriftart/Absatz oder b) Rechte Maustaste / Minisymbolleiste
Rahmen und Hintergrundfarben festlegen	a) Kontextmenü / Rahmen und Schattierungen oder b) Kontextmenü / Tabelleneigenschaften / Rahmen und Schattierungen oder c) Tabellentools / Entwurf / Tabellenformatvorlagen / Rahmen / Schattierung oder d) Tabellentools / Entwurf / Rahmenlinien zeichnen / Pfeil rechts unten / Rahmen und Schattierungen

Für alle beschriebenen Funktionen ist das Markieren einer Tabelle, Tabellenzeilen oder Tabellenspalten bzw. das Setzen des Mauszeigers in eine Tabellenzelle Voraussetzung.

Übung 3

Erzeugen Sie die unter den Übungen 1 und 2 beschriebene Tabelle und formatieren sie mit Hilfe der Tabellentools. Das Aussehen beider Tabellen sollte nach der Fertigstellung identisch sein.

Nachbemerkung

Tabellenfunktionen sind in allen modernen Office-Programmen enthalten. Sie erleichtern das Arbeiten mit tabellenähnlichen Aufstellungen und Listen. Word 2007 enthält alle Funktionen aus Word 2003, diese können auf die übliche Weise, zum Beispiel über das Kontextmenü, aufgerufen werden. Zusätzlich werden diese Funktionen dank der neuen Strategie von Office 2007 über sinnvoll zusammengefasste Funktionsleisten zur Verfügung gestellt. Einige Funktionen sind wirklich neu, dazu gehört das Einfügen und die Nutzung von Excel-Tabellen sowie die Tabellenformatvorlagen.

Es gibt also hier wie auch wie bei vielen anderen Funktionen von Word 2007 in den meisten Fällen mehrere Möglichkeiten, zum Ziel zu gelangen, die obige Tabelle zeigt das. Wer sich mit Word 2003 und anderen Textprogrammen auskennt, wird wahrscheinlich anfangs die von dort bekannten Funktionen nutzen. Jeder Anwender sollte sich aber mit allen Möglichkeiten auseinandersetzen, um die für ihn effektive Arbeitsweise herauszufinden. Anwender, die völlig neu in Word einsteigen, sind gut beraten, sich von Anfang an der Word-2007-Technologie zu orientieren, das sind in unserem Fall die Tabellentools.

Wer Teil 3 (Formatvorlagen) durchgearbeitet und verstanden hat, sollte mit dem Verständnis der Tabellenformatvorlagen keine Probleme haben, das Prinzip ist das Gleiche.

Lösungen

Übung 1

Schritt 1: Schreiben Sie die angegebenen Inhalte wie folgt in die Tabellenzellen. Markieren Sie alle Zellen der Tabelle und weisen den Inhalten über die *Registerkarte Start / Gruppe Schriftart* die Schriftart *Arial* und *12 pt* zu. Markieren Sie die erste Zeile und weisen den Schriftschnitt *fett* zu, ebenso der ersten Spalte.

Artikel	Nettopreis in €	Bruttopreis in €	Bestand
Leitzordner	3,90	4,64	23
Elba-Ordner	2,29	2,73	10
Herlitz-Ordner	2,19	2,61	15
Viking-Ordner	1,69	2,01	12

Schritt 2: Markieren die erste Zeile und weisen über die Registerkarte *Start /Gruppe Absatz* die Ausrichtung *zentriert* zu. Markieren Sie die Zellen, die Zahlen beinhalten und weisen ihnen die Ausrichtung rechts zu.

Artikel	Nettopreis in €	Bruttopreis in €	Bestand
Leitzordner	3,90	4,64	23
Elba-Ordner	2,29	2,73	10
Herlitz-Ordner	2,19	2,61	15
Viking-Ordner	1,69	2,01	12

Übung 2

1): Markieren Sie die Tabelle, **k**licken mit der rechten Maustaste in die Tabelle, das *Kontextmenü* öffnet sich. Ein Klick auf *Tabelleneigenschaften* öffnet nebenstehende Fenster. Hier wählen Sie *Zeile* aus, versehen das Kästchen *Höhe definieren* mit einem Haken und tragen in das Feld rechts daneben 0,8 cm ein.

Artikel	Nettopreis in €	Bruttopreis in €	Bestand
Leitzordner	3,90	4,64	23
Elba-Ordner	2,29	2,73	10
Herlitz-Ordner	2,19	2,61	15
Viking-Ordner	1,69	2,01	12

Um die Spaltenbreiten anzupassen zeigen Sie mit dem Mauscursor in die Spaltenlinien bis er sich in einen Doppelpfeil verwandelt und schieben jede Linie gerade soweit, dass kein Umbruch eingefügt wird. Angefangen wird mit der ersten Innenlinie, also links.

Artikel	Nettopreis in €	Bruttopreis in €	Bestand
Leitzordner	3,90	4,64	23
Elba-Ordner	2,29	2,73	10
Herlitz-Ordner	2,19	2,61	15
Viking-Ordner	1,69	2,01	12

2): Markieren Sie die Tabelle und klicken mit der rechten Maustaste in die Tabelle damit sich das Kontextmenü öffnet. Im Fenster Tabelleneigenschaften wählen Sie *Zelle* und hier die Schaltfläche *zentriert.*

Artikel	Nettopreis in €	Bruttopreis in €	Bestand
Leitzordner	3,90	4,64	23
Elba-Ordner	2,29	2,73	10
Herlitz-Ordner	2,19	2,61	15
Viking-Ordner	1,69	2,01	12

3) Markieren Sie die Tabelle, öffnen mit der rechten Maustaste das Kontextmenü und wählen hier *Rahmen und Schattierungen.*

Das Gleiche erreichen Sie über *Tabelleneigenschaften* und hier rechts unten ebenfalls mit *Rahmen und Schattierungen*.

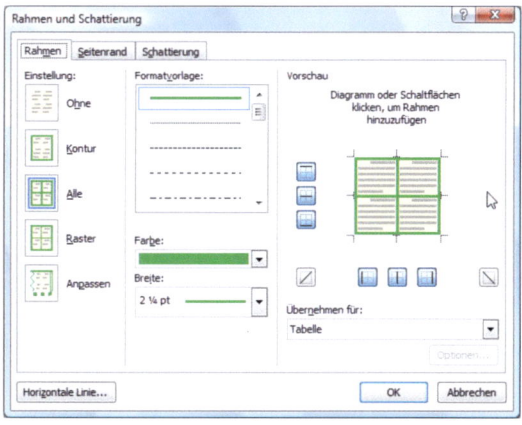

Unter der Rubrik *Rahmen* markieren Sie *Alle*. Als Rahmenfarbe wählen Sie ein dunkles grün, als Breite 2¼ pt. Für die Hintergrundfarbe wählen Sie unter der Rubrik *Schattierung* ein helles gelb aus. Mit OK abgeschlossen sollte Ihre Tabelle nun das unten gezeigte Aussehen haben.

Artikel	Nettopreis in €	Bruttopreis in €	Bestand
Leitzordner	3,90	4,64	23
Elba-Ordner	2,29	2,73	10
Herlitz-Ordner	2,19	2,61	15
Viking-Ordner	1,69	2,01	12

Übung 3

Das Aussehen der Tabelle entspricht jeweils den oben beschriebenen Schritten.

Schritt 1: Tabelle erzeugen und Texte eintragen. Tabelle markieren, mit der rechten Maustaste in die Tabelle klicken. Das Kontextmenü öffnet sich und gleichzeitig die Minisymbolleiste. Über diese stellen Sie die Schriftart, Schriftgröße und den Schriftschnitt ein, wie in Übung 1. Ebenso verfahren Sie mit der ersten Zeile und der ersten Spalte, denen der Schriftschnitt *fett* zugewiesen wird.

Schritt 2: Wechseln Sie von der *Registerkarte Entwurf* der Tabellentools auf die *Registerkarte Layout.* Tragen sie im oberen Bereich der *Gruppe Zellengröße* 0,8 cm ein. Ein Klick auf den kleinen Pfeil rechts neben dem Gruppennamen öffnet das bereits beschriebene Fenster der Tabelleneigenschaften. Das Verschieben der Zellenbegrenzungslinien erfolgt wieder mittels Maus.

Für die Ausrichtung des Zelleninhaltes nutzen Sie die Gruppe Ausrichtung. Hier können Sie über die angezeigten Symbole den markieren Zellen die horizontale und vertikale Ausrichtung gleichzeitig zuweisen.

Dazu markieren Sie die Zellen, denen Sie eine gleiche Ausrichtung zuordnen wollen und klicken in eines der nebenstehenden Symbole.

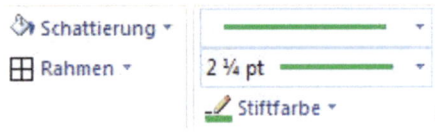

Um der Tabelle nun die Umrahmung und die Hintergrundfarbe zuzuweisen wechseln Sie zur Registerkarte Entwurf. In der *Gruppe Tabellenformatvorlagen* finden Sie die Schaltflächen *Rahmen und Schattierungen* und rechts daneben in der Gruppe *Rahmenlinien* zeichnen die Einstellungsmöglichkeiten für die Linienstärke und -farbe. Sie können jedoch auch das bereits bekannte Tabelleneigenschaften-Fenster nutzen, das Sie in der Registerkarte Layout in der Gruppe Tabelle finden.

Teil 5: Grafiken und Bilder in Word

Inhaltsverzeichnis

1. Vorbemerkungen

Word 2007 bietet dem Anwender ein großes Spektrum von Möglichkeiten, seine Dokumente mit allen Raffinessen auszustatten. In Zeiten der modernen Digitalfotografie und Bildbearbeitung möchten viele Wordnutzer ihre Dokumente mit farbigen Abbildungen optisch aufwerten. Außerdem können Abbildungen aus Powerpoint und Excel eingearbeitet werden. Der Fantasie sind dabei keine Grenzen gesetzt.

Zum Einfügen von Bildern, ClipArts und Grafiken gehört auch die Funktion Bilder vom Scanner einzulesen. In den Vorgängerversionen war dies im Menü Einfügen leicht zu finden und von dort einfach nutzbar. Wer aber behauptet, Microsoft hätte die Scannerfunktion wegrationalisiert, liegt falsch. Die Nutzung ist nur etwas komplizierter geworden. Darauf wird an entsprechender Stelle eingegangen.

Da eingefügte Bilder automatisch in den Text integriert und mit diesem bei Texteinfügungen auch verschoben werden, ist es wichtig, dass sich die Anwender auch mit der Formatierung von Bildern und anderen Illustrationen befassen.

Es ist bei der Nutzung von Word 2007 zu bedenken, dass es sich in erster Linie um ein Textprogramm und nicht um ein Layoutprogramm handelt, die Betonung liegt auf Text. Und so verhält sich das Programm auch. Der Umgang mit Bildern ist manchmal nicht ganz einfach und führt zu Irritationen, wenn sich das Programm nicht so wie gewünscht verhält. Deshalb ist, wie bei anderen Funktionen auch, die Kenntnis der Hintergründe wichtig. Die Bilder und Grafiken sind standardmäßig an Absätze gekoppelt und werden somit leicht verschoben oder auch gelöscht. Mit ein paar Tricks lassen sich dennoch gute Ergebnisse erzielen. Wer jedoch eine größere Anzahl grafischer Objekte (der Begriff Grafische Objekte steht hier für Bilder, Scans, ClipArts, Formen, Diagramme und Zeichnungen) in Wordtexte einfügen will, zum Beispiel zur Herstellung einer Hochzeitszeitung, ist besser beraten, ein Programm zu nutzen, das solche Layouts mit den entsprechenden Funktionen unterstützt und damit die Arbeit erleichtert. Dazu gehört zum Beispiel auch der Microsoft Publisher bzw. professionelle Layoutprogramme.

Wer jedoch überwiegend Texte bearbeitet und ab und an ein Bild einfügen möchte, zum Beispiel ein Logo oder eine Grafik, dem bietet Word 2007 alle Hilfsmittel, um diesen Dokumenten ein professionelles Aussehen zu verleihen. Ein weiterer Grund, Word für solche gemischten Dokumente zu verwenden, ist die Austauschbarkeit mit anderen Anwendern. Dies ist bei den meisten professionellen Layoutprogrammen nicht immer gegeben

Die folgenden Ausführungen sind in zwei große Teile gegliedert. Kapitel 2 erläutert das Einfügen und Bearbeiten der Grafiken, wie die Grafiken positioniert, in den Text integriert, bearbeitet, formatiert und den Anforderungen des Anwenders entsprechend angepasst werden können. Kapitel 3 stellt die Tools zur Bearbeitung der Grafiken vor. Diese enthalten die bereits in Kapitel 2 vorgestellten Funktionen und eine Reihe weiterer Spezialfunktionen. Letztendlich basieren aber auch sie auf den Grundfunktionen aus Kapitel 2.

2. Grafiken einfügen und bearbeiten

2.1 Grafik einfügen (aus Datei)

Das Einfügen von Bildern oder Grafiken in einen Text wird über die *Registerkarte Einfügen / Gruppe Illustrationen* vorgenommen.

Abbildung 1: Gruppe Illustrationen

Abbildung 2:
Einfügen einer Grafik aus vorhandene Datei

Zeigen Sie in der Registerkarte *Einfügen / Gruppe Illustrationen* auf *Grafik,* ein Info-Fenster zu dieser Funktion wird angezeigt, siehe Abbildung 2.

Über die erste Schaltfläche *Grafik* fügen Sie ein Bild aus einer Datei ein. Ein Klick auf diese Schaltfläche öffnet das Auswahlfenster *Grafik einfügen*. Hier wählen Sie über *Arbeitsplatz* (Windows XP) bzw. *Computer* (Windows Vista) den Ordner aus, in dem Sie Ihre Bilder/Grafiken abgespeichert haben. Beim ersten Zugriff auf die Funktion *Grafik einfügen* wird der Ordner *Eigene Bilder* automatisch geöffnet. Haben Sie Ihre Bilder dort abgespeichert, können diese nun mit einem Doppelklick eingefügt werden. Wenn Sie einen anderen Ordner für Ihre Bilder festgelegt haben, dann müssen Sie diesen nun über Arbeitsplatz/Computer suchen. Haben Sie einmal Bilder aus Ihrem persönlichen Grafikordner eingefügt, wird bei den nächsten Aufrufen der Grafik-Einfügen-Funktion immer dieser Ordner angezeigt.

Setzen Sie den Mauszeiger an die Position an der das Bild eingefügt werden soll und klicken auf *Grafik*. In dem ausgewählten Bildordner werden die vorhandenen Bilder angezeigt. Mit einem Doppelklick auf das gewünschte Bild wird es an der markierten Position eingefügt.

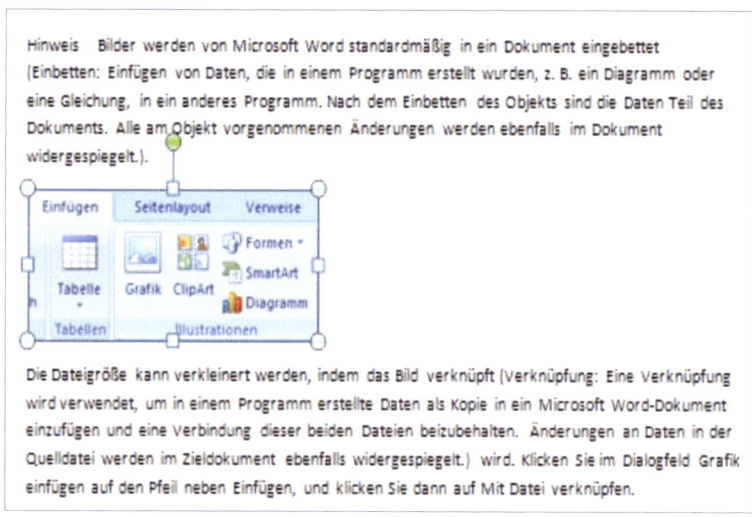

Abbildung 3: Einfügen eines Bildes in eine leere Zeile

Das eingefügte Bild ist markiert, hat also acht Ziehpunkte, mit deren Hilfe es einfach in seiner Größe verändert werden kann. Setzen Sie den Mauszeiger auf einen der Eckpunkte bis sich der Cursor in einen 45°-Doppelpfeil verwandelt und ziehen den Punkt mit gedrückter Maustaste, um das Bild zu skalieren. Damit das

Verhältnis von Länge zu Breite erhalten bleibt (proportional skalieren), muss über das *Kontextmenü / Größe* die Schaltfläche *Ansichtsverhältnis sperren* markiert sein. Ziehen Sie an den kleinen Quadraten auf den Seitenlinien bis sich der Cursor in einen waagerechten/senkrechten Doppelpfeil verwandelt, wird es in Länge oder Breite verzerrt.

Der grüne Punkt oben außerhalb des Bildes ist der Dreh-punkt. Mit seiner Hilfe können Sie das Bild frei drehen. Zeigen Sie mit der Maus auf den Drehpunkt, der Rotati-onspfeil wird angezeigt. Mit Hilfe des Rotationspfeils kann jedes Bild und jede Grafik nach Belieben gedreht werden. Drehen Sie das Objekt mit gedrückter Maustaste in die gewünschte Position. Das Drehen eines Bildes so wie das Festlegen der Größe ist auch über das Grafikmenü und die Bildtools möglich. Wie auch bei den meisten an-deren Funktionen in Word 2007 gibt es hier für viele Funktion verschiedene Möglichkeiten.

Das eingefügte Bild ist an die Position gebunden, an der der Cursor vor dem Einfügen stand. Es kann vorerst nur über links-, rechtsbündig oder zentriert bewegt werden. Um das Bild nun nach Ihren Wünschen einrichten zu können, genügt ein Rechtsklick in das Bild oder ein Druck auf die Kontextmenütaste der Tastatur. Das Kontextmenü öffnet sich. Hier können verschiedene Einstellungen vorgenommen werden.

Die Menüpunkte *Ausschneiden, Kopieren* und *Einfügen* sind selbsterklärend, sie entsprechen den gleichnamigen Funktionen der Textverarbeitung. Die Funktion *Bild bearbeiten* steht nur zur Verfügung wenn es sich bei dem Bild um eine Vektorgrafik (Zeichnung) handelt. Pixelbilder, wie Fotos oder Scans können nur über die Funktion *Grafik formatieren* bearbeitet werden.

Bild ändern bedeutet, dass für das aktuelle Bild ein anderes eingesetzt werden kann. Über die Funktion *Hyperlink* kann ein Verweis auf eine Datenquelle eingefügt werden, dies kann auch eine Internetadresse sein.

Mit der Funktion *Beschriftung einfügen* können Sie Bildunter-schriften einfügen. Im Arbeitsfenster *Beschriftung einfügen* wird Text für die Bildbeschriftungen eingegeben. Diese Be-schriftungen können über oder unter ein Bild positioniert wer-den. Word fügt die Bildnummerierung automatisch fortlaufend ein (klappt nicht immer und sollte deshalb kontrolliert werden).

Abbildung 4: Eigenschaftsmenü

Diese Bildunterschriften sind jedoch nicht automatisch an das Bild gekoppelt, bitte beachten! Bei nachträglichen Texteinfügungen oder Korrekturen, die vor der Bildposition vorgenommen werden, verschieben sich Bild und Bildunterschrift unvorher-sehbar. Die neue Position muss immer kontrolliert und gegebenenfalls korrigiert werden.

Ein in diesem Zusammenhang wichtiger Menüpunkt ist der *Textumbruch*. Hier legen Sie fest, wie sich der Text verhalten soll, in den die Grafik eingefügt wurde. Jedes neue Bild wird als *Mit Text in Zeile* eingefügt, ist also nicht frei positio-nierbar. Wenn Sie das Bild innerhalb des Textes verschieben möchten, sollten Sie *Quadrat* wählen. Hinter dem Menü-punkt Quadrat verbirgt sich ein Viereck, also die Form von Fotos oder Scans. Der Textumlauf *Passend* macht nur bei Grafiken Sinn , die keine viereckige Form haben. Hier passt sich der Textfluss der Form an. Haben Sie das Bild aus sei-ner ursprünglich festen Position „gelöst", kann es innerhalb des Textes frei verschoben werden. Dazu zeigen Sie mit dem Cursor in das Bild.

Abbildung 5: Textumbruch festlegen

Vor dem normalen Cursorpfeil ein erscheint ein Vierfachpfeil, nun drücken Sie die Maustaste und ziehen das Bild an die gewünschte Position.

Der Menüpunkt *Transparent* ist an einige Voraussetzung gebunden: Bei Bildern im Pixelformat (Fotos und Scans) mit rechteckiger Form bleibt das Einstellen der Transparenz über diesen Weg wirkungslos. Die Transparenz wird in einem späteren Kapitel ausführlicher behandelt. Über den Menüpunkt *Weitere Layoutoptionen ...* können zusätzliche Einstellungen vorgenommen werden, zum Beispiel Schatten, 3D-Darstellung, Helligkeit und Kontrast.

2.2 ClipArts einfügen

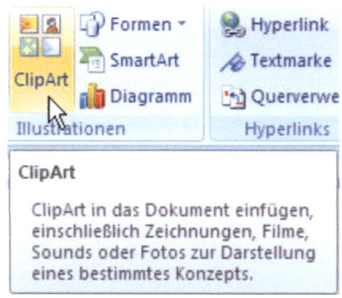

ClipArts sind fertige Bilder, Grafiken oder Zeichnungen, die lizenzfrei genutzt den können. In modernen Sammlungen werden auch Filme und Sounds angeboten. In Word 2007 ist eine große Anzahl ClipArts enthalten. Von der softseite können weitere kostenlos heruntergeladen

Abbildung 6: Clipart einfügen

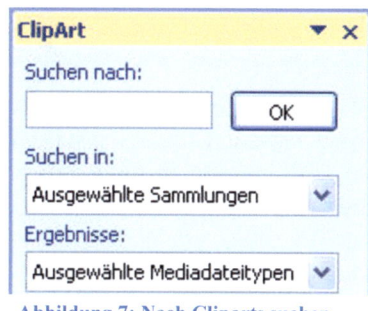

Abbildung 7: Nach Cliparts suchen

werden. Auch andere Softwareanbieter liefern in ihren Programmen oft zusätzlich ClipArt-Sammlungen mit. Außerdem bieten Firmen wie Databecker und andere solche Sammlungen zum Kauf an.

Die Schaltfläche ClipArt in der Gruppe *Illustrationen* öffnet das ClipArt-Suchfenster. Im oberen Suchfeld können Sie den Suchbegriff, also den Namen, Teile des Namens oder auch die Dateiendung in Form von *.jpg oder *.wmf eingeben. Ein Klick auf OK listet alle ClipArts auf, die dem Suchkriterium entsprechen.

Um alle Sammlungen anzeigen zu lassen, geben Sie im Suchfenster *.* ein. Erst dann können Sie in den nun angezeigten Minibildern eine Auswahl treffen. Wenn Sie in eines der angezeigten ClipArts zeigen, egal ob im Menü *ClipArts* oder im *Clip Organizer*, wird ein Hilfefenster mit den Stichworten, der Bildgröße und der Dateityp angezeigt, siehe Abbildung 8.

Im unteren Teil des ClipArtfensters finden Sie den Menüpunkt *Organisieren von Clips ....* Ein Klick auf diese Schaltfläche öffnet den den *Clip Organizer*. Hier sind die mit Office installierten ClipArts in den Kategorien *Officesammlungen* und *Websammlungen* gespeichert. In der Kategorie *Meine Sammlungen*, können sie eigene Sammlungen erzeugen, unter *Favoriten* speichern oder über *Office-Online* herunterladen, diese werden in der Kategorie *Heruntergladene Clips* gespeichert. Im Gegensatz zum Einfügen von Grafiken werden ClipArts durch das Ziehen mit der Maus in Ihr Dokument befördert. Doppelklick funktioniert hier nicht. Haben Sie ClipArts in einem Bildordner gespeichert und laden ein Bild von dort, lässt es sich per Doppelklick einfügen. Im Dokument werden die ClipArts wie eingefügte Bilder behandelt, das heißt, sie sind nach dem Einfügen erst einmal an den jeweiligen Absatz gebunden.

Abbildung 8: ClipArts, die nach dem Suchen angezeigt werden.

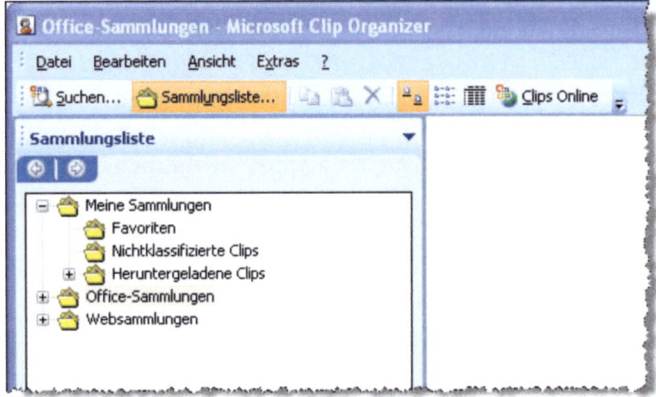

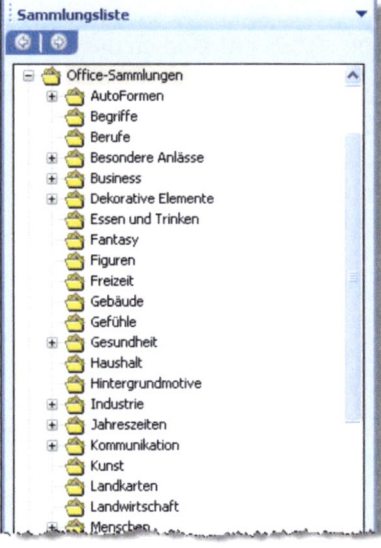

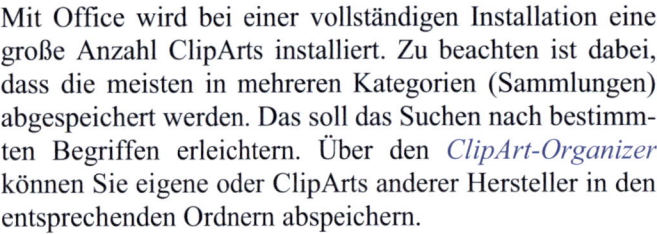

Mit Office wird bei einer vollständigen Installation eine große Anzahl ClipArts installiert. Zu beachten ist dabei, dass die meisten in mehreren Kategorien (Sammlungen) abgespeichert werden. Das soll das Suchen nach bestimmten Begriffen erleichtern. Über den *ClipArt-Organizer* können Sie eigene oder ClipArts anderer Hersteller in den entsprechenden Ordnern abspeichern.

Ein Plus (+) vor dem Ordner bedeutet, es gibt Unterordner, die mit einem Klick auf das + geöffnet werden .Ein Minus (-) zeigt, dass der Ordner geöffnet ist und die Unterordner anzeigt. Steht kein Zeichen vor einem Ordner, gehört er zur untersten Hierarchie und kann mit einem Doppelklick geöffnet werden, die ClipArts dieses Ordners werden angezeigt. Die Anzahl der Clips innerhalb der Kategorien ist unterschiedlich.

Abbildung 9: ClipArts aus der Kategorie Gebäude

2.3 Einfügen vom Scanner oder einer Kamera

Wie bereits erwähnt, fehlt in Word 2007 die Funktion, um Bilder von einem Scanner oder einer Kamera direkt einzufügen. Bilder von den genannten Geräten können – zwar nicht direkt eingefügt – jedoch gespeichert werden und zwar im *ClipArt-Organizer.* Dazu öffnen Sie den Organizer und klicken im Menü *Datei* auf die Schaltfläche *Clips zum Organizer hinzufügen*. Ein Auswahlfenster öffnet sich, in dem Sie nunmehr die aus früheren Versionen bekann-

te Funktion *Von Scanner oder Kamera ...* finden. Im folgenden Dialogfeld wählen Sie den Scanner oder die Kamera aus und klicken auf *Einfügen*. Das neue Bild wird im Ordner *Meine Sammlungen* in einem Ordner angezeigt, der den Namen des Scanners oder der Kamera hat.

Von hier aus können Sie Ihre gescannten oder fotografierten Bilder wie die ClipArts verwalten und nach Bedarf einfügen. Das hat den Vorteil, dass Scans oder Fotos nur einmal erfasst zu werden brauchen und dann für unterschiedliche Dokumente zur Verfügung stehen. Es gelten hier natürlich alle Regeln für das Einfügen von Grafiken und Bildern, die bereits beschrieben wurden.

Es steht Ihnen selbstverständlich frei, Fotos oder Scans mit einem anderen Programm (zum Beispiel einem Bildverarbeitungsprogramm) zu erfassen, zu bearbeiten, zu speichern und dann über *Grafik einfügen* in Ihr Word-Dokument zu übernehmen.

2.4 Formen, SmartArt und Diagramme einfügen

2.4.1 Formen

Das Auswahlfenster Formen gliedert sich in die links angezeigten Kategorien. Für alle unter dem Begriff Formen zusammen gefassten Zeichenobjekte gelten die gleichen Regeln. Wenn Sie mit der Maus auf eine Form zeigen, wird ein Info-Fenster mit der Erläuterung zu der gewählten Form geöffnet. Es gibt zwei verschiedene Varianten für das Einfügen von Formen:

1. Setzen Sie den Cursor an die gewünschte Position Mit einem Doppelklick auf eine der Formen setzt Word diese in das Dokument an der Cursorposition ein.

2. Klicken Sie mit dem Cursor einmal auf eine Form und positionieren die Maus wieder in Ihrem Dokument. Der Mauszeiger verwandelt sich in ein + als Zeichen dafür, dass gezeichnet werden kann. Nun ziehen Sie den Mauszeiger frei über Ihr Do-

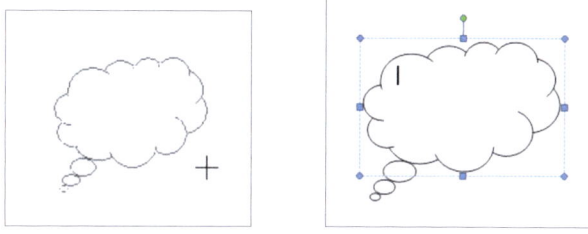

kument. Die ausgewählte Form kann beliebig skaliert werden und ist frei positionierbar.

Diese gezeichneten Formen werden über bereits vorhandenen Text gesetzt. Über das Kontextmenü rufen Sie die Funktion *AutoFormen formatieren* auf, das gleichnamige Arbeitsfenster wird geöffnet. Hier können Sie *Farben und Linien* festlegen, feste Werte für die *Größe* eingeben und über die Schaltfläche *Layout* auch den Textumbruch festlegen. Dieses Arbeitsfenster finden Sie bei allen grafischen Objekten, die formatiert werden sollen. Es trägt nur jeweils einen anderen Namen, der Charakteristik des Objektes entsprechend.

2.4.2 SmartArt-Grafiken

Mit Hilfe von *SmartArts* erzeugen Sie Diagramme für die verschiedensten Anwendungs-
zwecke. Sie sollen helfen, bestimmte Sach-
verhalte grafisch umzusetzen, frei nach dem
Motto „ein Bild sagt mehr als tausend Worte".
Ein Beispiel für solche Darstellungen sind die
Diagramme, die aus einer Excel-Tabelle erzeugt werden. SmartArts können aber wesentlich mehr, sie sind in der Lage Zusammen-
hänge zu visualisieren, die nicht aus einer Tabelle stammen, sondern frei definiert werden.
So können Sie mit wenig Aufwand professionelle Diagramme erstellen, die Ihre Dokumente deutlich aufwerten.

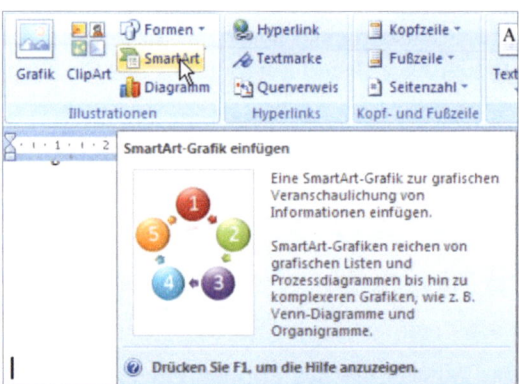

Abbildung 10: SmartArt-Grafik-Infofenster

Zeigen Sie mit dem Mauszeiger auf die Schaltfläche *SmartArt*, das zugehörige Hilfefenster
öffnet sich mit Informationen zur Anwendung von *SmartArts*. Um eine *SmartArt-Grafik* einzufügen, klicken Sie in der Registerkarte Einfügen in der Gruppe Illustrationen auf *SmartArt*.
Nun können Sie eine Diagrammkategorie auswählen. Sie haben die Wahl zwischen Liste,
Prozess, Zyklus, Hierarchie, Beziehung, Matrix oder Pyramide. Die jeweils zur Verfügung
stehenden Formen werden angezeigt. Klicken Sie auf *Alle* anzeigen, werden alle Formen, unterteilt in Kategorien, angezeigt.

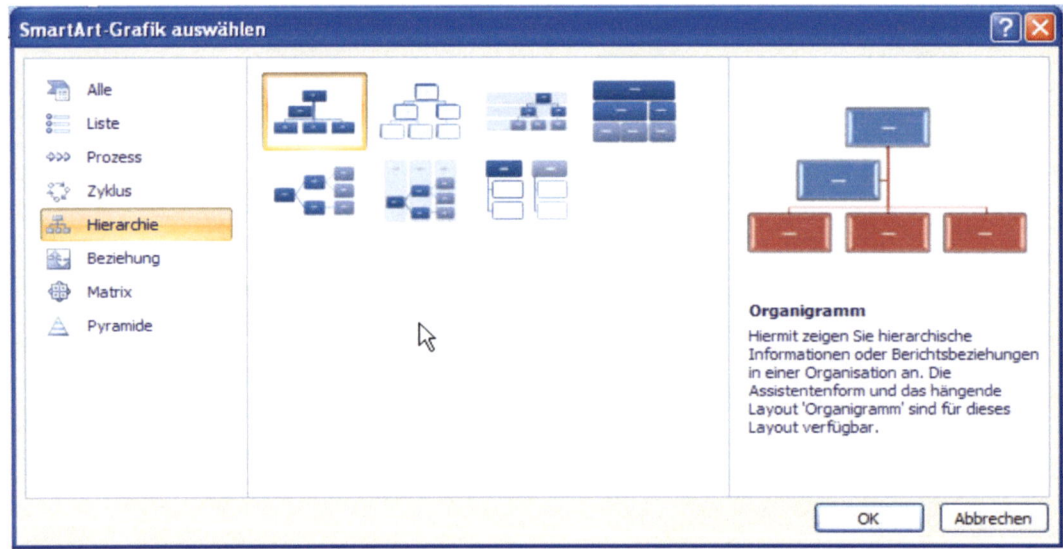

Abbildung 11: Auswahl einer SmartArt-Grafik

Wenn Sie auf eine der angezeigten SmartArt-Layouts klicken, erscheint im rechten Fenster
eine kurze Erläuterung darüber, für welche Aufgabengruppen sich dieser Grafiktyp eignet.
Um zum Beispiel die Hierarchie eines Konzerns oder einer Firma darzustellen, wählen Sie die
Kategorie *Hierarchie* und hier das *Organigramm*. Mit Organigrammen bilden Organisationen
im Allgemeinen und Unternehmen im Besonderen ihre Struktur ab. In unserem Fall werden
die Texte der Organigramme in Rechtecken abgebildet. Es sind aber auch andere Formen
möglich.

Wenn Sie die SmartArt-Grafik im Text frei positionieren wollen, wählen Sie über das Kontextmenü den Textumbruch *Quadrat* oder *Passend*. Nun können Sie die Grafik mit der Maus
an die gewünschte Position schieben. Dazu klicken Sie in die leeren Stellen innerhalb der

Grafik. Haben Sie den Textumbruch *Quadrat* gewählt, fließt der Text um das durch die Grafik gebildete Viereck. Haben Sie den Textumbruch *Passend* gewählt, fließt der Text um die Silhouette der Grafik. Das gleiche Ergebnis erhalten Sie wenn Sie *Textumbruch / Transparent* wählen.

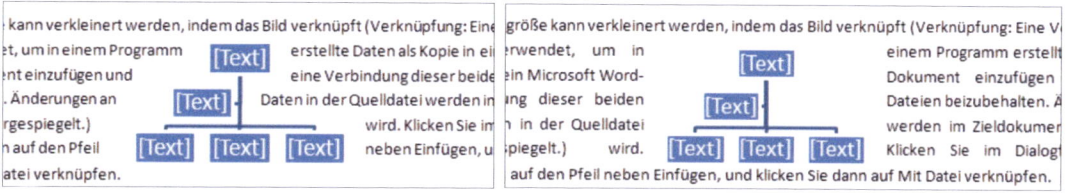

Abbildung 12: Textumbruch passend/transparent   **Abbildung 13: Textumbruch Quadrat**

Wenn Sie eine SmartArt-Grafik markieren (nach dem Einfügen ist sie automatisch markiert), wird sie in einem Rahmen angezeigt. Ziehen Sie mit der Maus an den Eckpunkten, wird die Grafik proportional skaliert. Wird an den Seitenmarkieren gezogen, vergrößert oder verkleinert sich nur die Umrandung, nicht die Grafik selbst. Zum Verschieben der Grafik zeigen Sie mit der Maus auf den Rahmen bis vor dem Cursor ein Vierfachpfeil angezeigt wird. Nun können Sie die Grafik mit gedrückter Maustaste in die gewünschte Position ziehen, siehe Abbildung 14.

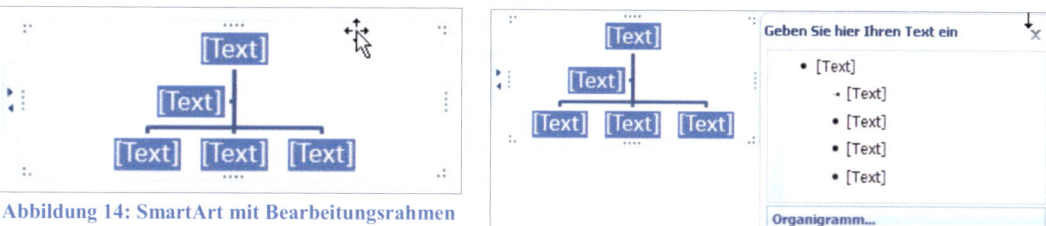

Abbildung 14: SmartArt mit Bearbeitungsrahmen

Die Textplatzhalter können bereits im Diagramm mit eigenem Text gefüllt werden. Am linken Rand des Grafikrahmens befinden sich kleine Griffe (Pfeile). Hier können Sie einen speziellen Textbereich ein- und ausschalten, in den die Texte für das Diagramm komfortabel eingegeben werden. Word passt die Schriftgrößen an die eingegebene Textmenge an. Die Schriftgröße richtet sich nach den Inhalten mit dem meisten Text und gilt dann für die gesamte Grafik. Das heißt, je mehr Text in die vorhandenen Rechtecke eingegeben wird, desto kleiner wird die Schrift. Wenn Sie die ganze Grafik vergrößern, wird auch die Schrift wieder vergrößert. Über den Textbereich können Sie die Grafik erweitern oder auch Bestandteile löschen. Markieren Sie eine Textzeile und klicken auf *Entf,* wird der Eintrag im Textbereich und in der Grafik entfernt. Klicken Sie im Textbereich hinter einen Eintrag ein *Return*, wird auf dieser Ebene ein neues Rechteck hinzugefügt, das wie die anderen beschriftet werden kann, Abbildung 15. Die Grafik kann auch über das *Kontextmenü / Form hinzufügen* erweitert werden.

Abbildung 15: Texteinträge und neues Rechteck

2.4.3 Diagramme

Wenn Sie in ein Worddokument ein Excel-Diagramm einfügen möchten, brauchen Sie Excel dazu nicht zu starten.
Klicken Sie einfach unter der Registerkarte *Einfügen* in
der Gruppe *Illustrationen* auf *Diagramm*. Zeigen Sie mit
dem Cursor auf die Schaltfläche Diagramm und lassen
sich das Hilfefenster mit Informationen zu dieser Schaltfläche anzeigen. Ein Klick auf die Schaltfläche Diagramm
öffnet das Vorlagenfenster für Diagramme. Das Verfahren
entspricht dem Einfügen von SmartArt-Grafiken.

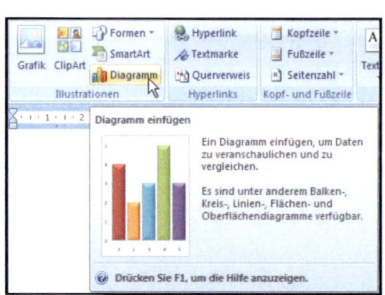

Die Funktion *Diagramm* ist so umfangreich,
dass hier nur die Grundlagen beschrieben
werden können. Die professionelle Nutzung
dieser Funktion setzt Grundkenntnisse in
MS Excel voraus und wird im Abschnitt
Diagrammtools weiter erläutert.

Bereits vor der Erzeugung von Diagrammen
sollten Sie sich Gedanken dazu machen,
welcher Diagrammtyp den von Ihnen dar-
zustellenden Sachverhalt am besten wieder-
gibt. Dies gilt gleichermaßen auch für den
Einsatz der *SmartArts*.

Ein Doppelklick auf den gewünschten Diagrammtyp öffnet in Word eine Excel-
Tabelle und gleichzeitig das Diagramm mit
den in der Excel-Tabelle eingetragenen
Werten.

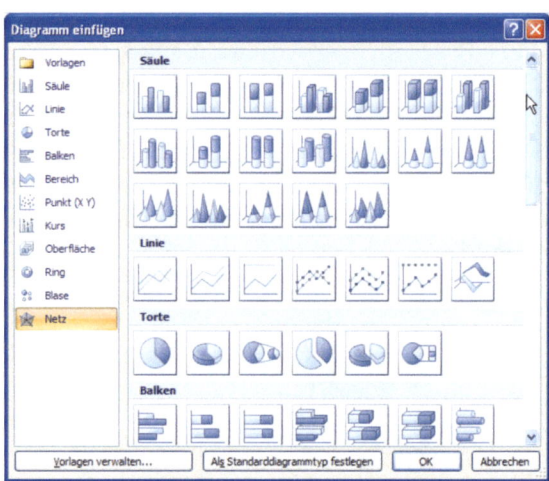

Abbildung 16: Anzeige der Diagrammvorlagen

Diese Tabelle können Sie nun verändern,
erweitern oder verkleinern, also nach Ihren
Wünschen einrichten. Sie können Zahlen
eintragen und Beschriftungen ändern, Rahmen und Farben festlegen. Auch hier sollten
Sie erst einige Varianten testen, um eine
Vorstellung von den vielfältigen Möglichkeiten dieser Funktion zu bekommen.

Über verschiedene Kontextmenüs (rechte
Maustaste oder die Kontextmenütaste) können Sie die *Grafik*, die *Achsen,* die *Daten-
reihen* und die *Legende* einzeln bearbeiten
und löschen, jeweils in Abhängigkeit von
der Cursorposition. Das Kontextmenü über
die gesamte Grafik erhalten Sie wenn der
Cursor auf die Umrahmung gesetzt wird
und ein Vierfachkreuz bildet. Hier gibt es
keine Löschfunktion. Die gesamte Grafik
wird über die Funktion *Ausschneiden* gelöscht. und steht dann in der Zwischenablage weiter zur Verfügung. Die Funktion
Diagrammtyp ändern im Kontextmenü er-

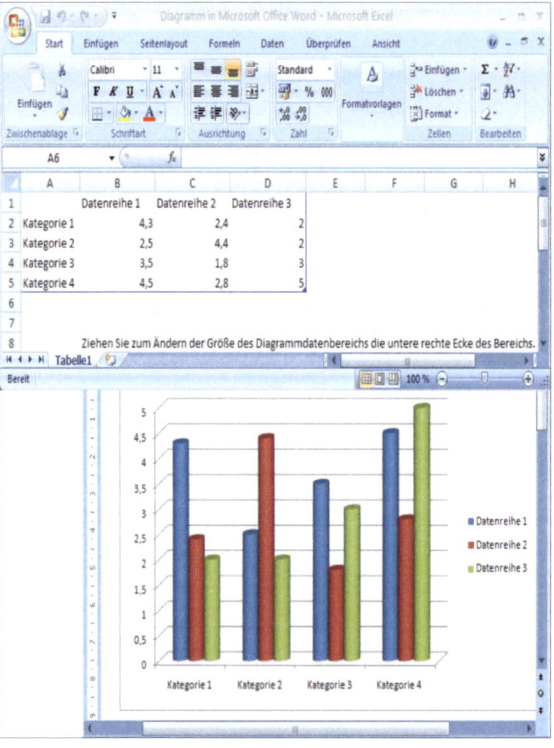

**Abbildung 17: Wurde der Diagrammtyp ausgewählt, öffnet
sich die Grafik und die zugehörige Excel-Tabelle.**

möglicht den Austausch der Diagrammtypen. Diese Funktion steht in allen Kontextmenüs zur Verfügung. Wenn Sie auf diese Funktion klicken öffnet sich das Vorlagenfenster aus Abbildung 16, nur heißt es jetzt *Diagrammtyp ändern*. Auf diese Art können Sie auf Basis der in der Exceltabelle eingetragenen Zahlen verschiedene Diagrammtypen testen. Die Exceltabelle können Sie schließen, wenn sie nicht mehr gebraucht wird und auf dem Desktop stört. Über die Schaltfläche *Daten bearbeiten* im Kontextmenü kann sie jederzeit wieder eingeschaltet werden

2.5 Textfelder und WordArt

Neben den verschiedenen grafischen Objekten, die in ein Dokument eingefügt werden können, gibt es zwei Spezialobjekte, die zwar wie Grafiken behandelt werden, aber als Text anzusehen sind, das sind die Funktionen *Textfelder* und *WordArt.*

2.5.1 Textfelder

Textfelder(Textrahmen) sind Bereiche, die wie eine Grafik eingefügt werden können. In diese Felder können Sie Texte schreiben oder einfügen und formatieren. Das Verfahren bietet sich an, wenn innerhalb eines fortlaufenden Textes ein kurzer Textabschnitt besonders hervorgehoben werden soll. Word 2007 bietet eine große Anzahl vorformatierter Textfelder, die einfach zu benutzten sind. Außerdem können Sie ein leeres Textfeld in Ihrem Dokument zeichnen und dann beschriften. Klicken Sie im Register *Einfügen* in der Gruppe *Text* auf *Textfeld.*

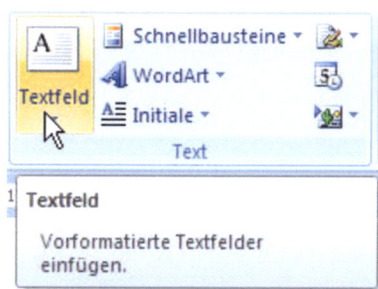

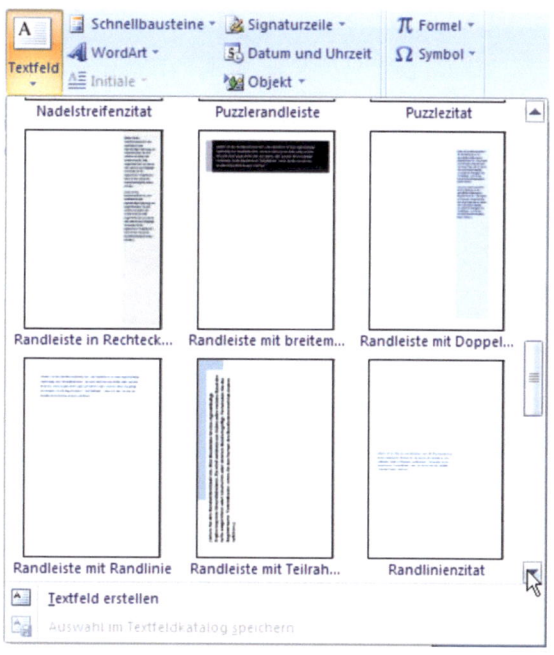

Ein Vorlagenkatalog mit vorformatierten Textfeldern öffnet sich. Ein Doppelklick setzt das gewünschte Textfeld in Ihr Dokument und zwar in die Position, die der Anzeige im Katalog entspricht. Schriftarten, -größen, -farben und Absatzformate sind vorgegeben, können aber innerhalb des Textfeldes im Dokument geändert werden.

Die Textfelder sind frei skalierbar, sie können vergrößert oder verkleinert werden. Die enthaltenen Texte werden nicht mit skaliert. Sie müssen also die Textmenge, die Schriftgröße und die Größe des Textfeldes aneinander anpassen.

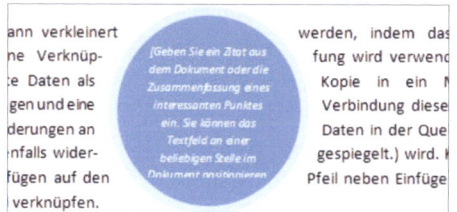

Abbildung 18: Einfügen von Textfeldern aus dem Katalog in vorhandenen Text

Wenn Sie im unteren Bereich des Katalogs auf die Schaltfläche Textfeld erstellen klicken, verwandelt sich der Cursor in einen Zeichenvierfachpfeil. Nun können Sie mit der Maus einen Textrahmen aufziehen, in den Sie dann Text eintippen. In diesem Fall muss der Text von Ihnen selbst formatiert werden. Der gezeichnete Textrahmen wird immer über den vorhandenen Text gelegt. Wenn Sie den Rahmen markieren und im Kontextmenü die Funktion *Textfeld formatieren* aufrufen, können Sie im Arbeitsfenster *Textfeld formatieren / Layout* den bereits beschriebenen *Textumbruch* festlegen. Verwenden Sie eines der vorformatierten Textfelder nennt sich diese Funktion *Autoform formatieren*.

2.5.2 WordArt

Wenn Sie in einem Dokument von Microsoft Word einen Titel, ein Wasserzeichen oder einen anderen Text interessanter gestalten möchten, können Sie *WordArt* verwenden. *WordArt* ermöglicht Texteffekte wie Zerren, Schattieren, Drehen und Strecken in einer Vielzahl von Formen und Farben sowie 3D-Darstellung. Diese Funktion ist einfach aufzurufen und anzuwenden. Anders als bei den Textfeldern wird der Text in *WordArt* mit dem Rahmen skaliert. Er wird hier als Grafik behandelt. In den Eigenschaften gleicht *WordArt* anderen Zeichenobjekten. Klicken Sie in der Registerkarte Einfügen in der Gruppe Text auf *WordArt*. In dem nun geöffneten Vorschaufenster können Sie sich ein geeignetes Objekt auswählen. Sie können WordArt auch zur Schnellzugriffsleiste hinzufügen und von dort direkt aufrufen.

Im nächsten Fenster können Sie Ihren Text eingeben, eine andere Schriftart, -größe und einen neuen Schriftschnitt auswählen. Wenn Sie auf OK drücken, wird die gewünschte WordArt-Grafik in Ihr Dokument eingefügt. Die Grafik ist nun, wie auch andere Bilder und Grafiken, als *Mit Text in Zeile* eingefügt. Im Kontextmenü in der Rubrik *WordArt formatieren* stellen Sie nun den Textumbruch ein, damit die WordArt-Grafik sich frei verschieben lässt.

Abbildung 19: Textumbruch *Passend*

Abbildung 20: Textumbruch *Hinter den Text*

Wenn Sie beim Einfügen eines grafischen Objektes den Textumbruch *Hinter den Text* gewählt haben, lässt sich dieses Objekt
später nicht mehr mit der Maus markieren. Zeigen Sie mit der Maus
auf das Objekt, wird immer nur der Textcursor angezeigt. Um solche
Grafik später dennoch zu ändern, zu löschen oder zu verschieben,
klicken Sie in der Registerkarte *Start* in der Gruppe *Bearbeiten* auf
Markieren und hier auf *Objekte markieren*. Nun kann die Grafik hinter dem Text bearbeitet werden. Um die Funktion wieder aufzuhe-
ben, genügt es, die Taste *Esc* zu drücken.

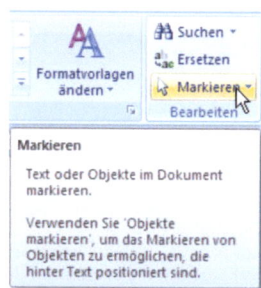

Im nächsten Kapitel werden die Grafiktools beschrieben, die alle bisher beschriebenen und
weiterführende Funktionen für die Bearbeitung zur Verfügung stellen.

Zum Einfügen grafischer Objekte ist folgendes zu bemerken: Als Standard fügt Word, wie
bereits erwähnt, alle diese Objekte als *Mit Text in Zeile* ein, so dass sie sich nicht mit der
Maus verschieben lassen. Diese Standardeinstellung kann über die *Word-Optionen / Erweitert
/Ausschneiden, Kopieren und Einfügen Kopieren / Bilder einfügen* geändert werden.

Fragen und Übungen

Frage 1: Wie wird eine Grafik in ein Dokument eingefügt?

Frage 2: Welche Arbeitsgänge sind erforderlich, um die Grafik innerhalb eines Textes frei
verschieben zu können?

Frage 3: Wie werden Grafiken gedreht?

Frage 4: Was sind ClipArts und wie werden sie eingefügt?

Frage 5: Welcher Unterschied besteht zwischen dem Einfügen von Grafiken und dem Einfügen von ClipArts?

Frage 6: Wie werden Scans oder Fotos eingefügt?

Frage 7: Was sind Textfelder und wie werden sie eingesetzt?

Frage 8: Welcher Unterschied besteht zwischen Textfeldern und WordArt?

Übung

Schritt 1: Auf Seite 114 finden Sie einen Text aus der Windows-Hilfe. Markieren Sie diesen
Text und setzen ihn über die Zwischenablage in Ihr Dokument (Kopieren und Einfügen). Sie können den Text auch abschreiben.

Schritt 2: Fügen Sie aus dem *ClipArt-Organizer, Office-Sammlungen, Kategorie Gebäude,*
das erste Bild oben links ein. Verkleinern Sie dieses Bild auf 5 cm in der Breite
und schieben es am Anfang des 2. Absatzes an den linken Rand, so dass es eine
Linie mit dem linken Textrand bildet. Nun sollte Ihr Dokument das Aussehen von
Abbildung 21 haben.

Hinweis   Bilder werden von Microsoft Word standardmäßig in ein Dokument eingebettet
(Einbetten: Einfügen von Daten, die in einem Programm erstellt wurden, z. B. ein Diagramm oder
eine Gleichung, in ein anderes Programm. Nach dem Einbetten des Objekts sind die Daten Teil des
Dokuments. Alle am Objekt vorgenommenen Änderungen werden ebenfalls im Dokument
widergespiegelt.).

Die Dateigröße kann verkleinert werden, indem das Bild verknüpft
(Verknüpfung: Eine Verknüpfung wird verwendet, um in einem
Programm erstellte Daten als Kopie in ein Microsoft Word-
Dokument einzufügen und eine Verbindung dieser beiden Dateien
beizubehalten. Änderungen an Daten in der Quelldatei werden im
Zieldokument ebenfalls widergespiegelt.) wird. Klicken Sie im
Dialogfeld Grafik einfügen auf den Pfeil neben Einfügen, und
klicken Sie dann auf Mit Datei verknüpfen.

Abbildung 21: Text mit eingefügten Bild

3. Tools zur Bearbeitung grafischer Objekte

Wenn Sie ein Bild, eine Grafik oder ein anderes grafisches Objekt einfügen oder markieren, wird automatisch die jeweilige Registerkarte angezeigt: *Bildtools* beim Einfügen eines Fotos, Scans oder ClipArts, *Zeichentools* beim Einfügen einer Form sowie *SmartArt-Tools*, *Diagrammtools*, *Textfeldtools* und *WordArt-Tools*. Es gibt Gemeinsamkeiten innerhalb der Tools, aber auch Unterschiede. Jedes dieser Tools ist auf die Eigenschaften des jeweiligen Objektes zugeschnitten und unterscheidet sich in wichtigen Funktionen von den anderen.

3.1 Bildtools

Haben Sie ein Bild eingefügt oder markiert, wird über der Registerkartenleiste *Bildtools* zeigt. Hier klicken Sie auf die Registerkarte *Format,* die Multifunktionsleiste *Format* der Bildtools mit den Gruppen *Anpassen*, *Bildformatvorlagen, Anordnen* und *Schriftgrad* wird angezeigt. Mit den *Bildtools* werden Fotos, Scans und ClipArts bearbeitet. In der Gruppe

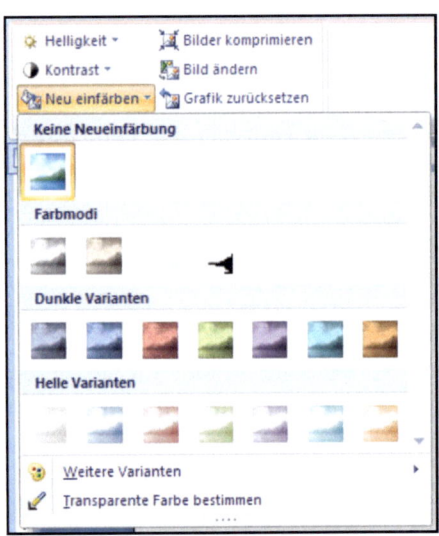

passen finden Sie Funktionen zur Verbesserung von Fotos und Scans, *Helligkeit* und *Kontrast* können in kleinen Stufen angepasst werden. Die Funktion *Neu einfärben* bietet neben verschiedenen lichkeiten für ein Bild auch die Funktion *Transpate Farbe bestimmen*. Hiermit können Sie festlegen, welche Farbe transparent sein soll. Der Hintergrund ist folgender: Ein Original-Foto oder Scan ist nicht transparent, auch wenn zum Beispiel eine Rose auf weißem Hintergrund zu sehen ist. Der Textumbruch *Passend* bleibt dabei wirkungslos. Hat das Bild jedoch eine einheitliche Farbfläche (das kann auch weiß sein), kann diese Farbe transparent und damit durchscheinend gemacht werden, der Textumbruch *Passend* ist so nutzbar. Beispiel siehe Abbildung 22.

Die Funktion *Bilder komprimieren* ist bei großen Bil-

Abbildung 22: Beispiel für Einsatz der Transparenz. Das linke Bild ist das Original

dern und in Dokumenten mit vielen Bildern wichtig. Komprimieren mindert aber auch immer die Qualität. *Bild ändern* entspricht der bereits im Kapitel 2 beschriebenen Funktion und *Grafik zurücksetzen* löscht alle von Ihnen vorgenommenen Änderungen.

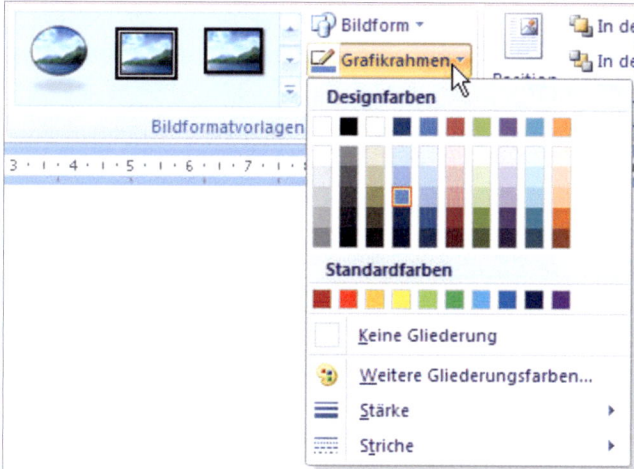

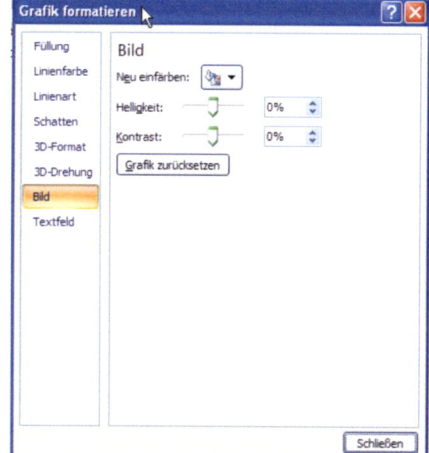

Abbildung 23: Der Grafikrahmen erhält eine andere Farbe   Abbildung 24: Grafik formatieren

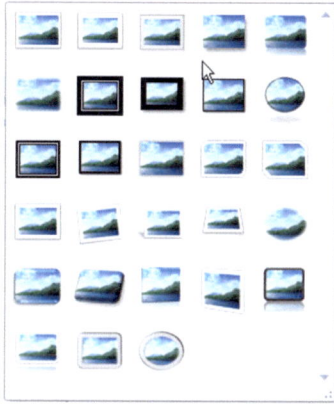

Über die Gruppe *Bildformatvorlagen* können Sie verschiedene Umrandung und Formen eines Bildes einstellen. Die Formatvorlagen werden wie die Text-*Schnellformatvorlagen* angewendet. Ein Klick auf den untersten Pfeil rechts neben den Vorlagen öffnet den Gesamtkatalog. Zeigen Sie mit der Maus auf eine dieser Vorlagen, wird die Livevorschau angezeigt und Sie können sich schnell die passende Vorlage auswählen.

Rechts neben dem Gruppennamen *Bildformatvorlagen* befindet sich ein kleiner Pfeil, ein Klick auf diesen öffnet das Dialogfeld *Grafik Formatieren*, siehe Abbildung 24. Diese Funktion erreichen Sie auch über das Kontextmenü

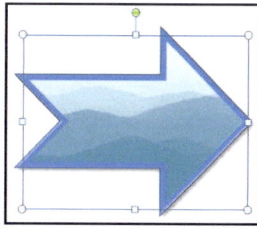

Wenn Sie die Schaltfläche *Bildform* anklicken sehen Sie den Formenkatalog. Es ist ein ähnlicher Katalog wie unter *Formen* beschrieben, nur heißt er hier *Bildform* und ist für die Anwendung auf Bilder zugeschnitten. Mit Hilfe des Formenkatalogs können Sie jedes Bild in einer der Formen darstellen (wie sinnvoll das auch immer sein mag). Eine Livevorschau steht nicht zur Verfügung, so dass Sie zum Testen die jeweilige Form zuweisen und im Fall des Nichtgefallens wieder rückgängig machen müssen.

Abbildung 25: Auf das eingefügte Bild wurde die Bildformatvorlage Oval mit schwarzem Rahmen angewandt. Der Rahmen wurde danach über die Schaltfläche *Grafikrahmen* blau eingefärbt, siehe Abbildung 23.

Darüber hinaus steht die Funktion *Bildeffekte* zur Verfügung. Hier können Schatten, Spiegelung, 3D-Drehung und andere Effekte auf das Bild angewandt werden.

In der Gruppe *Anordnen* werden Einstellungen vorgenommen, die die Position der Bilder in Ihrem Dokument und die Position mehrerer Objekte zueinander festlegen. Über die Schaltfläche *Position* wird eine feste Position auf einer Seite festgelegt mit insgesamt 9 Möglichkeiten; horizontal: Links, Mitte, Rechts und vertikal: Oben, Mitte, Unten.

Mehrere Bilder können über die Schaltfläche *In den Vordergrund* oder *In den Hintergrund* zueinander positioniert werden, wenn sie sich im Dokument überlappen. Die Schaltfläche Textumbruch wurde bereits hinreichend erläutert.

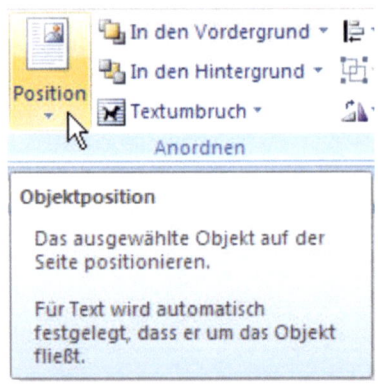

Die kleinen Schaltflächen rechts daneben bedeuten von oben nach unten: *Die Kanten mehrerer ausgewählter Objekte ausrichten*, *Gruppieren* und *Drehen*. Um die Kanten mehrerer Objekte auszurichten oder Objekte zu gruppieren, müssen diese Objekte markiert werden. Mehrere Objekte markieren Sie folgendermaßen: Die in Frage kommenden Objekte mit gedrückter Strg-Taste nacheinander anklicken. Die Objekte sind nun markiert und können bearbeitet werden. Gruppieren von Objekten bedeutet, dass sie wie ein gemeinsames Objekt behandelt werden. In der Gruppierung bleibt die Position der Einzelobjekte erhalten, sie können gemeinsam verschoben, bearbeitet, vergrößert und verkleinert werden. Die Änderungen werden an den gruppierten Objekten identisch vorgenommen, also zum Beispiel für jedes Objekt der gleiche neue Rahmen - kein gemeinsamer Rahmen um die Gruppierung! Sie können die markierten Objekte über die Schaltfläche *Gruppieren* in der Gruppe *Anordnen* oder über das Kontextmenü gruppieren und auf dem gleichen Weg die Gruppierung wieder aufheben.

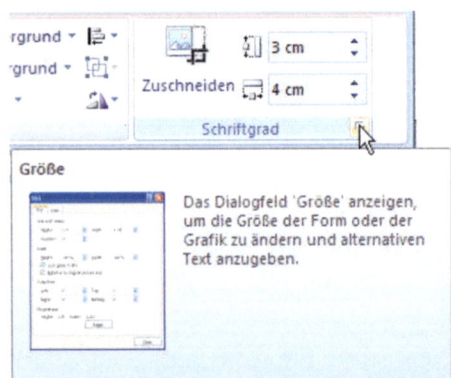

Die letzte Gruppe in der Reihe nennt sich *Schriftgrad* und ist insofern irreführend als es sich bei dieser Gruppe um Funktionen zur Größenänderung eines Bildes handelt. Die zusätzliche Änderung der Schriftgröße betrifft hauptsächlich beschriftete Diagramme und SmartArts.

Wenn Sie über die Schaltflächen am rechten Rand eine Größenänderung vornehmen, also neue Werte eintragen – egal ob Sie die Höhe oder die Breite neu einstellen, wird das Bild immer proportional skaliert.

Die Schaltfläche *Zuschneiden* in dieser Gruppe ist ein wichtiges Werkzeug. Mit Hilfe dieser Funktion können Sie nach Bedarf Bildausschnitte „zuschneiden". Dazu klicken Sie in der Gruppe *Schriftart* auf *Zuschneiden*. Der Cursor nimmt die Form des Schneidewerkzeugs an. Gleichzeitig werden im Bild Markierungen angezeigt, an denen das Ausschneidewerkzeug angesetzt wird. Mit diesem Werkzeug schneiden Sie sich das Bild nach Ihren Vorstellungen zurecht, um den gewünschten Bildausschnitt zu erhalten.

Das zugeschnittene Bild wird nun wie jedes andere behandelt. Es kann skaliert, eingefärbt, verformt und weiter behandelt werden.

3.2 Zeichentools

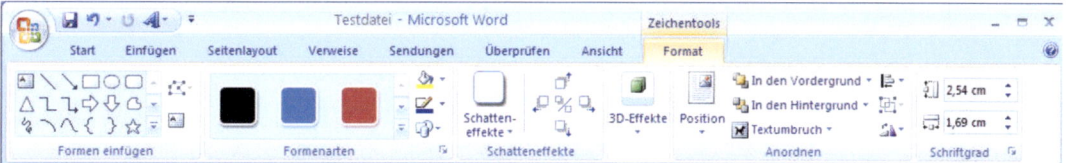

Wie beim Einfügen von Bildern, wird beim Einfügen oder Markieren von Zeichnungen und Formen das zugehörige Tool in der Registerkartenleiste *Zeichentools* eingeblendet. Mit einem Klick auf die Schaltfläche *Format* öffnet sich die Multifunktionsleiste der Zeichentools. Die Funktionen beziehen sich auf Zeichnungen und Formen und unterscheiden sich damit von den Bildtools.

In der Gruppe *Formen einfügen* kann der bekannte Formenkatalog geöffnet und genutzt werden. In der Gruppe *Formenarten* wird der Formenarten-Katalog geöffnet und genutzt, er enthält eine Vielzahl verschiedener Formen die auf eine der Zeichnungen angewandt werden können.

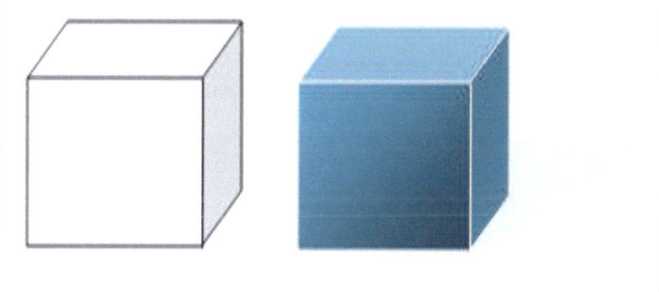

Abbildung 26: Formenarten-Katalog   **Abbildung 27: Beispiel für die Anwendung einer Formenart**

Auf diese Weise können Sie jede Art von Formen erzeugen und dieser Form die verschiedensten Formenarten zuweisen. Hier steht auch die *Livevorschau* zur Verfügung, so dass Sie die verschiedenen Möglichkeiten ausprobieren können.

Die kleinen Schaltflächen rechts neben dem Formenartenkatalog bedeuten von oben nach unten: *Formen mit Farben füllen, Konturen und Linien festlegen* und *Formen ändern*. Außerdem lässt sich über den kleinen Pfeil rechts neben dem Gruppennamen ein Formatierungsfenster aufrufen, in dem Farben, Linien, Größe, Layout (Textumbruch) und Alternativtext festgelegt werden können. Die Funktionen der Schatten- und 3D-Effekte brauchen nicht weiter erläutert zu werden. Hier werden die Eigenschaften, die über fertige Vorlagen zusammenhängend zugewiesen werden, in Einzelschritten festgelegt. Die Funktionen der Gruppen entsprechen den gleichnamigen Gruppen der Bildtools.

3.3 SmartArt-Tools

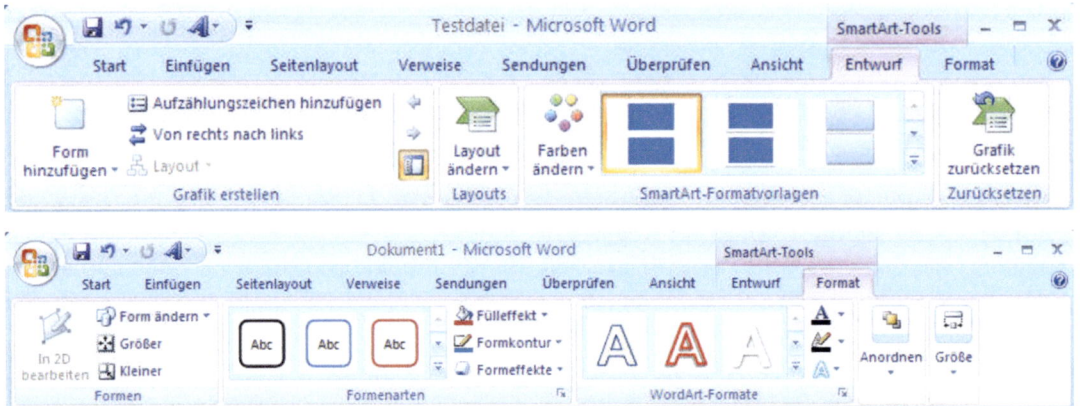

Abbildung 28: SmartArt-Tools mit den Registerkarten Entwurf und Format

Fügen Sie eine SmartArt-Grafik ein oder markieren Sie eine vorhandene, wird über der Registerkartenleiste *SmartArt-Tools* angezeigt. Im Gegensatz zu den bereits vorgestellten Tools gibt es hier zwei Registerkarten, *Entwurf* und *Format*, mit jeweils unterschiedlichen Funktionen. Da diese Grafiken einer anderen Struktur gehorchen als Bilder und Formen, beinhalten die *Multifunktionsleisten* der Registerkarten auch andere Funktionen. In Abhängigkeit von der gewählten *SmartArt* werden auch unterschiedliche SmartArt-Vorlagen angezeigt und jede SmartArt-Grafik entsprechend anders bearbeitet.

Abbildung 29: Wird ein anderer Typ gewählt, hat auch die Multifunktionsleiste Entwurf ein anderes Aussehen.

SmartArt-Tools, Registerkarte Entwurf

In der Gruppe *Grafik erstellen* ist die Funktion *Form hinzufügen* zu finden. Mit dieser Funktion können Sie in die vorhandene SmartArt-Grafik ein dem Grafiktyp entsprechendes Symbol einfügen, die Grafik also erweitern. Auf diese Weise kann die Ursprungsgrafik Ihren Wünschen , indem Sie Formen hinzufügen oder löschen. In Abhängigkeit von SmartArt-Typ wird diese Funktion auf unterschiedliche Arten benutzt.

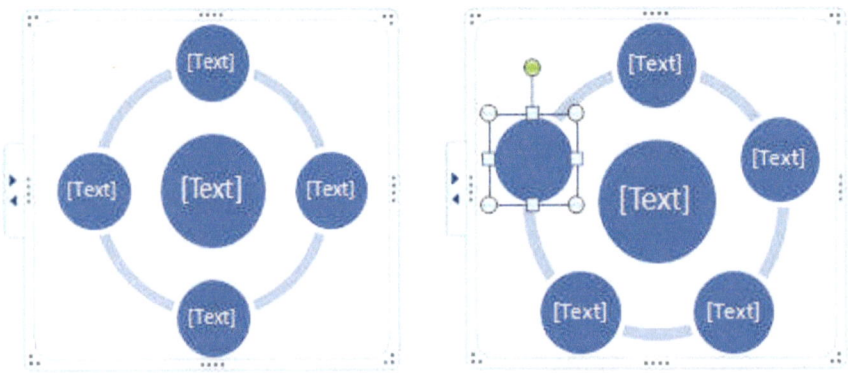

Abbildung 30: Ein neues Symbol wurde in die Originalgrafik eingefügt

Die Registerkarte Entwurf stellt mehrere Kataloge bereit, die für die verschiedenen SmartArt-Versionen genutzt und miteinander kombiniert werden können. Das sind die Gruppen *Layouts, Farbenkatalog* und *SmartArt-Formatvorlagen*. Wenn Sie auf den unteren Pfeil neben den Vorlagensymbolen klicken, werden die Vorlagenkataloge geöffnet.

In der letzten Gruppe dieser Multifunktionsleiste können Sie die von Ihnen vorgenommenen Änderungen wieder auf die Ursprungsform zurücksetzen.

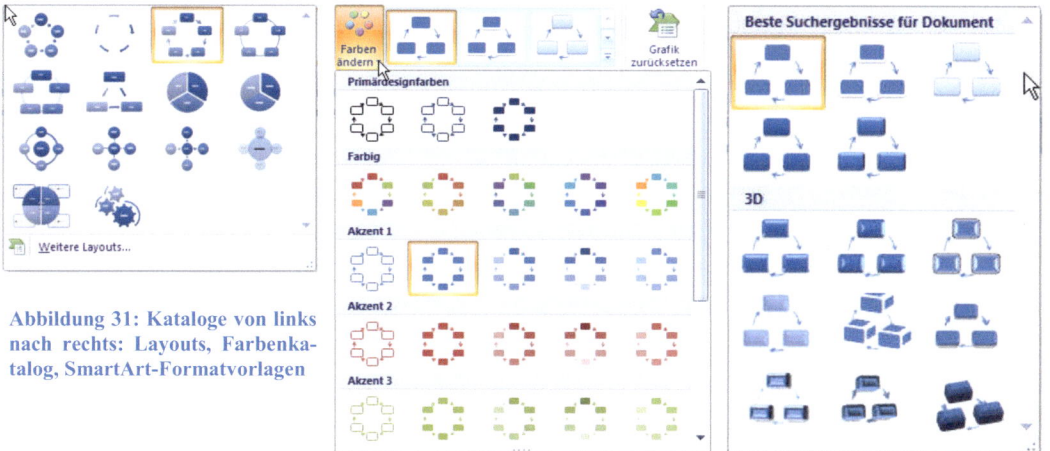

Abbildung 31: Kataloge von links nach rechts: Layouts, Farbenkatalog, SmartArt-Formatvorlagen

SmartArt-Tools, Registerkarte Format

In der Gruppe Formen befinden sich die Funktionen zum Bearbeiten von Formen. *Formen ändern* öffnet den bekannten Formenkatalog. Jedem einzelnen Symbol in Ihrer Grafik oder mehreren gemeinsam (Strg-Taste gedrückt halten und die Symbole nacheinander anklicken) können Sie auf diesem Weg eine Form aus dem Katalog zuweisen. Ob das sinnvoll ist, bleibt offen. Probieren Sie es einfach einmal aus. Auch das Vergrößern oder Verkleinern eines oder mehrerer Symbole finden Sie in dieser Gruppe. Dabei werden nur die Größen der einzelnen Symbole geändert, nicht die Größe der Grafik.

In den Gruppen Formenarten und WordArt-Formate gibt es eine Vielzahl verschiedener Vorlagen mit deren Hilfe Sie Umrissformen, Schriftformen, Schatten, 3D und vieles mehr ihren

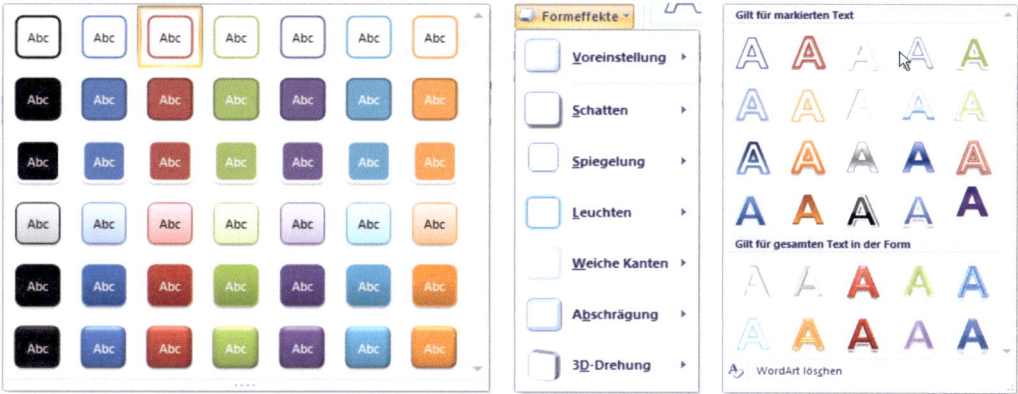

Abbildung 32: Die Kataloge von links nach rechts: Formenarten, Formeffekte und WordArt-Formate

Vorstellungen anpassen können. Die Schaltflächen für Fülleffekt, Formkontur, Textfüllung und Textgliederung beziehen sich jeweils nur auf die Farben.In der Gruppe Anordnen können Sie den Textumbruch, die Position und Reihenfolge festlegen.

3.4 Diagrammtools

Die Diagrammtools enthalten drei Registerkarten *Entwurf, Layout* und *Format* .

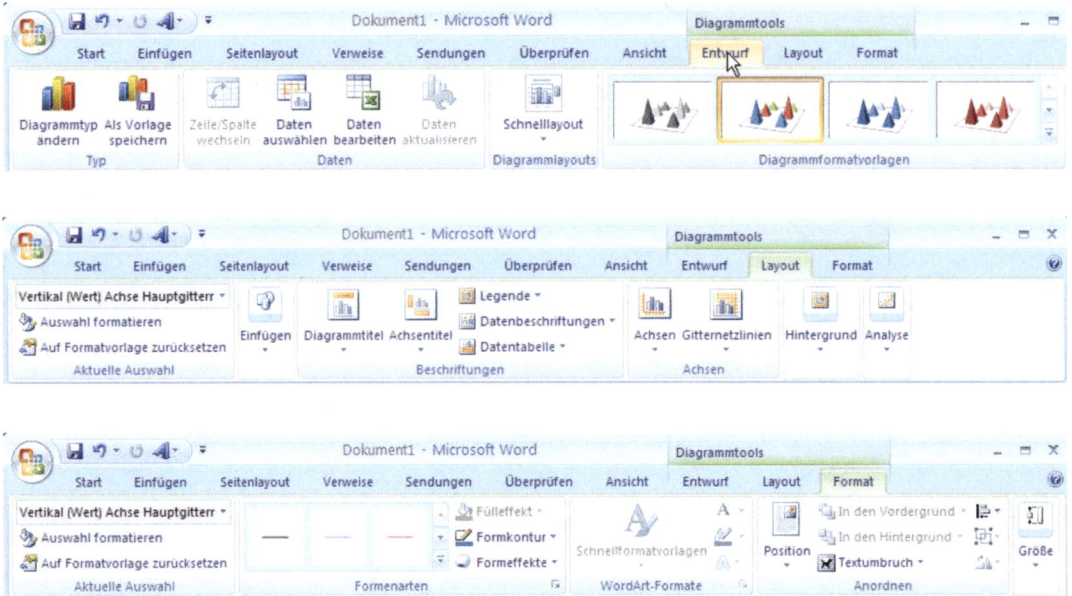

Die meisten Funktionen für das Einfügen und Bearbeiten von Diagrammen wurden bereits im Kapitel Diagramme vorgestellt. Die Registerkarten der Diagrammtools bieten noch weitere Möglichkeiten der Auswahl, der Erweiterung und optischen Vervollkommnung von Diagrammen. Ob das im Einzelfall erforderlich und effektiv ist, bleibt dahin gestellt. Deshalb wird im Rahmen dieses Materials nicht weiter darauf eingegangen. Auf jeden Fall können Sie die umfangreichen Möglichkeiten ausprobieren und, wie auch bei den vielen anderen Funktionen von Word 2007, die individuell geeigneten herausfiltern und anwenden.

Alle hier vorhandenen Funktionen der Diagrammtools stammen aus Excel. Beim Einfügen eines Diagramms aus einer Excel-Tabelle werden die gleichen Diagrammtools mit den Registerkarten Entwurf, Layout und Format geöffnet. Wer also Diagramme nicht unbedingt in einen Word-Text einbetten will, sollte gleich auf Excel zurückgreifen. Wer sich mit Excel 2007 bereits befasst hat, wird mit dem Diagramm-Modul in Word gut zurechtkommen.

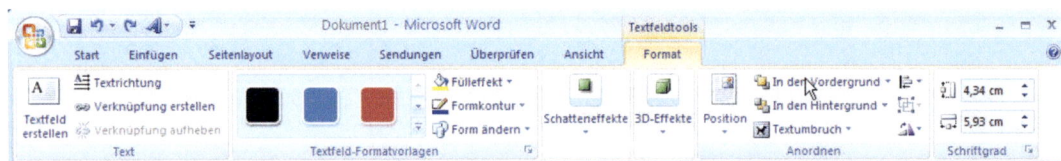

3.5 Textfeldtools

Wie bei allen bisher beschriebenen Einfügeoptionen werden beim Einfügen oder Markieren eines Textfeldes die Textfeldtools angezeigt. Nach dem Öffnen der Registerkarte Format steht die Multifunktionsleiste der Textfeldtools zur Verfügung.

In der Gruppe Text können Sie mit Textfeld erstellen weitere Textfelder in Ihrem Dokument zeichnen. Die Funktion Textrichtung dreht den Text in 45°-Schritten.

Zu der Schaltfläche Verknüpfung erstellen ist einiges zu sagen. Sie können mit dieser Funktion Text von einem Textfeld in ein anderes „fließen" lassen. Praktisch sieht das folgenderma-

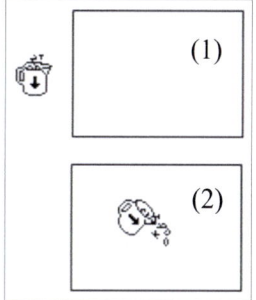

ßen aus. Sie haben zwei Textfelder in Ihr Dokument eingefügt. Nun markieren Sie das erste Textfeld, klicken dann auf die Schaltfläche *Verknüpfung erstellen*, der Cursor verwandelt sich jetzt in das Symbol eines Kruges (1). Gehen Sie nunmehr mit dem Cursor in das leere Textfeld, der „Krug" wird entleert (2). Auf diese Weise können Sie weitere Textfelder miteinander verknüpfen.

Wenn Sie nun Text in das erste Feld schreiben und dieser passt nicht mehr hinein, füllt sich das zweite und jedes weitere Textfeld mit dem überschüssigen Text. Mit *Verknüpfung aufheben* wird die Aktion rückgängig gemacht.

Die Gruppe *Textfeld-Formatvorlagen* enthält den Textfeldkatalog. Er hat das gleiche Aussehen wie der Formenarten-Katalog und die gleiche Funktion. Die Symbole rechts neben dem Katalog bedeuten *Fülleffekt* = Einfärben des Textfeldes, *Formkontur* = Einfärben der Umrandung und *Form ändern* = Zuweisen einer Form aus dem Formenartenkatalog. So kann ein rechteckiges Textfeld zum Beispiel in ein sternförmiges umgewandelt werden. Textfelder werden also wie die bereits beschriebenen Formen behandelt. Ein Klick auf den kleinen Pfeil rechts neben dem Gruppennamen *Textfeld-Formatvorlagen* oder neben dem Gruppennamen *Schriftgrad* öffnet das Fenster *Textfeld formatieren*. Die Funktion *Textfeld formatieren* findet sich auch im Kontextmenü.. Die Gruppe *Anordnen* wurde bereits unter *Bildtools* beschrieben. Sie hat hier die gleichen Funktionen. Auch die Schatten- und 3D-Effekte entsprechen den gleichnamigen Funktionen der anderen Tools.

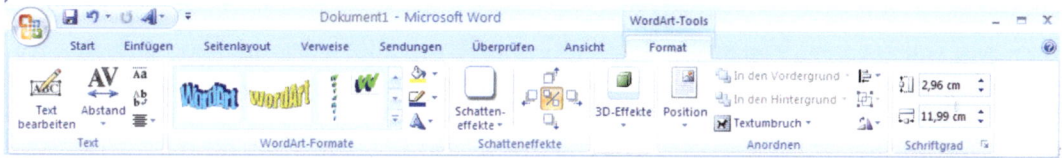

3.6 WordArt-Tools

Wie bei den anderen grafischen Objekte wird auch beim Einfügen oder Markieren von WordArts *WordArt-Tools* über der Registerkartenleiste angezeigt. Ein Klick auf Format zeigt die Multifunktionsleiste der *WordArt-Tools*. Wenn Sie in der Gruppe Text die Funktion Text bearbeiten aufrufen, wird das Arbeitsfenster für die Texteingabe geöffnet. Hier können Sie den gewünschten Text eingeben, Schriftart, Schriftfarbe, Schriftgröße und Schriftschnitt einstellen, wie bereits unter WordArts beschrieben. Mit der Funktion Abstand kann der Abstand der Zeichen voneinander festgelegt werden.

Die dritte Spalte in der Gruppe Text bietet folgende Funktionen (von oben nach unten):

Gleiche Zeichengröße: Alle Buchstaben werden gleich groß angezeigt, egal ob Groß- oder Kleinbuchstaben.

WordArt als vertikaler Text: Buchstaben werden untereinander geschrieben - nicht gedreht. Der vertikale Text sollte in Länge und Breite noch nachbearbeitet werden.

Textausrichtung: Die Textausrichtung entspricht den Funktionen der Textverarbeitung.

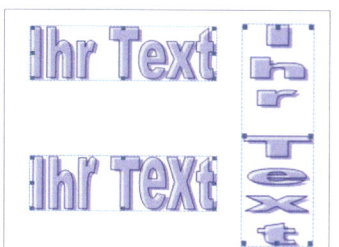

Abbildung 33:
oben: normal,
unten: gleiche Zeichengröße,
rechts: vertikaler Text

In der Gruppe WordArt-Formate finden Sie den WordArt-Katalog und die Funktionen Füllfarbe, Konturfarbe und Formen. Die übrigen Gruppen und Funktionen sind mit den bereits beschriebenen in den anderen Tools identisch.

Nachbemerkung

Hiermit ist die Einführung in die Arbeit mit grafischen Objekten abgeschlossen. Im Rahmen dieses Anleitungist es nicht möglich, die Funktionen bis in alle Einzelheiten zu erläutern. Insbesondere die Arbeit mit SmartArts und Diagrammen könnten einen weiteren Teil füllen. Aber auch die Bild-, Form-, ClipArt-, Textfeld- und WordArt-Tools bieten mehr als hier beschrieben werden konnte.

Microsoft hat Word 2007 mit einer Fülle von Funktionen ausgestattet, die im Regelfall nicht gebraucht werden. Wer also, wie eingangs bereits erwähnt, seinen Text mit der einen oder anderen Grafik aufwerten möchte, braucht nicht tiefer in diese Materie einzusteigen. Wer sich speziell mit dieser Thematik auseinandersetzen will, sollte die Möglichkeiten selbst ausprobieren. Ich denke, die beschriebenen Grundkenntnisse reichen dazu aus.

Word 2007 gibt sich bei der Bearbeitung grafischer Objekte wie ein professionelles Grafikprogramm in Bezug auf die umfangreichen Möglichkeiten, eine Grafik aufzubereiten. Es darf aber nicht (wie mehrfach erwähnt) vergessen werden, dass Word ein Textprogramm ist und das Zusammenspiel von Text und grafischen Objekten nicht immer nach Wunsch funktioniert. Da ist Geduld gefragt und das Wissen darüber, wie sich die grafischen Objekte im Text verhalten und wie man Probleme vermeiden kann. Deshalb ist meines Erachtens die Kenntnis der Bearbeitung von Grafiken, wie sie in Kapitel 2 beschrieben ist und deren Einbindung in den Text, wichtiger als die Anwendung der jeweiligen Tools. Beides kann aber vernünftig miteinander kombiniert werden.

Dass es möglich ist, ein Dokument unter Microsoft Word 2007 auch mit einer größeren Anzahl von Bildern auszustatten, zeigt diese Anleitung. Das Manuskript wurde mit Word 2007 erzeugt. Dennoch würde ich jedem Anwender mit normalen Kenntnissen einer Textverarbeitung davon abraten. Für derartige Dokumente mit reicher Bebilderung sollte ein Layout- oder Grafikprogramm genutzt werden

Übungstext

Hinweis   Bilder werden von Microsoft Word standardmäßig in ein Dokument eingebettet (Einbetten: Einfügen von Daten, die in einem Programm erstellt wurden, z. B. ein Diagramm oder eine Gleichung, in ein anderes Programm. Nach dem Einbetten des Objekts sind die Daten Teil des Dokuments. Alle am Objekt vorgenommenen Änderungen werden ebenfalls im Dokument widergespiegelt.).

Die Dateigröße kann verkleinert werden, indem das Bild verknüpft wird.
Verknüpfung: Eine Verknüpfung wird verwendet, um in einem Programm erstellte Daten als Kopie in ein Microsoft Word-Dokument einzufügen und eine Verbindung dieser beiden Dateien beizubehalten. Änderungen an Daten in der Quelldatei werden im Zieldokument ebenfalls widergespiegelt.

Klicken Sie im Dialogfeld Grafik einfügen auf den Pfeil neben Einfügen, und klicken Sie dann auf Mit Datei verknüpfen.

Lösungen zu den Aufgaben und zur Übung

Frage 1: Registerkarte Einfügen / Grafik / Ordner mit Bildern suchen / Bild auswählen / mit Doppelklick einfügen

Frage 2: Grafik markieren / Kontextmenü öffnen / Funktion Textumbruch / Passend

Frage 3: Grafik markieren / mit der Maus auf den Drehpunkt zeigen, wenn sich der Mauszeiger in einen Rotationspfeil verwandelt die Grafik in die gewünschte Lage drehen

Frage 4: ClipArts sind fertige Bilder oder Zeichnungen, die Sie in Ihr Dokument einfügen können. Sie werden mit Software geliefert oder können käuflich erworben werden.

Frage 5: Grafiken und Bilder werden mit einem doppelten Mausklick eingefügt, ClipArts müssen mit der Maus aus dem ClipArt-Ordner in ein Dokument gezogen werden.

Frage 6: Scans oder Fotos werden in den ClipArt-Organizer übernommen: Einfügen / ClipArts / Organisieren von Clips ... Im ClipArt-Organizer das Menü Datei öffnen und hier den Menüpunkt Clips zum Ordner hinzufügen / Von Scanner oder Kamera ...

Frage 7: Textfelder sind separate Bereiche in die Text eingegeben werden kann. Die Textfelder werden wie Grafiken/Bilder behandelt, sie sind im Dokument frei verschiebbar und werden beim Einfügen automatisch über vorhandenen Text gelegt. Der Textumbruch wird über die Funktion Textfeld formatieren im Kontextmenü festgelegt.

Frage 8: Textfelder können skaliert werden. Der enthaltene Text muss über die Einstellung der Schriftgrößen angepasst werden. WordArt-Text wird mit dem Rahmen skaliert oder verzerrt.

Übung

Schritt 1:

Einfügen oder Schreiben des Textes.
Der erste Absatz wird linksbündig formatiert, der zweite Absatz mit Blocksatz.

Schritt 2:

Registerkarte Einfügen öffnen, ClipArt anklicken, das Menü ClipArt wird geöffnet, unten auf die Schaltfläche Organisieren von Clips ... klicken.

Im ClipArt-Organizer auf das Kreuz (+) vor dem Ordner Office-Sammlungen klicken, der Ordner wird geöffnet.

Im Ordner Office-Sammlungen einmal auf den Ordner Gebäude klicken.

Im geöffneten Gebäude-Ordner das erste Bild links oben auswählen und mit gedrückter Maustaste in Ihr Dokument ziehen, an eine beliebige Position. Dazu sollte der ClipArt-Organizer so weit verkleinert werden, bis Ihr Dokument darunter gut sichtbar ist.

Das ClipArt-Bild wird *Mit Text in Zeile* eingefügt und es ist breiter als 5 cm, muss also verkleinert werden. Dazu ziehen Sie einen der Eckpunkte nach innen bis zur gewünschten Größe von 5 cm. Die Breite können Sie am oberen Lineal ablesen.

Abbildung 34: Größeneinstellung am Lineal

Dazu schieben Sie über die *Bildlaufleiste* Ihr Dokument so weit nach oben, bis das Bild an das Lineal anschließt. Siehe Abbildung 34: Auch über das *Kontextmenü* können Sie die *Bildgröße* kontrollieren und einstellen. Im Kontextmenü (rechte Maustaste oder Kontextmenütaste auf der Tastatur) stellen Sie den Textumbruch auf Quadrat. Nun lässt sich das Bild frei positionieren, schieben Sie es links neben den 2. Absatz, richten es am linken Textrand und am oberen Absatzrand aus. Der Text umfließt das Bild automatisch. Schieben Sie das Bild so lange bis es die in der Aufgabe gezeigte Position einnimmt. Mit Hilfe der Richtungstasten auf der Tastatur ist eine noch genauere Positionierung möglich, weil dies kleinste Schritte möglich macht, die manchmal mit der Maus nicht erreichbar sind.

Teil 6: Dokumente einrichten - Seitenlayout

Inhaltsverzeichnis

1. Vorbemerkungen

Mit Word 2007 können Sie mehr als nur Briefe schreiben. Wie Sie bereits gesehen haben, sind neben den Möglichkeiten der Textbearbeitung die Tabellen- und Grafikfunktionen so umfangreich, dass jede für sich als ein eigenständiges Programm angesehen werden könnte.

Aber auch für das Layout von Dokumenten stehen viele nützliche Funktionen zur Verfügung. Dabei ist es unerheblich, ob Sie Speisekarten, Einladungen, eine Vereinszeitung, Fax- oder Briefvordrucke erzeugen wollen, alles ist möglich. Wichtig ist nur, dass Sie sich im Vorfeld Gedanken dazu machen, welche Art von Dokument Sie erzeugen und welchen Leserkreis Sie erreichen wollen.

Die Funktionen, die Word für die Arbeit bereitstellt, reichen von einfachen Schriftstücken bis zu komplizierten und komplexen Dokumenten. Mit Hilfe der Dokumentvorlagen und über die Registerkarte Seitenlayout haben Sie vielfältige Möglichkeiten zur Gestaltung. Sie können Broschüren gestalten oder Buchmanuskripten ein professionelles Aussehen geben, so dass diese einem Druckstudio übergeben werden können..

Nachdem in den bisherigen Teilen der Dokumentation zu Word 2007 vor allem auf die Grundlagen zur Arbeit mit Texten, Tabellen und Grafiken eingegangen wurde, geht es hier um das Layout, also die Gestaltung einer Vielzahl unterschiedlicher Dokumentarten.

In den vorangegangenen Teilen wurde davon ausgegangen, dass ein neues Dokument über *Neu / Leeres Dokument / erstellen* eingerichtet wird. Das Seitenlayout spielte dabei vorerst keine Rolle.

In den folgenden Kapiteln wird die Gestaltung (Layout) der Dokumente beschrieben. Dazu gehören die bereits erwähnten Dokumentvorlagen und die Designs ebenso wie die Einstellungen für das Seitenlayout, das Einfügen von Kopf- und Fußzeilen sowie die Seitennummerierung.

Das über die effektive Nutzung von Formatvorlagen Gesagte trifft auch hier voll zu: Wer sich mit den Hilfsmitteln für die Gestaltung eines Seitenlayouts gut auskennt, kann sich die Arbeit wesentlich erleichtern. Immer wiederkehrende Schriftstücke wie Berichte, die eine bestimmte Form haben sollen, persönliche Briefe oder Faxvordrucke und viele andere Dokumentarten können als Dokumentvorlage gespeichert und immer wieder genutzt werden.

2. Dokumenteigenschaften

Bei der Einrichtung eines neuen Dokuments werden automatisch die Dokumenteigenschaften abgespeichert und mit dem Arbeitsablauf laufend aktualisiert. Neben den von Word automatisch gespeicherten Informationen wie beispielsweise Seitenzahl, Datum der letzten Speicherung, Wort- und Zeichenzahl, können Sie eigene Eigenschaften definieren. Dazu klicken Sie auf die *Office-Schaltfläche,* zeigen auf *Vorbereiten* und klicken dann auf *Eigenschaften* im rechten Bereich des Fensters *Dokument für die Verteilung vorbereiten*.

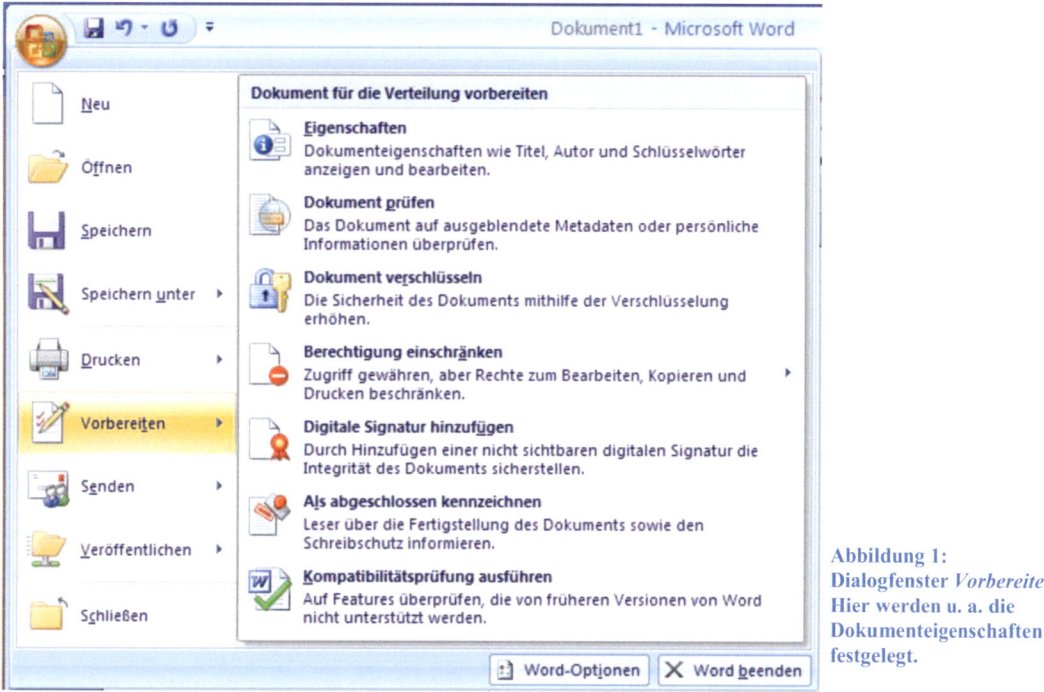

Abbildung 1: Dialogfenster *Vorbereiten* Hier werden u. a. die Dokumenteigenschaften festgelegt.

Oberhalb Ihrer Arbeitsfläche wird ein Formular eingeblendet in das Sie Ihre Informationen das Dokument betreffend, eingeben können. (Abbildung 2), zum Beispiel Titel und Autor. Als Autor trägt Word automatisch den Benutzernamen ein, den Sie selbstverständlich löschen bzw. ändern können. In der oberen Zeile wird der Dateiname mit der Datei-Endung angezeigt. Über die Schaltfläche **x** wird das Eigenschaftsfenster wieder geschlossen.

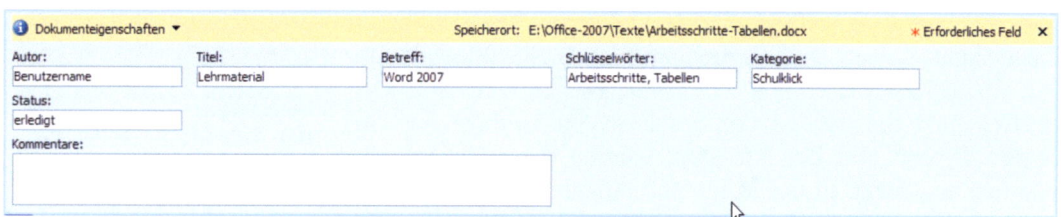

Abbildung 2: Formular für die Eingabe eigener Dokumenteigenschaften

Über den kleinen Pfeil am oberen Rand neben der Überschrift *Dokumenteigenschaften* öffnen Sie das aus den Word-Vorgängerversionen bekannte Dialogfenster *Erweiterte Eigenschaften*. Hier können Sie zusätzliche Eigenschaften festlegen und anzeigen lassen.

Außerdem können Sie *Dokumenteigenschaften* auch beim Öffnen oder Speichern Ihres Dokuments anzeigen. Dazu klicken Sie in die *Office-Schaltfläche* und danach auf *Öffnen* oder *Speichern unter* ohne eine Datei oder ein Format zu markieren. Im jeweiligen Fenster können Sie nun vorhandene Dateien suchen und markieren.

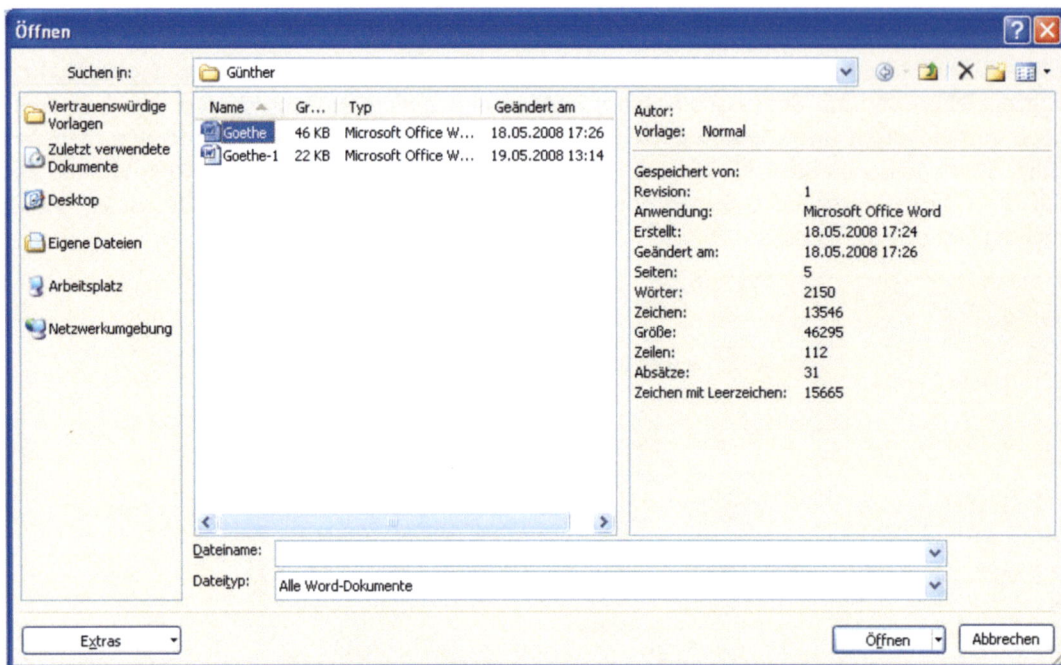

Abbildung 3: Das Öffnen-Fenster mit den Ansichten *Details* (Mitte) und *Eigenschaften* (rechts)

Um sich beim Öffnen oder Speichern die *Dokumenteigenschaften* anzeigen zu lassen, markieren Sie eine der angezeigten Dateien und klicken auf das Icon für *Ansicht* ganz rechts in der Kopfzeile des Fensters. Im darauf geöffneten Ansichtsmenü klicken Sie auf *Details* um die Dateigröße, den Dateityp und das Änderungsdatum zu sehen und auf *Eigenschaften*, um alle vorhandenen *Dokumenteigenschaften* anzuzeigen. In die Felder *Autor* und *Gespeichert von* trägt Word in der Regel den Benutzernamen des Anwenders ein. Die Abbildungen 3 und 4 werden unter Windows XP angezeigt. Unter Windows Vista befindet sich die Schaltfläche *Ansicht* in der Mitte der Kopfzeile des Fensters. Dieses Ansichtsmenü enthält zwar die Funktion *Details,* die *Eigenschaften* jedoch nicht.

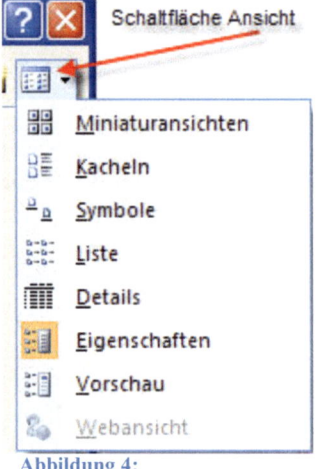

Abbildung 4:
Das aufgeklappte Menü der Schaltfläche Ansicht

Sie können die Dokumenteigenschaften auch drucken, entweder separat oder zusammen mit dem Dokument. Wollen Sie nur die Dokumenteigenschaften drucken, gehen Sie folgendermaßen vor: *Office-Schaltfläche / Drucken*, Das Druckfenster wird geöffnet und Sie wählen den gewünschten Drucker aus. Im oberen Bereich des Druckfensters werden die Druckereigenschaften angezeigt, in der Mitte sind Angaben darüber einzutragen, welche und wie viele Seiten gedruckt werden sollen. Darunter befinden sich links zwei Felder mit der Bezeichnung *Drucken*. Im oberen Feld ist *Dokument* voreingestellt. Dies ändern Sie auf *Dokumenteigenschaften*. Nun sind die Seitenangaben ausgegraut und Sie können mit einem Klick auf OK die Eigenschaften drucken. Wenn Sie die *Dokumenteigenschaften* zusammen mit dem Dokument drucken möchten, klicken Sie im Druckerfenster auf *Optionen* und aktivieren unter *Druckoptionen* das Kästchen *Dokumenteingeschaften drucken*. Word druckt die Eigenschaften zusammen mit dem Dokument, aber auf einem separaten Blatt.

3. Dokumentvorlagen

Dokumentvorlagen sind Vorlagen für verschiedene Arten von Dokumenten. Wenn Sie über das Office-Symbol / Neu ein neues Dokument anlegen, öffnet sich das Dialogfenster Neues Dokument mit einer Liste der Dokumentvorlagenkataloge. Office ist mit einer großen Anzahl verschiedener Dokumentvorlagen für (fast) alle Lebenslagen ausgestattet. Im Vorlagenfenster werden die leeren und die zuletzt verwendeten Vorlagen angezeigt. Wenn Sie auf Installierte Vorlagen klicken, zeigt Word die installierten Standardvorlagen an. (siehe Abbildung 5).

Dokumentvorlagen sind an der Datei-Endung zu erkennen, in Word 2007 heißt sie *dotx,* Dokumente haben die Endung *docx*. In der Regel werden Sie ein leeres Dokument öffnen und dann Ihre Texte und Bilder eintragen. Diese Vorlage heißt *Normal.dotx* und ist die Grundlage für die meisten Dokumente. Für spezielle Dokumente, wie Faxe, Briefvordrucke, Berichte und andere können Sie die installierten Vorlagen einsetzen und Ihren Wünschen anpassen - also den vorhandenen Text löschen und eigenen Text eingeben.

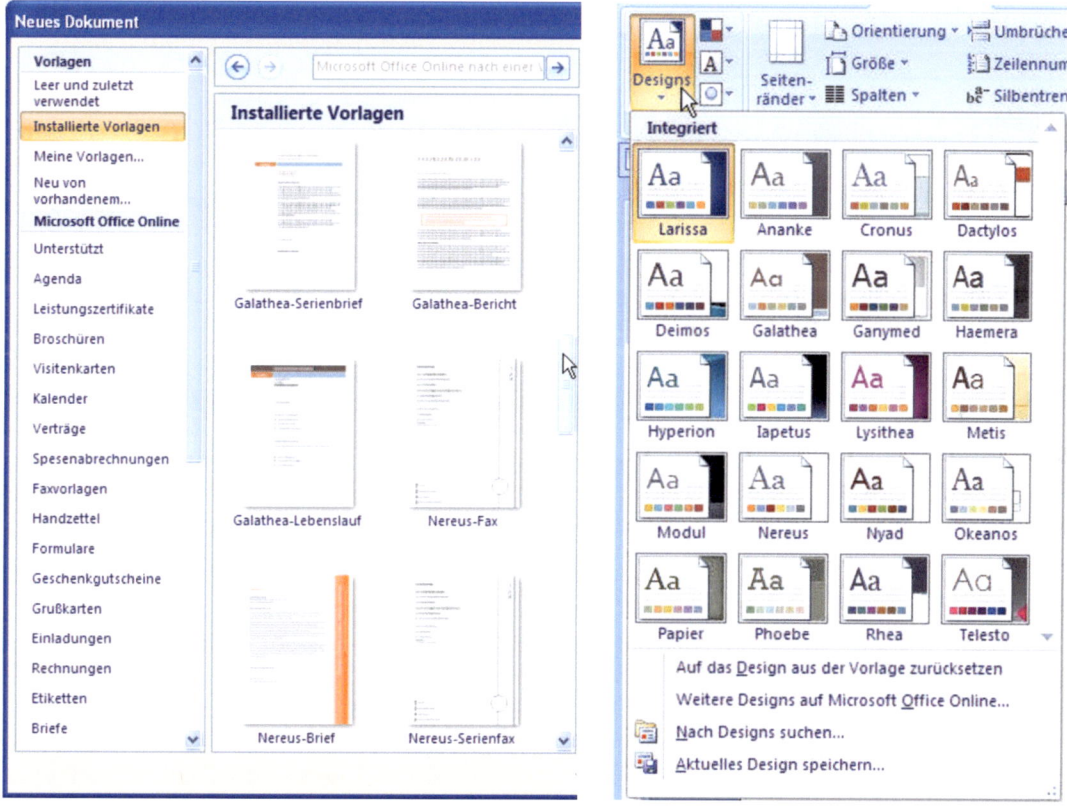

Abbildung 5: Ausschnitt aus den installierten Dokumentvorlagen (links), die Dokumentdesigns (rechts)

Jeder Dokumentvorlage liegt ein bestimmtes Dokument-Design zugrunde. Sie können jeder Dokumentvorlage ein anderes Design zuweisen, damit ändert sich das Aussehen des gesamten Dokuments. Mit Hilfe der Live-Vorschau können Sie die Änderungen begutachten. Wenn Sie ein Dokument-Design ändern möchten, dann über die *Registerkarte Seitenlayout / Design*. Die Namen der installierten Dokumentvorlagen beinhalten auch die standardmäßig zugeordneten Design-Namen.

Das Standard-Design heißt *Larissa*. Wenn Sie eine leere Vorlage für Ihr Dokument benutzen, wird automatisch immer das Design *Larissa* verwendet, es sei denn Sie haben das geändert. Das Design können Sie für Absätze auch unter der Registerkarte *Start / Formatvorlagen ändern* anders einstellen. Hierbei bezieht sich das Design auf Farben und Schriftarten, aber nicht auf Effekte. Es erscheint jedoch wenig sinnvoll, die jeweiligen Designs zu mischen. Wie auch bereits bei den Absatz-Formatvorlagen erwähnt, sollte möglichst ein einheitlicher Stil beibehalten werden.

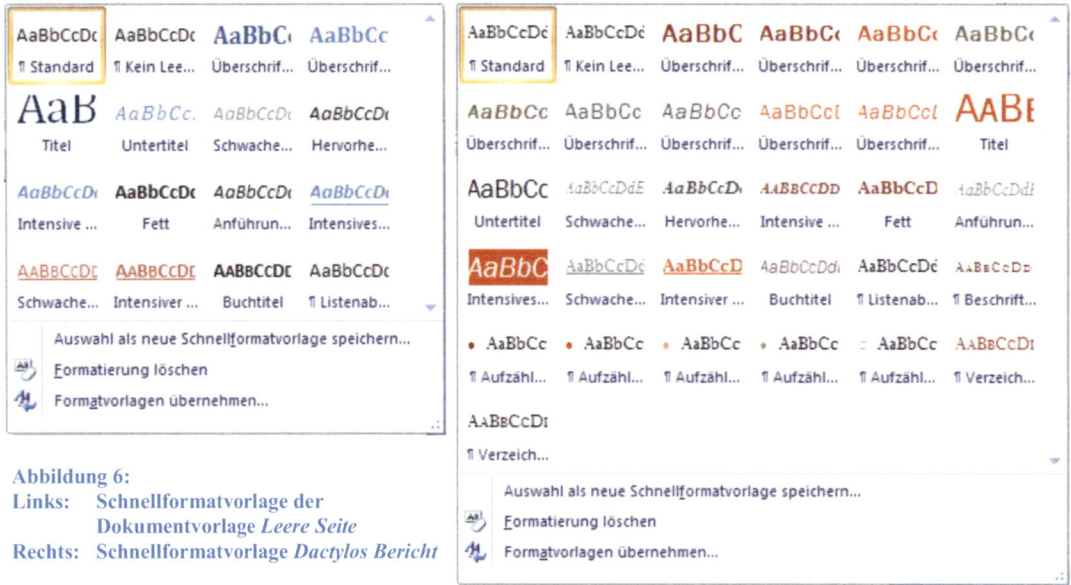

Abbildung 6:
Links: Schnellformatvorlage der
          Dokumentvorlage *Leere Seite*
Rechts: Schnellformatvorlage *Dactylos Bericht*

Jeder Dokumentvorlage sind neben den Seiten-, Rand- und weiteren Layout-Einstellungen die entsprechenden Absatz- und Zeichen-Formatvorlagen zugeordnet. Das bedeutet, zu jeder Dokumentvorlage gehört ein anderer Formatvorlagen-Katalog. Wie Formatvorlagen für Absätze und Zeichen Gültigkeit haben, so gelten Dokumentvorlagen für ein ganzes Dokument. Das Prinzip ist jedoch das gleiche. In Dokumentvorlagen sind alle Eigenschaften eines bestimmten Dokuments, wie Seitenformat, Absatzformate, Logos, Kopf- und Fußzeilen, Seitennummerierung, Wasserzeichen u.a., zusammengefasst. Wird also eine Dokumentvorlage aufgerufen, brauchen nur noch die aktuellen Texte und evtl. Grafiken eingegeben zu werden. Ebenso wie Formatvorlagen, können Dokumentvorlagen für ähnliche Dokumente immer wieder benutzt werden. Das spart Zeit und Arbeit. Außerdem können auch eigene individuelle Dokumentvorlagen erzeugt werden.

Abbildung 6 zeigt wie sich die Schnellformatvorlagen-Kataloge bei verschiedenen Dokumentvorlagen unterscheiden. Deshalb ist es bei der Erzeugung einer neuen Vorlage sinnvoll, vorher zu überlegen, welche Dokumentvorlage am besten zu den eigenen Vorstellungen passt, um daraus dann eine eigene Vorlage anzulegen. Dieses Thema ist so komplex, dass jeder Anwender, der mit verschiedenen Vorlagen arbeiten will, das durch Probieren herausfinden sollte.

Fragen und Übungen

Frage 1: Was sind Dokumentvorlagen?

Frage 2: Welcher Unterschied besteht zwischen Dokumentvorlagen und Formatvorlagen?

Frage 3: Welcher Zusammenhang besteht zwischen Dokumentvorlagen und Formatvorlagen?

Frage 4: Woran ist zu erkennen, ob Sie in einem Dokument oder einer Dokumentvorlage arbeiten?

Frage 5: Welche Rolle spielen Designs bei den Dokumentvorlagen?

3.1 Dokumentvorlagen anwenden

Die Dokumentvorlage *Leere Seite (Normal.dotx)* braucht nicht weiter erläutert zu werden. Im Folgenden geht es um die vorgefertigten Dokumentvorlagen und wie sie anzuwenden sind.

Eine Dokumentvorlage sieht aus wie ein fertiges Dokument und kann entsprechend editiert werden. Sie können Text nach Ihren Wünschen ändern oder löschen oder die Platzhalter mit Ihren Daten ausfüllen.

Öffnen Sie über *Office-Schaltfläche / Neu / Installierte Vorlagen* die Faxvorlage *Okeanos Fax* mit einem Doppelklick. Die Vorlage wird als Dokument in Ihr Arbeitsfenster geladen. Mit einem Einfachklick und dann auf Erstellen erreichen Sie das Gleiche. Im letzten Fall können

Sie noch auswählen, ob Sie ein Dokument oder eine Dokumentvorlage erzeugen wollen. Mit dem Doppelklick wird gleich ein neues Dokument erstellt.

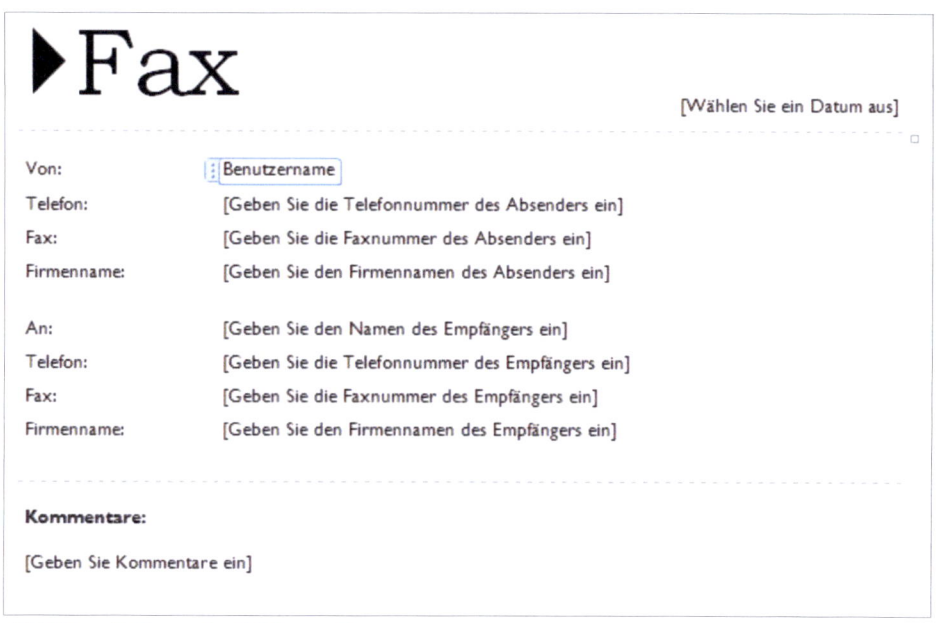

Abbildung 7: Faxvordruck Okeanos Fax

Die eckigen Klammern in Abbildung 7 sind sogenannte Platzhalter. Den darin enthaltenen Text löschen Sie und ersetzen ihn durch eigene Eintragungen. Der blau gerahmte Text ist Ihr Benutzername, er wird von Word automatisch eingesetzt. Sie können diesen Namen selbstverständlich ändern. Ebenso können Sie auch die anderen Texte ändern oder löschen. Wenn Sie zum Beispiel in Ihrem Faxvordruck keinen Firmennamen eintragen möchten, löschen Sie diese Zeile einfach. Haben Sie alle Felder Ihren Wünschen entsprechend ausgefüllt, können Sie das Fax entweder direkt per Computer senden (die entsprechende Software vorausgesetzt) oder ausdrucken und über ein Faxgerät abschicken. Diesem Beispiel entsprechend verfahren Sie mit allen Dokumentvorlagen, egal ob es sich um Briefvorlagen, Berichtsvorlagen oder Bewerbungsvorlagen handelt.

Haben Sie mit der Vorlage ein Dokument erzeugt, betreffen Ihre Änderungen nur das aktuelle Dokument, das Sie als Dokument speichern und auch als Basis für weitere Dokumente verwenden können. Immer wenn Sie ein neues Dokument, in unserem Fall dieses Fax, auf Basis der Originalvorlage erzeugen, müssen Sie dazu alle Eingaben wiederholen, auch die ständig wiederkehrenden, wie zum Beispiel Ihren Namen, Ihre Fax- und Telefonnummer. Aus diesem Grund ist es praktischer oft genutzte Dokumentvorlagen mit den eigenen Daten zu versehen und dann als neue Vorlage zu speichern. Damit können Sie sich Doppelarbeiten ersparen.

3.2 Neue Dokumentvorlagen erzeugen

So wie Sie eigene *Formatvorlagen* erstellen, können Sie auch eigene *Dokumentvorlagen* erzeugen. Dabei bleibt es Ihnen überlassen, ob Sie eine vorhandene Dokumentvorlage nutzen und auf Ihre Anforderungen abändern oder eine völlig neue Vorlage erstellen.

Zwei Wege zum Erzeugen einer neuen Dokumentvorlage:

1. Neue Vorlage aus einer vorhandenen (das kann auch eine leere sein). Dazu ist es erforderlich, die ausgewählte Vorlage auch als Vorlage zu erstellen.

2. Neue Vorlage aus einem Dokument.
   Haben Sie aus einer Vorlage ein Dokument erstellt, wird es als Dokument behandelt und nicht als Vorlage. Das Dokument müssen Sie dann mit Ihren Daten als Vorlage speichern.

Beide Methoden unterscheiden sich durch den Speicherort, den Word als Standard annimmt. Haben Sie Ihre neue Dokumentvorlage aus einer vorhandenen erzeugt, wird sie automatisch (wenn Sie keinen anderen Ordner angeben) unter dem neuen von Ihnen vergebenen Namen im Ordner der Dokumentvorlagen (*Templates*) abgespeichert und steht beim nächsten Aufruf der Funktion *Neu* im Ordner *Meine Vorlagen* zur Verfügung. Haben Sie jedoch ein Dokument als neue Dokumentvorlage gespeichert, wird diese (wenn Sie keinen anderen Speicherort angeben) im Ordner *Eigene Dateien* oder dem Ordner, den Sie zuletzt zum Speichern benutzt haben, gespeichert. Sie

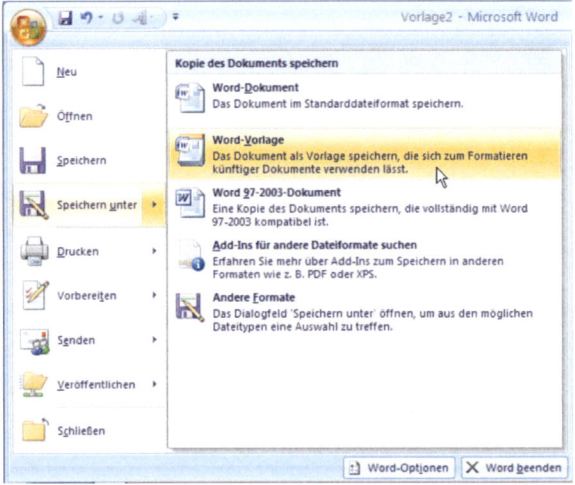

Abbildung 8: Speichern eines Dokuments oder einer Dokumentvorlage als neue Dokumentvorlage

wird nicht beim Anlegen einer neuen Datei im Auswahlfeld *Meine Vorlagen* angezeigt. Dieser Unterschied ist bei der Auswahl der Basis für eine neue Vorlage zu beachten. Sie können Ihre aus einem Dokument erzeugte Vorlage aber auch manuell im Vorlagenordner speichern, dazu müssen Sie als Speicherort (Windows XP) folgendes eingeben:
c:\Dokumente und Einstellungen\Benutzername\Anwendungsdaten\Microsoft\Templates\-Vorlagenname. Benutzername ist der Name, unter dem Sie bei Windows angemeldet sind, den Vorlagennamen vergeben Sie selbst. Für Windows Vista lautet die Speicheradresse:
c:\Users\Benutzername\AppData\Roaming\Microsoft\Templates\Vorlagenname

3.2.1 Neue Dokumentvorlage aus einer vorhandenen

Öffnen Sie über die *Office-Schaltfläche / Neu* eine neue Vorlage. Abbildung 5 zeigt einen Ausschnitt aus dem Dokumentvorlagen-Katalog. Hier klicken Sie auf *Installierte Vorlagen*. In der Kopfzeile Ihres Dokumentes wird angezeigt, ob Sie ein Dokument oder eine Vorlage geladen haben: „**Dokument1 - Microsoft Word**" oder „**Vorlage1 - Microsoft Word**".

Wenn Sie eine der angezeigten Vorlagen öffnen, zum Beispiel die Fax-Vorlage (wie oben beschrieben), wird sie mit dem vorgefertigten Text in Ihr Arbeitsfenster geladen. Diese Vorlage können Sie nun nach Ihren Wünschen abändern. Sind Ihre Absenderangaben konstant, füllen Sie jetzt die Platzhalter mit Ihrem Absender aus, die Platzhalter für Empfänger und Kommentare ändern Sie nicht und speichern die Vorlage unter neuem Namen als Dokumentvorlage:
Speichern unter / Word-Vorlage siehe Abbildung 8. Wenn Sie nun über die *Officeschaltfläche*

auf *Neu* klicken, finden Sie im Ordner *Meine Vorlagen* unter anderem die neue Faxvorlage mit Ihren persönlichen Daten. Diese können Sie nun wie jede andere Dokumentvorlage immer wieder als Dokument laden und weiter verwenden. Jede Vorlage, die Sie einmal benutzt oder geändert haben, erscheint immer, wenn Sie ein neues Dokument erstellen möchten, im Ordner *Leer und zuletzt verwendet.*

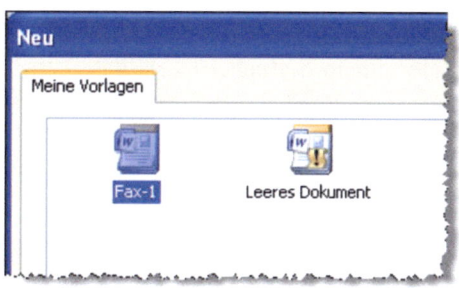

3.2.2 Neue Dokumentvorlage aus einem Dokument

Sie können aus jedem Dokument eine neue Dokumentvorlage erzeugen. Dabei ist es unerheblich, ob Sie für dieses Dokument eine der installierten Vorlagen verwendet haben oder die Leere Seite benutzen. Sinnvoll sind die vorgefertigten Dokumentvorlagen für Dokumentarten, die öfter gebraucht werden.

Ein gutes Beispiel dafür ist der eigene Briefkopf. Wenn Ihnen die Dokumentvorlagen für Briefe nicht zusagen, ist es am einfachsten, mit einer leeren Seite Ihren eigenen Briefkopf zu erzeugen. Dazu tragen Sie, wie gewohnt, Ihre Absenderangaben ein, legen Absatzformate, Schriftarten, Schriftfarben fest, fügen ClipArts, WordArts oder Fotos ein, benutzen leere Textfelder für die variablen Angaben wie Datum, Empfänger und Brieftext und speichern dieses Dokument als Dokumentvorlage ab. Dabei ist es, wie oben bereits erwähnt, wichtig, die URL, also die Speicherhierarchie, für den Dokumentordner *Templates* explizit beim Speichern einzutragen, da die Vorlage sonst im Ordner eigene Dateien abgespeichert wird und von dort gesondert aufgerufen werden muss.

Aber auch ganz normale einfache Dokumente können als Dokumentvorlagen gespeichert werden. Wenn Sie sich zum Beispiel für Ihre Berichte oder anderen Schreiben einheitliche Formatvorlagen eingerichtet haben, die Sie immer wieder anwenden möchten, können Sie daraus eine neue Dokumentvorlage erzeugen. Viele Anwender öffnen in solchem Fall die letzte Datei, löschen den nicht benötigten Text, tragen den aktuellen Text ein und speichern das Dokument. Dabei darf dann nicht vergessen werden, das Dokument unter einem neuen Namen zu speichern, da sonst das bereits vorhandene überschrieben wird!

Einfacher ist es, aus solchen Dokumenten eine neue Dokumentvorlage zu erstellen, indem nur die wiederkehrenden Texte belassen werden oder überhaupt kein Text eingetragen wird. Auch so eine leere Dokumentvorlage enthält alle von Ihnen festgelegten Seiten- und Absatzformatierungen und kann nach Bedarf aufgerufen und eingesetzt werden.

Wichtig: Um alle von Ihnen gewünschten Formate wie Überschriften, Bildunterschriften, Einzüge, Tabulatoren u.a. in Ihrer Dokumentvorlage zu speichern, müssen diese Formate als Absatz- oder Zeichenformatvorlagen festgelegt und gespeichert werden

Fragen und Übungen

Frage 5: Welche Methoden gibt es, um eine neue Dokumentvorlagen zu erzeugen?

Frage 6: Worin besteht der Unterschied zwischen diesen Methoden?

Übung 1

Erzeugen Sie aus einer leeren Seite eine Dokumentvorlage für einen eigenen Briefkopf mit Hilfe von Textfeldern. Durch Nutzung von Textfeldern wird sichergestellt, dass spätere Einträge Ihren Standardtext nicht verschieben.

4. Das Seitenlayout

Unter einem Seitenlayout ist das Aussehen und die Gestaltung eines Dokumentes zu verstehen. Dazu gehören auch Kopf- und Fußzeilen sowie die Seitennummerierung. Die Seiteneinteilung mit Spalten, die Position der Ränder, die Seitengröße, die Orientierung (Hoch oder Querformat) und das bereits erwähnte Design sind weitere Festlegungen, die unter den Begriff Seitenlayout fallen.

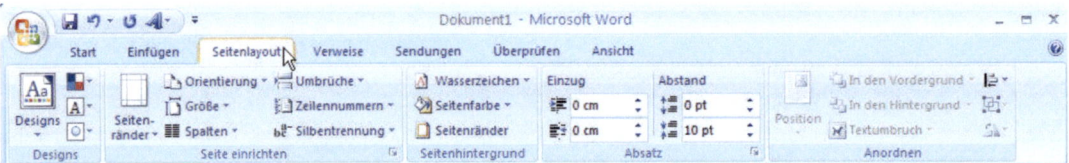

Das Eintragen der Seitennummern und der Kopf- und Fußzeilen wird unter der Registerkarte Einfügen vorgenommen, diese Funktionen gehören jedoch zum Überbegriff Seitenlayout und werden deshalb hier beschrieben.

4.1 Die Gruppe Designs

Wenn Sie auf die Schaltfläche Design klicken, wird der installierte Designkatalog geöffnet, siehe Abbildung 5. Hier können Sie ein Design für Ihr Dokument auswählen. Im Design sind Farben, Schriften und Designeffekte unter jeweils einem Namen zusammengefasst. Die Namen entsprechen denen der bereits beschriebenen Dokumentvorlagen. Die Designs werden immer auf Basis der genutzten Dokumentvorlage zugewiesen. Das heißt, nur die in der Dokumentvorlage vorhandenen Formatvorlagen – auch die eigenen – werden auf das neue Design umgesetzt und die Schriftarten und -farben entsprechend geändert. Wenn Sie ein Design ändern, dann betreffen diese Änderungen immer das gesamte Dokument.

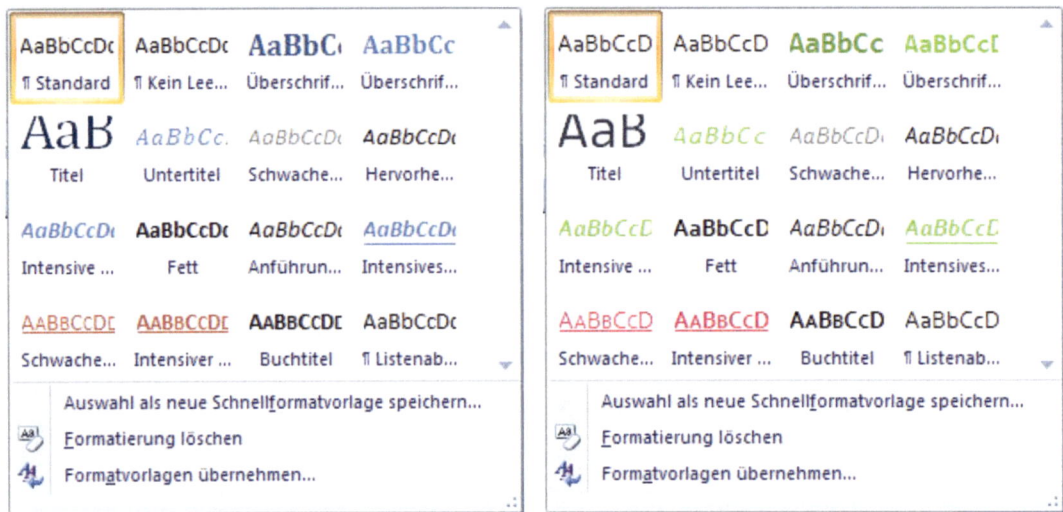

Abbildung 9: Dokumentvorlage Leere Seite mit dem Design Larissa (links) und dem Design Iapetus (rechts)

Über die Icons rechts neben der Schaltfläche Design kann eine andere Farbe, eine andere Schrift oder ein anderer Effekt eingestellt werden. Aber wie bereits darauf hingewiesen, die verschiedenen Designs und Stile sollten nicht willkürlich gemischt werden.

In Abbildung 10 ist zu sehen, wie die Designs aufeinander abgestimmt sind. An den gleichlautenden Bezeichnungen erkennen Sie, welche Farben, Schriften und Effekte zusammengehören.

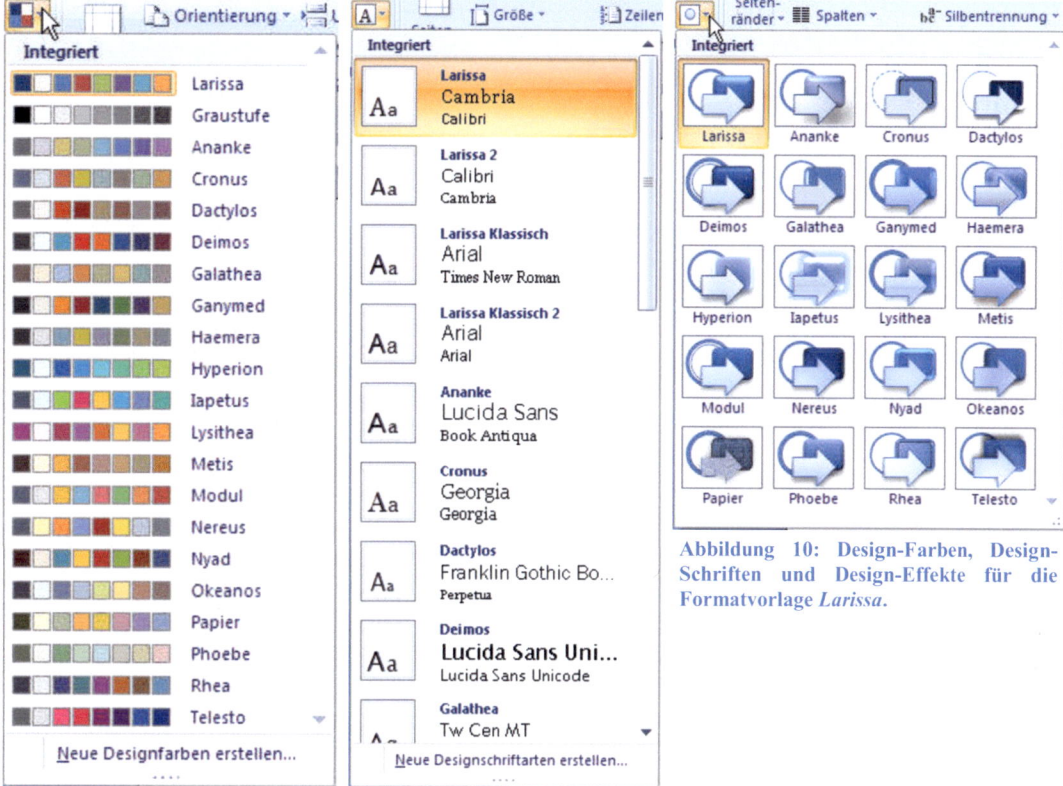

Abbildung 10: Design-Farben, Design-Schriften und Design-Effekte für die Formatvorlage *Larissa*.

„Designfarben umfassen vier Text- und Hintergrundfarben, sechs Akzentfarben und zwei Hyperlinkfarben.

Designschriftarten umfassen eine Schriftart für Überschriften und eine Schriftart für Text. Wenn Sie auf die Schaltfläche Designschriftarten klicken, sehen Sie unter dem Namen Designschriftarten den Namen der Schriftart für Überschriften und für Text, die für die einzelnen Designschriftarten verwendet wird.

Bei Designeffekten handelt es sich um Gruppen von Linien und Fülleffekten. Wenn Sie auf die Schaltfläche Designeffekte klicken, sehen Sie in der zusammen mit dem Namen Designeffekte angezeigten Grafik die für die einzelnen Gruppen von Designeffekten verwendeten Linien und Fülleffekte“. (Zitat aus der Word-Hilfe)

Designs haben (wie die Formatvorlagen für Zeichen und Absätze) den großen Vorteil, dass durch den Wechsel des Designs mit einem Mausklick das Aussehen Ihres gesamten Dokumentes verändert werden kann. Bei der Zuweisung der Designs hilft Ihnen wieder eine Live-vorschau. Sie können sich die Änderungen also vorher ansehen. Die Effekte innerhalb eines Designs bringen wenig, es handelt sich hier nur um geringe Farbunterschiede und sie betreffen auch hauptsächlich eingefügte SmartArt-Grafiken und Formen. Sie sollten aber in jedem Fall die verschiedenen Varianten einmal ausprobieren, um selbst zu entscheiden, ob es für Sie sinnvoll ist, sich mit diesen Funktionen näher zu befassen.

Wenn Sie die Kataloge der Designfarben oder Designschriften öffnen, sehen Sie am unteren Rand die Schaltflächen für das Erzeugen eigener Farb- und Schriftkombinationen (Abbildung 10, links). Bei dem Überangebot an Designs ist dies wahrscheinlich gar nicht erforderlich, soll jedoch nicht unerwähnt bleiben.

4.2 Die Gruppe Seite einrichten

Wenn Sie die Dokumentvorlage *Leere Seite* öffnen, sind eine Reihe von Werten voreingestellt. Dazu gehören das Seitenformat (DIN A 4), die Orientierung (Hoch), die Ränder (oben, links und rechts = 2,5 cm, unten 2 cm). Sie können also ohne weitere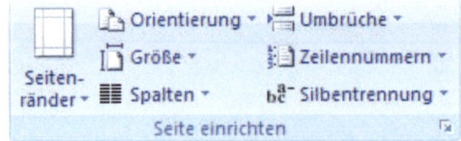
Einstellungen vorzunehmen mit diesen Werten arbeiten. Davon wurde in den bisherigen Ausführungen ausgegangen. Solange Sie nur mit normalen A4-Dokumenten arbeiten, reicht das auch aus. In manchen Fällen möchten Sie aber ein anderes Seitenformat benutzen, um zum Beispiel Briefumschläge zu bedrucken. Oder Sie möchten einen umfangreicheren Bericht verfassen, der Kopf- und Fußzeilen sowie Seitenzahlen enthalten soll. In diesem Fall ist es erforderlich, das Seitenlayout zu erweitern bzw. zu ändern, vorausgesetzt, Sie verwenden keine vorgefertigte Dokumentvorlage, die Ihren Wünschen bereits entspricht.

4.2.1 Seitenränder festlegen

Wenn Sie in der Gruppe *Seite einrichten* auf die Schaltfläche *Seitenränder* klicken, wird ein Katalog der Standardeinstellungen mit fünf verschiedenen voreingestellten Seitenrändern angezeigt, die Sie mit einem Klick übernehmen können. Dazu gehören auch gespiegelte Seiten (zum Beispiel für ein Buch). Mit dem Einstellen der Seitenränder legen Sie den Satzspiegel fest, das ist der Bereich, in den der Text eingegeben wird. Für Dokumente, wie Briefe, Berichte oder Ähnliches, reichen die Vorgaben für das Einstellen der Seitenränder aus.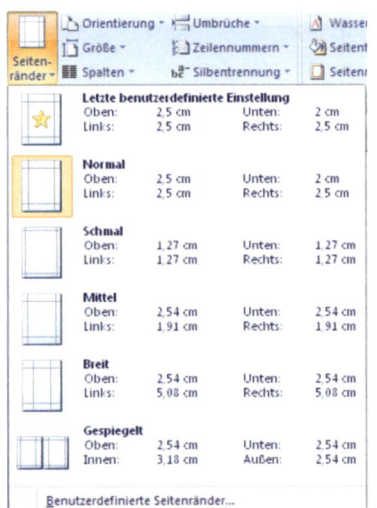

Möchten Sie die Seitenränder eines Dokumentes auf eigene Werte einstellen, müssen Sie über die Schaltfläche *Benutzerdefinierte Seitenränder* am unteren Rand des Seitenränder-Katalogs das Dialogfenster *Seite einrichten* aufrufen. Diesen Dialog erreichen Sie schneller über die Schaltfläche in der rechten Ecke neben dem Gruppennamen *Seite einrichten*. Hier können Sie exakt alle erforderlichen Einstellungen vornehmen, Papierformate, Seitenränder, Orientierung, unterschiedliche linke und rechte Seiten.

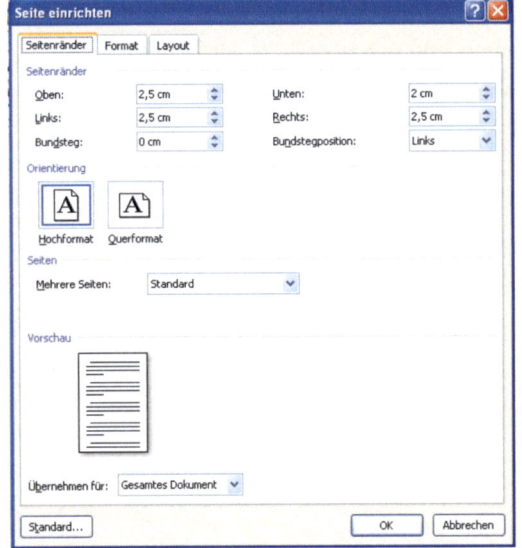

Abbildung 11: Das Dialogfenster Seitenränder

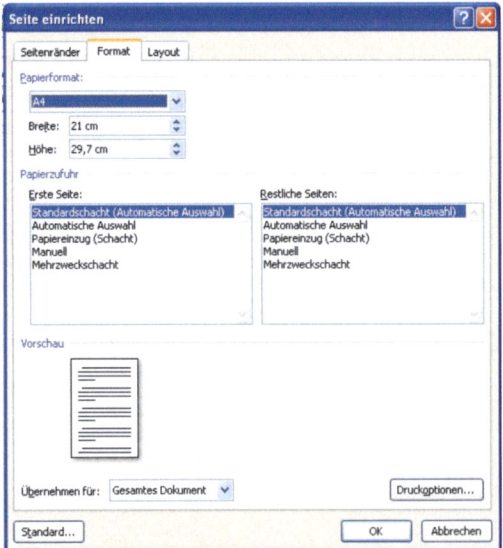

Abbildung 12: Das Dialogfenster Format

4.2.2 Seitenformat festlegen

Das Dialogfenster Seite einrichten hat drei Ansichten: *Seitenränder*, *Format* und *Layout*. Im Dialogfenster *Seitenränder* stellen Sie die Seitenränder für jeden Seitenrand einzeln ein, also

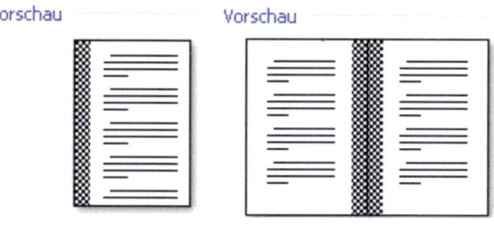

oben, unten, rechts und links. Die Schaltfläche für den Bundsteg ist nur relevant, wenn Ihr Dokument gebunden werden soll, als Buch oder Broschüre. Der Bundsteg ist ein zusätzlicher Rand, der beim Binden eines Dokuments erforderlich ist. Damit wird verhindert, dass die Bindung Text verdeckt. Beim doppelseitigen Layout ist es der innere, beim einseitigen Layout der linke Rand.

Abbildung 13:
Bundsteg für Standard- und gegenüberliegende Seiten

Das Feld *Bundstegposition* steht nicht zur Verfügung, wenn Sie die Option Gegenüberliegende Seiten, 2 Seiten pro Blatt oder Buch verwenden. Für diese Optionen wird die Bundstegposition automatisch von Word bestimmt.

Hoch- oder Querformat stellen Sie mit den gleichnamigen Schaltflächen ein. Dabei ist zu beachten, dass beim Wechsel der Orientierung die Randeinstellungen mit gedreht werden. Das heißt, der obere Rand wird der rechte und so fort. Das können Sie kontrollieren, wenn Sie bei unterschiedlich eingestellten Rändern im Dialogfenster *Seitenränder* von Hoch- auf Querformat wechseln und beobachten, wie auch die Werte für die Ränder wechseln. In diesem Fenster legen Sie außerdem fest, ob es sich um Standardseiten, gegenüberliegende Seiten oder ein Buch handelt und ob sich die Einstellungen auf das ganze Dokument oder nur auf die folgenden Seiten beziehen soll. Über die Schaltfläche *Standard* am unteren linken Fensterrand können Sie Ihre Einstellungen als Standardeinstellung speichern. In diesem Fall gelten die Einstellungen für alle Dokumente, die auf Basis der aktuellen Dokumentvorlage erzeugt werden.

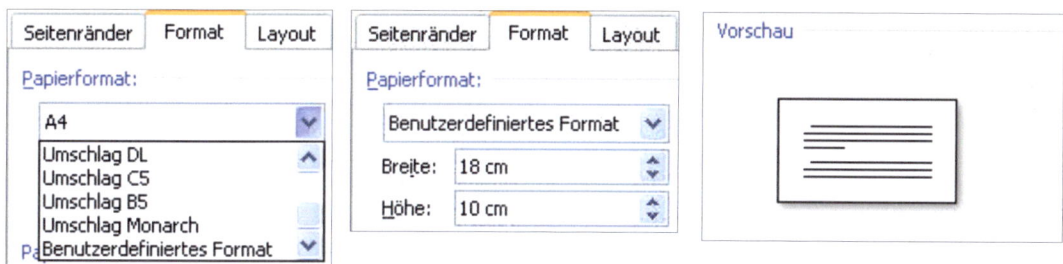

Abbildung 14: Papierformat wählen (links), eigenes Format (Mitte), Vorschau auf das gewählte Format (rechts)

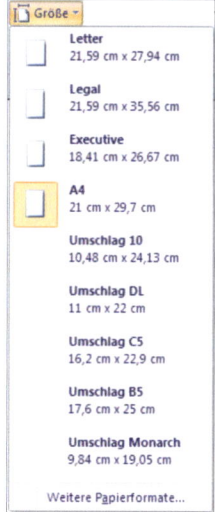

Im Dialogfenster *Format* (Abbildung 12) stellen Sie die Papiergröße ein. Dazu gehören außer A4, Letter und Legal alle gängigen Briefumschlagformate. Außerdem können Sie unter *Benutzerdefiniertes Format* auch eigene Papierformate festlegen. In diesem Fall tragen Sie die Werte für Höhe und Breite selbst ein. In der Vorschau wird dann die Form des gewählten Formats angezeigt. Das in Abbildung 14 gezeigte Dialogfenster erreichen Sie auch auf einem anderen Weg: Klicken Sie auf die Schaltfläche *Größe* in der Gruppe *Seite einrichten*, wird ein Katalog mit den gängigen Formaten geöffnet (siehe Bild links) und Sie können per Mausklick das gewünschte Format auswählen. Über die Schaltfläche *Weitere Papierformate* gelangen Sie zum oben beschriebenen Dialogfenster. Welche Methode Sie anwenden, hängt von Ihrer persönlichen Arbeitsweise ab. Es empfiehlt sich immer, die verschiedenen Wege auszuprobieren, um dann den am besten geeigneten anzuwenden.

4.2.3 Seitenlayout festlegen

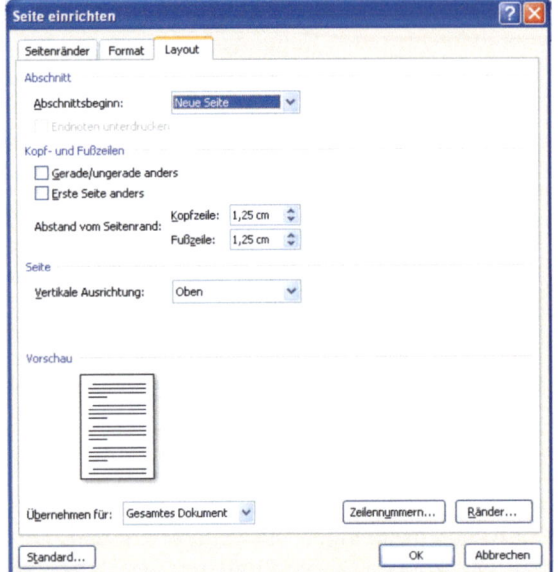

Wenn Sie die Registerkarte Layout aufrufen, können Sie in diesem Dialogfenster die Position (Abstand vom Seitenrand) der Kopf- und Fußzeilen festlegen. Wenn Sie auf linken und rechten Seiten unterschiedliche Kopf- oder Fußzeilen erzeugen möchten, sollten Sie *Gerade/ungerade anders* mit einem Häkchen versehen. Als Beispiel betrachten Sie die Kopfzeilen in dieser Anleitung. Über *Erste Seite anders* legen Sie fest, dass auf der ersten Seite eines Dokuments eine andere oder keine Kopf-/Fußzeile/Seitenzahl angezeigt wird.

Die vertikale Ausrichtung wird in der Regel oben sein, sie können jedoch auch zentriert, Blocksatz oder unten einstellen.

Abbildung 15: Layout festlegen

Um einem Dokument verschiedene Layouts zuzuweisen müssen Sie es in mehrere Abschnitte einteilen. In der Regel besteht Ihr Dokument aus einem einzigen Abschnitt. Hier sind die Kopf- und Fußzeilen, die Orientierung, die Seitennummerierung, Ränder und Spalten über das gesamte Dokument einheitlich. Wollen Sie innerhalb Ihrer Arbeit zum Beispiel einige Seiten im Querformat formatieren, weil eine Tabelle für das Hochformat zu breit ist, dann müssen Sie Ihr Dokument in Abschnitte einteilen. Um einen neuen Abschnitt festzulegen setzen Sie den Cursor an die Position an der der Abschnitt beginnen soll. Dann wählen Sie im Dialogfenster Layout (Abbildung 15) den Abschnittsbeginn.

Zur Auswahl steht: Fortlaufend (auf derselben Seite), in einer neuen Spalte, auf einer neuen Seite oder auf einer geraden/ungeraden Seite. Für die einzelnen Abschnitte können Sie alle beschriebenen Formatangaben festlegen. Beim Wechsel der Orientierung, der Änderung von Rändern und Kopfzeilen muss der neue Abschnitt natürlich auf einer neuen Seite beginnen.

Nun müssen Sie noch festlegen, für welche Bereiche die Abschnittsänderungen übernommen werden sollen, für markierte Abschnitte, für markierten Text oder für das gesamte Dokument. Dieses Prinzip begegnet uns auch bei der Nutzung von Spalten in einem Dokument.

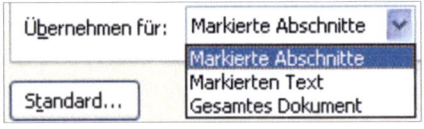

Im Dialogfenster (Abbildung 15) finden Sie rechts unten die Schaltfläche *Ränder*. Ein Klick auf diese Schaltfläche öffnet das Dialogfenster *Rahmen und Schattierungen*, das bereits an anderer Stelle beschrieben wurde. Hier handelt es sich nicht um die oben beschriebenen Seitenrandeinstellungen sondern um Umrandungen. Sie können *Rahmen und Schattierungen* für markierten Text oder Absätze ebenso festlegen wie Umrandungen für das gesamte Dokument oder für Abschnitte. Für die Seitenumrandungen stehen außerdem noch verschiedene Effekte bereit, die Sie als Schmuckrahmen einsetzen können.

4.2.4 Spalten festlegen

In de Gruppe *Seite einrichten* befindet sich auch die Schaltfläche *Spalten*. Wenn Sie einen Teil Ihres Textes in Spalten formatieren möchten, dann markieren Sie diesen Text und rufen die Funktion *Spalten* auf. In dem Dialogfeld wählen Sie nun die Anzahl der Spalten, eine, zwei oder drei mit der gleichen Breite. Die Spalten können auch unterschiedlich breit sein mit der Möglichkeit, die schmale Spalte entweder links oder rechts zu platzieren.

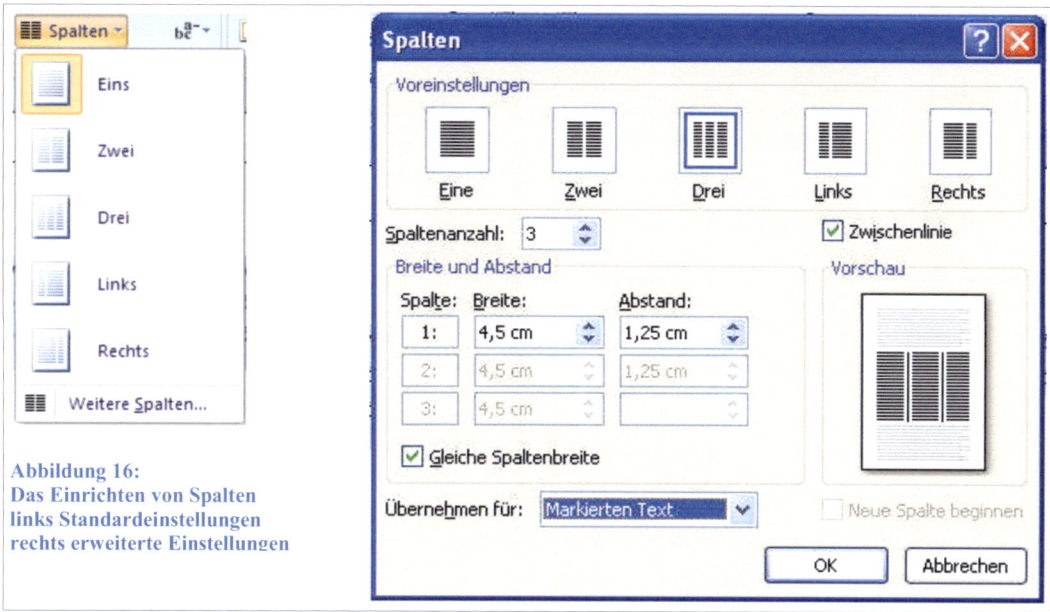

Abbildung 16:
Das Einrichten von Spalten
links Standardeinstellungen
rechts erweiterte Einstellungen

Mit einem Klick auf *Weitere Spalten* wird das Dialogfenster für die erweiterten Einstellungen geöffnet. und Sie haben Sie umfangreiche Möglichkeiten, Text in Spalten zu formatieren. Sie können Ihren Text in bis zu 12 Spalten aufteilen. Außerdem legen Sie fest, ob die Spaltenaufteilung für das gesamte Dokument oder nur für den markieren Text gelten soll, ob eine Zwischenlinie eingefügt wird und ob die Spalten gleich oder unterschiedlich breit sein sollen.

In der Tabelle (Abbildung 16, rechtes Bild, *Breite und Abstand*) kann für jede Spalte die gewünschte Breite eingegeben werden. Es wird in von maximal drei Spalten ausgegangen, das ist so auch sinnvoll. Wenn Sie eine größere Anzahl in das Feld Spaltenanzahl eingeben, wird in der Tabelle ein Scrollbalken eingeblendet, so dass Sie für die vierte und weitere Spalten auch Werte einsetzen können. Klicken Sie über das linke Bild aus Abbildung 16 eine der vorgegebenen Spaltenlayouts an, werden die Spalten für das gesamte Dokument festgelegt. Sollen die Spalten nur für einen bestimmten Textbereich gelten, muss dieser Bereich vorher markiert werden.

Wird das gesamte Dokument in Spalten eingeteilt, ist folgendes zu beachten: Unmarkierter Text fließt immer zuerst in die erste Spalte bis das Seitenende erreicht ist. Erst dann werden die zweite, danach die dritte und weitere Spalten gefüllt. Wenn das nicht gewünscht wird, muss an der entsprechenden Stelle ein *Spaltenumbruch* eingesetzt werden. Um einen gleichmäßigen Spaltenumbruch für den gesamten Text zu erreichen, nutzen Sie den sogenannten *Spaltenausgleich*. Dazu fügen Sie am Spaltenende *einen fortlaufenden Abschnittsumbruch* ein. Fortlaufend heißt in diesem Fall, dass der Text gleichmäßig über die gewünschte Spaltenanzahl verteilt wird (Abbildung 17). Die Arbeit mit Umbrüchen wird später erläutert.

In der Regel werden Sie markierten Text in Spalten umwandeln, da nur so gewährleistet ist, dass Überschriften spaltenübergreifend gesetzt werden können.

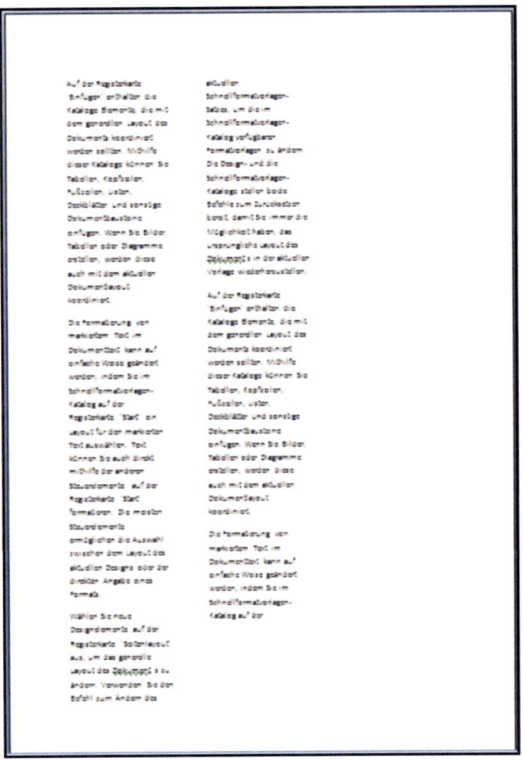

Abbildung 17: Text in drei Spalten aufteilen, links ohne Spaltenausgleich, rechts mit Spaltenausgleich

Wird ein markierter Text in Spalten umgewandelt, behandelt Word diesen Text als Abschnitt und verteilt die Spalten gleichmäßig. Sie können alle Formatierungen vornehmen, die auf Abschnitte zutreffen. Andererseits können Sie auch von Anfang an einen neuen Abschnitt festlegen, diesen Abschnitt in Spalten umwandeln und danach Ihren Text schreiben. In diesem Fall nimmt Word bereits beim Schreiben den Spaltenausgleich vor. Die einzelnen Spalten können auch durch Zwischenlinien optisch voneinander getrennt werden. Dazu versehen Sie nach dem Markieren der Spalten im Dialogfenster *Spalten* (Abbildung 16) die Option *Zwischenlinie* mit einem Häkchen.

4.2.5 Umbrüche einfügen

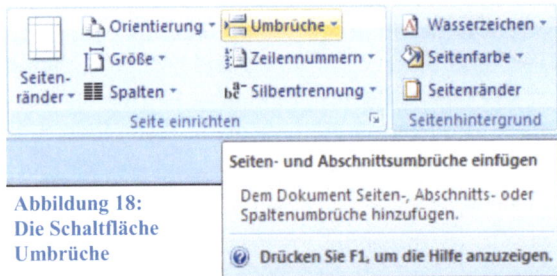

Abbildung 18:
Die Schaltfläche
Umbrüche

Hinter der Schaltfläche *Umbrüche* verbergen sich umfangreiche Funktionen, mit deren Hilfe ein Dokument Ihren Wüschen entsprechend eingeteilt und formatiert werden kann. Um Umbrüche einzufügen setzen Sie den Cursor vor die Umbruchposition und wählen den gewünschten Umbruch, entweder über die Schaltfläche oder über eine Tastenkombination.

Seitenumbruch: Wenn Sie in die Schaltfläche *Seite* klicken, wird hinter der Cursorposition eine neue Seite eingefügt. Text der hinter der aktuellen Cursorposition steht, wird auf die neue Seite verschoben. Das Gleiche ist über die Tastenkombination *Strg + Return* zu erreichen.

Spaltenumbruch: Bearbeiten Sie ein mehrspaltiges Dokument, können Sie Ihren Text fortlaufend schreiben. Erreicht der Text das Spaltenende (Seite), beginnt automatisch eine neue Spalte bis alle Spalten gefüllt sind. Für einen früheren Spaltenumbruch nutzen Sie die Funktion *Spalte* im Menü *Umbruch* oder die Tastenkombination *Strg + Umschalt + Return*.

Textumbruch: Die Funktion *Textumbruch* (Zeilenwechsel) unterscheidet sich von der gleichnamigen Funktion im Kontextmenü für Bilder und Grafiken. Der hier beschriebene Textumbruch verschiebt den Text an der Cursorposition auf eine neue Zeile im selben Absatz. Das Gleiche erreichen Sie auch über die Tastenkombination *Umschalt + Return*. Die Schaltfläche *Textumbruch* hat jedoch noch eine weitere Funktion: Wenn Text der Grafiken umfließt, auf eine neue Zeile unterhalb der Grafik verschoben werden soll, genügt dazu ein Klick auf diese Schaltfläche. Setzen Sie den Cursor an den oberen Rand der Grafik und klicken dann auf die Schaltfläche *Textumbruch*. Nun steht die Grafik frei, die Eigenschaften der Grafik bleiben vollständig erhalten. Wenn Sie die Grafik im Text verschieben, wird sie wieder vom Text umflossen, da sich der Code für den Textumbruch nicht mit der Grafik verschiebt; er verbleibt an der Eingabeposition.

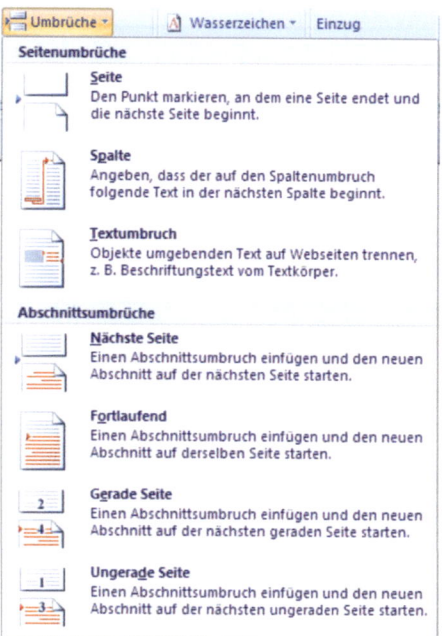

Abbildung 19: Das Menü Umbruch

Die Tastenkombination *Umschalt + Return* funktioniert für diese Aufgabe nicht. Sie können jedoch mit *Umschalt + Return* so viele Leerzeilen einfügen, bis die Grafik frei steht. Der Effekt ist der Gleiche.

Abschnittsumbruch: Wie bereits erläutert, kann ein Dokument in verschiedene Bereiche bzw. Abschnitte eingeteilt und für jeden dieser Abschnitte ein eigenes Layout festgelegt werden. Um dies zu erreichen werden Abschnittsumbrüche eingefügt. Der Abschnitt kann auf der *nächsten Seite* beginnen oder unter *Fortlaufend* auf derselben Seite. Außerdem ist es möglich, festzulegen, dass ein Abschnitt auf einer geraden oder einer ungeraden Seite beginnen soll. In Abhängigkeit davon, welche Art von Abschnitt Sie einfügen möchten, klicken Sie auf die zutreffende Funktion der Schaltfläche *Umbrüche*. Folgende Formatelemente können Sie für einzelne Abschnitte ändern: Seitenränder, Papierformat und –ausrichtung, Papierzufuhr für einen Drucker, vertikale Ausrichtung von Text auf einer Seite, Kopf- und Fußzeilen, Spalten, Seitennummerierung, Zeilennummerierung und Fußnoten.

Über die Funktion Zeilennummern legen Sie fest ob und wie Zeilennummern angezeigt werden. Ein Klick auf diese Schaltfläche öffnet das gleichnamige Menü.

Übung 2

a) Erzeugen Sie über *Neu / Leere Seite* ein neues Dokument. Stellen Sie die Ränder auf links 2,5 cm, rechts 1,8 cm, oben und unten je 2 cm.
Schreiben Sie etwa eine halbe Seite Text - oder einfacher - tippen Sie *=rand(zahl)* und geben danach ein Return ein. Über diese Zeichenkombination stellt Word einen allgemeinen Text zum Üben zur Verfügung. *Zahl* bedeutet hier die Anzahl der gewünschten Abätze dieses Textes, wählen Sie zahl = 5. Teilen Sie nun den Text in drei Spalten auf und verteilen die Spalten mit Hilfe des Spaltenausgleichs gleichmäßig, siehe Abbildung 17.

b) Machen Sie die Spaltenaufteilung rückgängig, indem Sie den gesamten Text einspaltig setzen. Der Text hat nun das ursprüngliche Aussehen. Markieren Sie einige Absätze - nicht den gesamten Text und teilen ihn wiederum in drei Spalten auf.
Warum brauchen Sie hier keinen Spaltenausgleich vorzunehmen?

Silbentrennfunktion

Word und andere Textprogramme fügen automatisch einen Zeilenumbruch ein, wenn ein Wort nicht mehr in die aktuelle Zeile passt. Ist keine Silbentrennung eingestellt ist, entsteht am Zeilenende ein gezackter Rand (starker Flattersatz bei links- oder rechtsbündigem Format) oder es gibt größere Lücken zwischen den Wörtern (bei Blocksatz).

Um dies zu vermeiden, bieten Textprogramme Silbentrennfunktionen an. Wenn Sie ein neues Dokument einrichten, ist die Silbentrennung bei Word ausgeschaltet. Sie können nun entscheiden, ob und welche Form der Silbentrennung Sie anwenden möchten.

Über die Schaltfläche *Silbentrennung* in der Gruppe *Seite einrichten* öffnen Sie das Menü *Silbentrennung.* Hier haben Sie die Wahl zwischen *Keine, Automatisch* und *Manuell*. Wenn keine Silbentrennung gewünscht wird, wählen Sie *Keine*. Wenn Word bereits während des Schreibens die Wörter, die nicht mehr auf die Zeile passen trennen soll, wählen Sie *Automatisch*. Diese automatische Trennung sollte jedoch kontrolliert werden, manchmal ist das Programm da etwas eigenwillig. Außerdem sollten Sie sicherstellen, dass die richtige Sprache eingestellt ist, da die Trennregeln in verschiedenen Sprachen unterschiedlich sind.

Wenn Sie Ihre Silbentrennungen selbst bestimmen möchten, dann sollten Sie *Manuell* wählen. Dazu müssen Sie Ihren Text erst einmal ohne Trennung schreiben und danach die manuelle Silbentrennung einschalten.

Um weitere Einstellungen für die Silbentrennung vorzunehmen klicken Sie auf Silbentrennungsoptionen. Hier können Sie auch die Automatische Trennung ein- bzw. ausstellen. Ein wichtiger Eintrag ist der Wert in der Silbentrennzone. In dem Feld legen Sie fest, wie groß die Leerräume zwischen den Wörtern bei Blocksatz) oder am Ende/Anfang der Zeile (bei Flattersatz) sein darf, bevor Word Wörter trennen soll. Je kleiner dieser Wert ist, desto mehr Wörter werden getrennt.

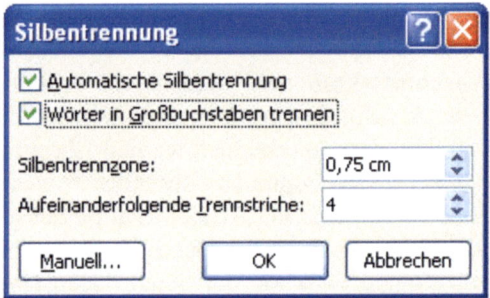

Weiterhin wird festgelegt, wie viele Trennstriche hintereinander zugelassen werden sollen. Als Standard ist unbegrenzt eingetragen. Um die Lesbarkeit des Textes nicht zu beeinträchtigen, ist es besser, die Anzahl auf maximal vier zu begrenzen. Das heißt, Word darf nur in vier Zeilen hintereinander Trennstriche einfügen.

Mit einem Klick auf die Schaltfläche *Manuell...* wird die *Manuelle Silbentrennung* geöffnet. Word zeigt nacheinander die in Frage kommenden Wörter mit den möglichen Trennungen an. Der Cursor steht an der bevorzugten Position. Sie können jedoch jede andere der angezeigten Positionen auswählen (per Maus oder über die Richtungstasten ←,→) oder die Trennung mit *Nein* ablehnen. Die Silbentrennung kann für das gesamte Dokument oder auch nur für markierten Text eingesetzt werden.

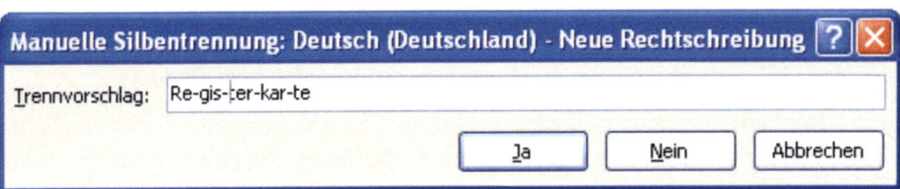

Neben den Trennungen, die Word organisiert, können Sie Ihre Trennstriche auch selbst setzen. Dazu drücken Sie die Bindestrichtaste auf der Tastatur. Dabei ist jedoch einiges zu beachten. Es gibt drei verschiedene Arten von Trennstrichen: *Reguläre, bedingte* und *geschützte Trennstriche.*

Bei Einsatz von regulären Trennstrichen ist Vorsicht geboten. Sie bleiben mit dem Wort verbunden, in das sie eingesetzt wurden. Trennen Sie ein Wort am Ende der Zeile mittels *regulärem Trennstrich*, bleibt dieser Trennstrich auch bei einem späteren Ändern des Textes erhalten. Das heißt, wenn Sie Text vor dem Trennstrich hinzufügen oder löschen, wird das getrennte Wort mitsamt dem Trennstrich in den laufenden Text verschoben. In Zeitungen kann man dies manchmal beobachten! Die Lösung ist der Einsatz eines *bedingten Trennstrichs*. Er wird durch die Tastenkombination *Strg + Bindestrich* erzeugt. Der *bedingte Trennstrich* funktioniert nur in dem Wort, das am Zeilenende getrennt werden soll. Wird das getrennte Wort durch Textänderungen an eine andere Position im Text verschoben, setzt Word den Trennstrich nicht ein, Als Information bleibt er jedoch erhalten und wird bei eingeschalteten Steuerzeichen angezeigt.

Auch wenn Sie die *Automatische Silbentrennung* eingeschaltet haben, trennt Word manche Worte nicht oder nicht an der richtigen Stelle. Das hängt vom integrierten Wörterbuch ab. Word verschiebt solche Wörter auf eine neue Zeile, wenn sie nicht auf die aktuelle Zeile passen. Setzen Sie den Cursor an die Position, an der Sie das Wort trennen wollen und fügen einen *bedingten Trennstrich* ein. Steht genügend Platz auf der alten Zeile zur Verfügung, führt Word die Trennung aus, wenn nicht, müssen Sie eine andere Trennposition probieren. Die Anwendung des *bedingten Trennstrichs* stellt sicher, dass der Trennstrich aus dem Text entfernt wird, wenn das Wort nicht mehr am Ende einer Zeile stehen sollte. Wenn Word am Zeilenende automatisch einen Trennstrich setzt, handelt es sich immer um einen *bedingten Trennstrich.*

Ein *geschützter Trennstrich* hat keine Silbentrennfunktion, das heißt er wird von Word nicht als Trennstrich interpretiert. Erzeugt wird er über die Tastenkombination *Umschalt + Strg + Bindestrich*. Der geschützte Trennstrich wird eingesetzt, wenn Wort- oder Zahlenkombinationen, die einen Bindestrich enthalten, <u>nicht</u> getrennt werden sollen. Der *geschützte Trennstrich* (eigentlich ein fest positionierter Bindestrich) eignet sich zum Beispiel für Angaben wie a-z oder 3456-123. Diese Kombinationen werden zusammengehalten. Wenn sie am Zeilenende auftreten und der Platz nicht ausreicht, wird der gesamte Begriff auf die neue Zeile verschoben.

Neben dem *geschützten Trennstrich* gibt es auch das *geschützte Leerzeichen*. Die Funktion ist die gleiche. Mit der Tastenkombination *Strg + Umschalt + Leertaste* stellen Sie sicher, dass ein so eingefügtes Leerzeichen immer an der Position verbleibt, an der Sie es eingefügt haben. Das ist beispielsweise sinnvoll, wenn ein Währungszeichen nicht vom zugehörigen Betrag getrennt werden darf: 125,00 €.

Frage 8: a) Welche Arten von Trennzeichen gibt es und wie unterscheiden sie sich?
　　　　 b) Wie werden sie erzeugt?

4.3 Die Gruppe Seitenhintergrund

Die Funktion Seitenhintergrund bietet Ihnen eine Reihe verschiedener Möglichkeiten zur Gestaltung des Hintergrundes Ihrer Seiten. Dazu gehören Wasserzeichen ebenso wie farbige Hintergründe, Rahmen und Schattierungen.

Wasserzeichen sind „schwache" Hintergrundbilder (heller Text oder eine blasse Grafik), die die Charakteristik eines Dokumentes unterstreichen. Früher wurden Wasserzeichen von den Papierherstellern dazu genutzt, die Herkunft des Papiers nachzuweisen. Heute kann jeder Computerbenutzer für seine Korrespondenz Wasserzeichen einsetzen. Dafür stehen in Word 2007 einige vorgefertigte zur Verfügung, wie zum Beispiel *Eilt* und *Vertraulich*. Neben den im Programm bereits vorhandenen Wasserzeichen können Sie auch eigene erzeugen. Das können Texte oder auch Bilder sein. Sie können also auch eins Ihrer Fotos als Wasserzeichen für Ihre Dokumente nutzen oder zum Beispiel ein eigenes Logo einbinden.

Wasserzeichen

Inaktiver Text nach dem Inhalt auf der Seite einfügen.

Hiermit wird oft angegeben, dass ein Dokument speziell behandelt werden soll, wie z. B. 'Vertraulich' oder 'Dringend'.

Abbildung 20: linkes Bild: Auswahl eigener Wasserzeichen, Bilder, ClipArts, Grafik oder Festlegen eines eigenen Textes

Die Wasserzeichen werden wie gewünscht auf alle Seiten eines Dokumentes als nicht editierbares blasses Hintergrundbild eingefügt. Ist das Kästchen *Auswaschen* markiert, wird das Bild sehr hell, fast durchsichtig. Im anderen Fall sind die Farben kräftiger. Das Gleiche gilt für Textwasserzeichen, die Funktion heißt hier jedoch *Halbtransparent*.

Neben den Wasserzeichen gibt es weitere Möglichkeiten zur Gestaltung des Seitenhintergrundes. Mit der Schaltfläche *Seitenfarbe* ist das Zuweisen einer Hintergrundfarbe ebenso möglich, wie das Einfügen eines Farbverlaufs, eines Musters oder eines eigenen Fotos als Hintergrund. Nutzen Sie die Farbpalette, können Sie in der bereits bekannten Livevorschau das Ergebnis sofort sehen. Alle anderen Hintergründe können erst nach der Zuweisung begutachtet werden. Im Unterschied zu den Wasserzeichen werden Grafiken und Bilder als Hintergrund in der Original-Farbstärke eingefügt. Die farbintensiven Hintergründe eignen sich besser für Internetseiten und weniger für Dokumente, die gedruckt werden sollen.

Über die Schaltfläche *Seitenränder* können Sie Seitenumrandungen einstellen. Mit einem Klick auf Seitenränder wird das gleiche Fenster geöffnet, das bereits an anderer Stelle erläutert wurde. Hier geht es aber nur um die Seitenumrandungen. Diese können auch mit Effekten versehen werden. Auch die Abstände der Umrandung vom Text oder Seitenrand (damit ist der Papierrand gemeint) sind gesondert einstellbar. Der in diesem Fenster auch enthaltene Menüpunkt Schattierung ist jedoch nur für Absätze nutzbar.

Die gleichlautenden Schaltflächen *Seitenränder* aus der Gruppe *Seite einrichten* und der Gruppe *Seitenhintergrund* haben also unterschiedliche Funktionen. Die Gruppen Absatz und Anordnen wurden bereits im anderen Zusammenhang beschrieben.

4.4 Kopf- und Fußzeilen, Seitenzahlen

Kopf- und Fußzeilen sind die Bereiche in den oberen, unteren und seitlichen Rändern die auf jeder Seite im Dokument enthalten sind. In Kopf- und Fußzeilen können Sie Text oder Grafiken einfügen und ändern. Sie können beispielsweise Seitenzahlen, Datum und Uhrzeit, ein Firmenlogo, den Titel des Dokuments, den Dateinamen oder den Namen des Autors hinzufügen. Diese Informationen stehen dann, wie festgelegt, auf jeder Seite des Dokumentes.

Die Funktionen zum Einfügen von Kopf- und Fußzeilen sowie der Seitenzahlen sind nicht unter der Registerkarte *Seitenlayout* zu finden, sondern unter der Registerkarte *Einfügen* und hier in der Gruppe *Kopf- und Fußzeile.* Wenn Sie auf eine der nebenstehenden Schaltflächen klicken, öffnet sich ein Fenster, das eine lange Liste vorgefertigter Formate (Designs) für die Kopf- und Fußzeilen oder die Seitenzahlen anzeigt.

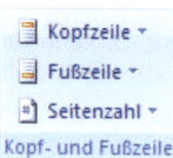

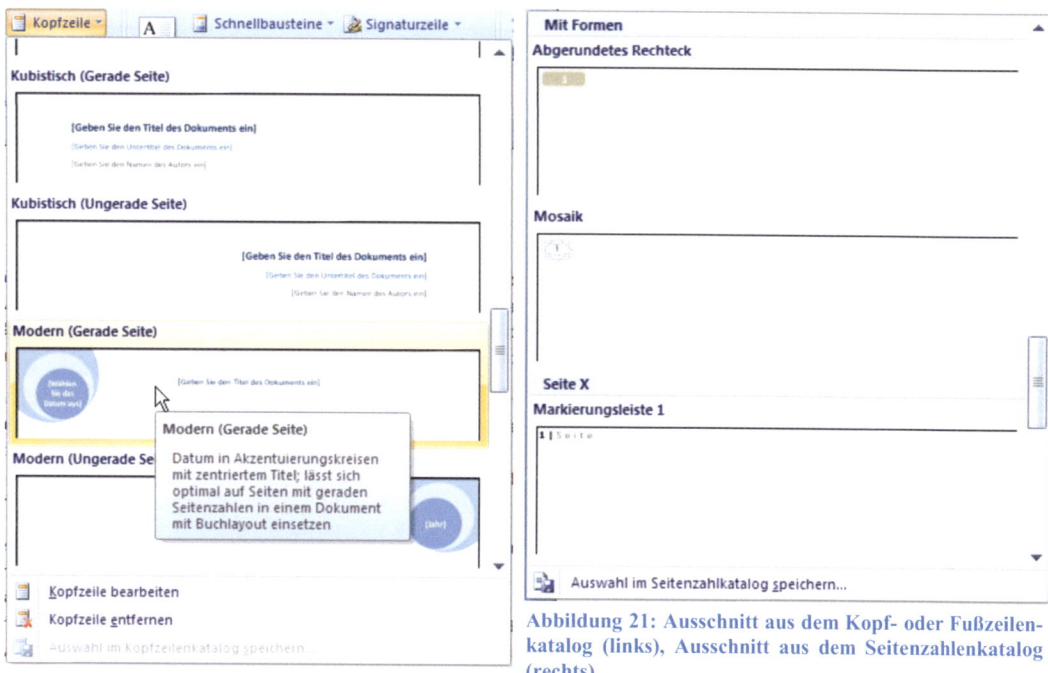

Abbildung 21: Ausschnitt aus dem Kopf- oder Fußzeilenkatalog (links), Ausschnitt aus dem Seitenzahlenkatalog (rechts)

Klicken Sie auf *Kopfzeile* oder *Fußzeile* und lassen sich den Katalog anzeigen. Ein Klick auf die Kopfzeile oder Fußzeile Ihrer Wahl setzt den Text der Kopfzeile an den oberen Seitenrand und den der Fußzeile an den unteren Seitenrand. Über die Funktion Kopfzeile/Fußzeile bearbeiten springt der Cursor in die Kopf/Fußzeile und Sie können den Text Ihren Wünschen entsprechend editieren. Das Gleiche wird erreicht, wenn Sie in die Kopf/Fußzeile doppelklicken. Wollen Sie wieder im normalen Text weiterarbeiten, genügt ein Doppelklick in den Text. Auf die Art kann einfach zwischen Text und Kopf/Fußzeilen umgeschaltet werden.

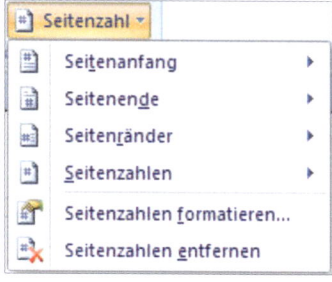

In den beschriebenen Kopf/Fußzeilenkatalogen befinden sich einige, die gleichzeitig eine Seitenzahl bereitstellen. Diese wird im mehrseitigen Dokument automatisch weitergezählt.

Ebenso wie die Kopf- und Fußzeilen können Sie auch Seitenzahlen mit Hilfe vorgefertigter Formate direkt einfügen. Klicken Sie im Dialogfeld Seitenzahl auf eine der Schaltflächen. Der Katalog für die Seitenzahlen wird geöffnet (Abbildung 21). Wählen Sie eine Position und ein Design aus und die Seitenzahlen werden entsprechend der Vorgaben eingefügt. Wenn Sie auf diese Weise Seitenzahlen eintragen, werden zuvor eingerichtete Kopf- oder Fußzeilen überschrieben.

Diese automatisierten Funktionen ermöglichen es, schnell und problemlos Kopf- und Fußzeilen und Seitenzahlen in Ihr Dokument einzutragen. Genügen Ihnen die fertigen Formate für die Kopf- und Fußzeilen und die Seitennummerierung nicht oder sagen sie Ihnen nicht zu, können Sie selbst Hand anlegen und diese Bereiche ganz nach Ihren Wünschen gestalten.

Wenn Sie auf eine Kopf- oder Fußzeile doppelklicken, wird dort der Schreibcursor aktiviert und Sie können die Einträge editieren, das heißt ändern, erweitern oder löschen. In diesem Fall wird über der Registerkartenleiste der Eintrag *Kopf- und Fußzeilentools* mit der Registerkarte *Entwurf* angezeigt. Hier finden Sie alle Funktionen, um die Kopf- oder Fußzeilen individuell Ihren Wünschen anzupassen.

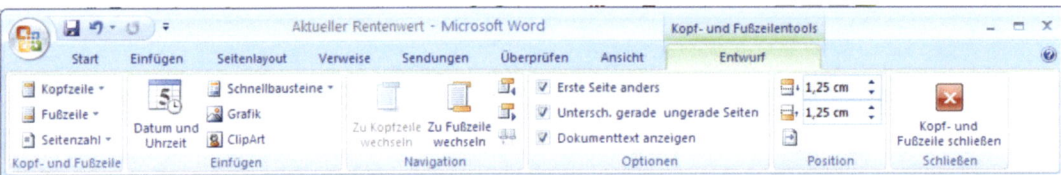

Eine Reihe der hier angebotenen Funktionen wurden bereits in anderem Zusammenhang beschrieben. Die erste Gruppe von links, *Kopf- und Fußzeile*, hat die gleichen Eigenschaften wie bereits unter der Registerkarte *Einfügen* beschrieben.

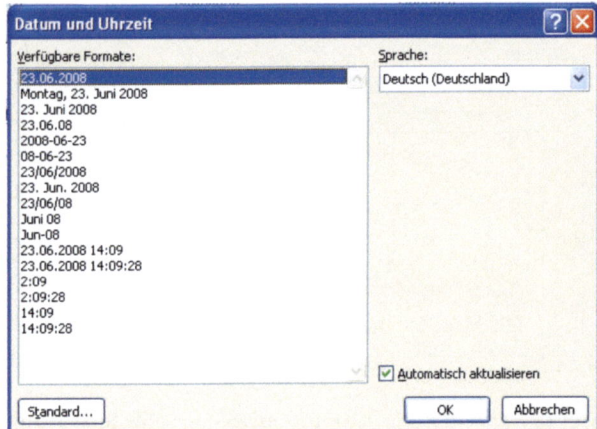

Die zweite Gruppe *Einfügen* enthält Schaltflächen für die verschiedenen Einträge, die Sie in eine Kopf- oder Fußzeile integrieren möchten. Wenn Sie auf die Schaltfläche *Datum und Uhrzeit* klicken öffnet sich ein Fenster zur Auswahl der verschiedenen Formate. Mit einem Klick auf das gewünschte Format trägt Word das aktuelle Datum an der Cursorposition ein. Zusätzlich können Sie festlegen, ob das Datum fest gespeichert oder automatisch aktualisiert werden soll.

Die Information zu Datum und Uhrzeit hat Word als Feld gespeichert, auch das Einfügen von laufenden Seitenzahlen wird durch ein Feld realisiert. Felder sind Platzhalter für sich ändernde Daten in einem Dokument. Diese Felder werden auch Feldfunktionen genannt.

Neben den genannten Feldern wie Datum/Uhrzeit und Seitennummern gibt es in Word noch eine Vielzahl verschiedener Feldfunktionen. Die meisten eignen sich jedoch nicht für Kopf/Fußzeilen. Um so wichtiger sind zwei Feldfunktionen, die hier vorgestellt werden: Das Einfügen des Dateinamens und das Einfügen von Überschriften aus dem Dokument in eine Kopf- oder Fußzeile.

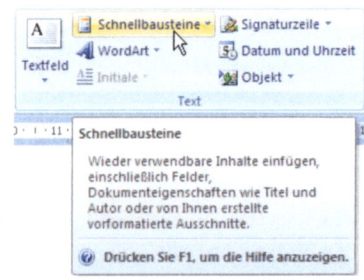

Setzen Sie den Cursor an die gewünschte Position. Klicken Sie in der *Registerkarte Entwurf /Gruppe Einfügen* auf die Schaltfläche *Schnellbausteine* und im darauffolgenden Menü auf *Feld*. Word zeigt nun das Dialogfenster *Feld* an.

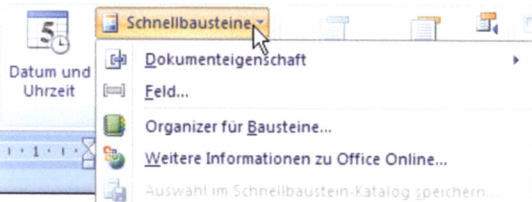

In der Feld-Kategorieauswahl ist *Alle* voreingestellt und es wird eine unüberschaubare Anzahl an Feldfunktionen angezeigt. Suchen Sie die Kategorie *Dokumentinformationen* und hier die Schaltfläche *FileName*, um den Dateinamen in Ihre Kopfzeile einzufügen.

Word fügt automatisch den Namen Ihres Dokuments (Dateiname) an der gewünschten Position in die Kopf/Fußzeile ein. Er erscheint auf jeder Seite.

Um Kapitelüberschriften einzufügen, rufen Sie die Kategorie *Verknüpfungen und Verweise* auf und klicken auf die Schaltfläche *StyleRef*.

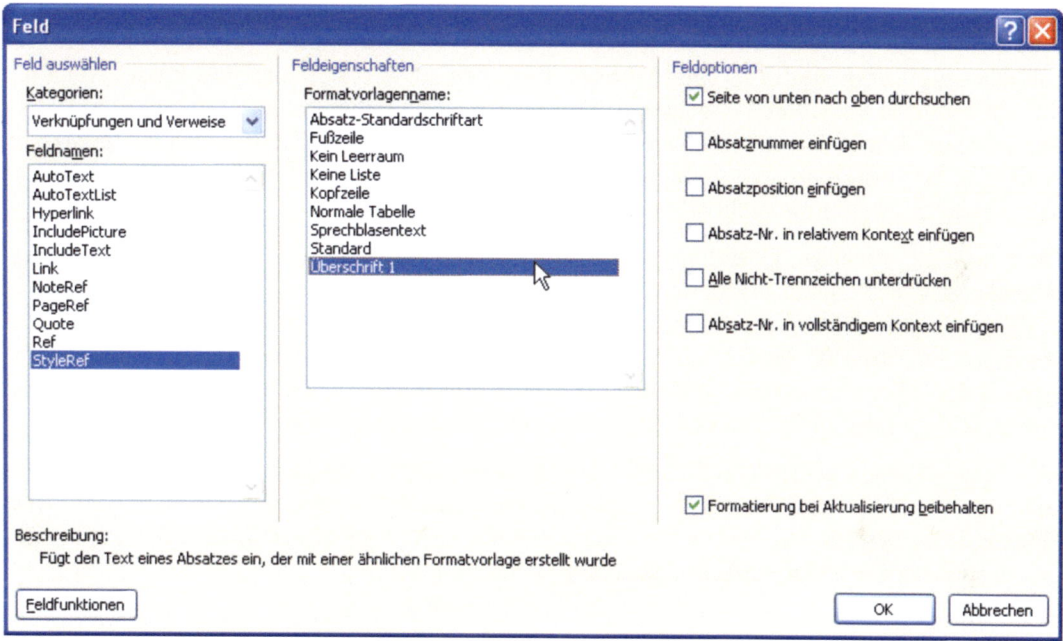

Abbildung 22: Eintragen von Kapitelüberschriften in eine Kopf- oder Fußzeile

Voraussetzung für das Einfügen von Überschriften ist, dass Sie den in Frage kommenden Überschriften eine Formatvorlage zugewiesen haben. Der *Formatvorlagenname* wird im mittleren Dialogfeld angezeigt und muss markiert werden. Unter *Feldoptionen* stellen Sie *Seite von unten nach oben durchsuchen* ein. Damit wird sichergestellt, dass von mehreren Überschriften auf einer Seite immer die zuletzt gültige in die Kopf/Fußzeile eingetragen wird.

Word fügt nun die aktuellen Kapitelüberschriften in Ihre Kopf/Fußzeilen ein. Während der Dokumentname im gesamten Dokument gleich bleibt, wechseln die Kapitelüberschriften jeweils mit einem neuen Kapitel. Wer beide Informationen in seine Kopf/Fußzeilen eintragen möchte, muss dafür unterschiedliche rechte und linke Seiten festlegen, so dass der Dateiname auf der einen und die Kapitelüberschriften auf der anderen Seite erscheinen, siehe diese Anleitung. Statt die Datei- oder die Kapitelnamen automatisch eintragen zu lassen, können Sie auch abweichende Bezeichnungen an die entsprechende Stelle der Kopf/Fußzeile eintippen, die dann jeweils für das gesamte Dokument oder einen Abschnitt Gültigkeit haben.

Das Einfügen von Grafiken und ClipArt in eine Kopf- oder Fußzeile entspricht den Methoden zum Einfügen in ein Dokument.

5. Einige ausgewählte Layout-Regeln

Der Begriff Seitenlayout bedeutet Seitengestaltung. Im Fall der Nutzung von Word 2007 heißt dies Textgestaltung im Zusammenhang mit Grafiken, Tabellen, Kopf- oder Fußzeilen und Seitenrändern.

Das Layout eines Dokuments entscheidet darüber, ob das Dokument für die Zielgruppe interessant und gut lesbar ist. Der Inhalt und die Optik sollten aufeinander abgestimmt sein. Dabei sind einige Regeln zu beachten. Sie müssen sich vorher Gedanken dazu machen, für wen Ihre Ausarbeitungen bestimmt sind und was Sie erreichen wollen. Eine Speisekarte oder eine Einladung zur Hochzeit erfordert ein ganz anderes Layout als zum Beispiel eine Broschüre über die Nutzung von Gartengeräten. Dies vorausgesetzt sind die Gestaltungsmerkmale wie beispielsweise Farben, Grafiken oder Schmuckelemente unterschiedlich einzusetzen.

Zu beachten ist weiterhin, dass Texte durch gezielte Absatzstrukturierung in gut lesbare Abschnitte zu gliedern sind. Ein langer Absatz liest sich schwerer als mehrere kurze. Auch auf die verwendeten Schriften ist zu achten. Technische Beschreibungen werden besser mit einer serifenlosen Schrift gesetzt. Für längere Ausführungen sind die Serifenschriften günstiger. Auch die Schriftgrößen und -farben sind gezielt auszuwählen. Das bedeutet, nicht zu viele verschiedene Schriftarten und Farben.

Eine weitere wichtige Gestaltungsfrage betrifft den Unterschied zwischen Printmedien (Druckerzeugnissen) und Webseiten (Internetseiten). Während in gedruckten und vor allem in umfangreicheren Dokumenten sparsam mit Farben und auffälligen Schriften umgegangen werden sollte, trifft für Webseiten das Gegenteil zu. Hier soll der Leser durch markante Designs gefesselt werden. Dazu gehören auch Hintergrundfarben, Farbverläufe, Schmuckelemente, farbige große Schriften und Ähnliches, dafür aber wenig lange Textpassagen.

So wie einerseits in gedruckten Dokumenten der Text vorherrscht, wird andererseits auf Webseiten mehr auf optische Kontraste gesetzt, um den Besucher zu fesseln. Zusammenhängende längere Textpassagen auf Webseiten lässt das Auge sehr schnell ermüden. Für Weblayouts gelten auch andere Seitenmaße und eine andere Seitenaufteilung.

Lösungen zu den Fragen und Übungen

Frage 1: Dokumentvorlagen sind vorgefertigte Vorlagen für verschiedene Arten von Dokumenten, die unter einem charakteristischen Namen gespeichert sind. Sie dienen als Grundlage für die Arbeit mit Dokumenten. Jede Vorlage enthält Dokumenteigenschaften, die der Charakteristik eines Dokumenttyps entsprechen. Die am häufigsten verwendete Vorlage ist die Vorlage *Leere Seite.*

Frage 2: Dokumentvorlagen sind die Grundlage für ein ganzes Dokument, Formatvorlagen beziehen sich auf Absätze, Textzeichen, Grafiken und Bilder innerhalb eines Dokuments.

Frage 3: Dokumentvorlagen enthalten zugeordnete Formatvorlagen. Das heißt die Formatvorlagen sind den Dokumentvorlagen untergeordnet.

Frage 4: Ein Dokument hat die Endung *docx*, eine Dokumentvorlage die Endung *dotx*. Diese Datei-Endungen können über die *Dokumenteigenschaften* eingesehen werden. Sie werden zusammen mit dem Dokumentnamen in der Kopfzeile des Eingeschaftsfensters angezeigt.

Frage 5: Jeder installierten Dokumentvorlage liegt ein bestimmtes Design zugrunde. Das Design kann gewechselt werden. Mit dem Zuweisen eines anderen Designs erhält das gesamte Dokument ein anderes Aussehen.

Frage 6: 1. Die neue Dokumentvorlage aus einer vorhandenen Dokumentvorlage,
2. die neue Dokumentvorlage aus einem Dokument erzeugen.

Frage 7: Beide Varianten unterscheiden sich nur durch den als Standard voreingestellten Speicherort.

Frage 8a: 1. Trennstrich: Der Trennstrich verbleibt immer an der Einfügeposition, auch wenn sich der Text verschiebt.
2. Bedingter Trennstrich: Der bedingte Trennstrich wird nur am Zeilenende angezeigt. Verschiebt sich das getrennte Wort in die nächste Zeile, wird er aus dem Text gelöscht.
3. Geschützter Trennstrich: Der geschützte Trennstrich hat die Funktion eines Bindestrichs und wird von Word nicht als Trennstrich interpretiert. Er soll die durch den Strich verbundene Wortgruppe immer zusammenhalten,

Frage 8b: 1: Trennstrich: *Bindestrich*
2. Bedingter Trennstrich: *Strg + Bindestrich*
3. Geschützter Trennstrich: *Umschalt + Strg + Bindestrich*

Übung 1: Erzeugen einer Formatvorlage für einen Briefkopf (Beispiel)

1. *Office-Schaltfläche / Neu / Leeres Dokument / Erstellen*

2. Schalten Sie die Lineale ein, und belassen die Randeinstellungen *Einfügen / Textfeld / Textfeld erstellen.*

3. Mit dem Zeichencursor ziehen Sie ein Textfeld am rechten oberen Rand der Textfläche auf.
Hilfestellung zur Positionierung: *Word-Optionen / Erweitert*, im Menü *Dokumentinhalt anzeigen* das Kästchen *Zuschnittsmarken anzeigen* markieren. So werden die Ränder an den Ecken des Dokuments durch einen „Winkel" sichtbar gemacht, siehe Abbildung rechts, und Sie können das Textfeld exakt positionieren.

Max Mustermann
Mustermannstraße 9
11111 Mustermannstadt
Tel.: 99999-99999999
Funk: 0000-00000000
Fax: 99999-99999999

4. In das Textfeld schreiben Sie Ihre Absenderangaben und passen es in der Größe an Ihren Text an, formatieren den Text rechtsbündig, Schriftart Calibri, 9 pt. Um die Randlinie eines Textfeldes zu eliminieren, klicken Sie mit der rechten Maustaste auf den Rand und wählen unter *Textfeld formatieren* bei *Linie / Keine Farbe*.

5. Nach dem gleichen Prinzip fügen Sie unter dieser Absenderangabe ein weiteres Textfeld für das Datum in der erforderlichen Größe ein und formatieren das Feld für rechtsbündige Einträge. Um das aktuelle Datum einzutragen, klicken Sie in der *Registerkarte Einfügen / Gruppe Text* auf *Schnellbausteine* und hier auf *Feld*. Suchen Sie die *Kategorie Datum und Uhrzeit* und wählen aus dem Angebot das passende Format aus.

6. Ziehen Sie das Anschriften-Textfeld auf. Um das Anschriftenfeld für einen Fensterumschlag zu positionieren, sind folgende Schritte notwendig:
Größe: *Rechte Maustaste* (oder Kontextmenütaste) auf den Textfeldrand / *Textfeld formatieren / Größe* = 4,4 cm hoch, 8.8 cm breit.

Position: *Textfeld formatieren / Layout / Weitere / Absolute Position*: Horizontal 1.92 cm von links, Vertikal 4 cm von oben. Am oberen Rand dieses Textfeldes schreiben Sie Ihre Absenderangabe mit einer Schriftgröße von 8 pt und unterstreichen die Zeile. Legen Sie nun die Schriftart und -größe für die Anschrift fest: Times New Roman, 12 pt, linksbündig. Dazu genügt es, den Cursor in die zweite leere Zeile zu setzen und die Schriftformate festzulegen. In dieses Textfeld können Sie dann nach Bedarf aktuelle Anschriften hineinschreiben.

7. Ziehen Sie nun nach dem gleichen Verfahren ein großes Textfeld für den Brieftext auf, beginnend bei ca. 8 cm vertikal, auf Seitenbreite. Auch hier legen Sie die Schrift- und Absatzformate für das Textfeld, wie im Anschriftenfeld beschrieben, fest. Immer wenn Sie nun an die Position der Textfelder klicken, werden die nicht druckbaren Umrandungen mit den Ziehpunkten angezeigt.. Auf die Art können Sie diese nachträglich vergrößern oder verkleinern.

Damit die Textfelder an ihrer Position verbleiben, gehen Sie folgendermaßen vor: *Rechte Maustaste / Textfeld formatieren / Layout / Weiteres* unter *Optionen* das Häkchen des Menüpunktes *Objekt mit Text verschieben* entfernen.

Nun müssen Sie Ihr Dokument nur noch als Vorlage im Ordner Templates speichern, damit die Vorlage unter dem zugewiesenen Namen bei jedem neuen Dokument bereitsteht.

c:\Dokumente und Einstellungen\Benutzername\Anwendungsdaten\Microsoft\ Templates\-Briefkopf. (XP)

c:\Users\Benutzername\AppData\Roaming\Microsoft\Templates\Briefkopf (Vista).

Nach diesem Prinzip können Sie sich die verschiedensten Vorlagen aus einer leeren Seite aufbauen. Der Vorteil der Nutzung von Textfeldern besteht darin, dass sie, die richtige Einstellung unter Optionen vorausgesetzt, an der gewünschten Position verbleiben und sich durch Änderungen im Fließtext nicht verschieben.

Übung 2: Text in Spalten aufteilen

2a: Tippen Sie *=rand(5)* und wählen *Gruppe Seite einrichten / Spalten* und markieren das Symbol für drei Spalten. Der gesamte Text wird in zwei Spalten eingeteilt, er reicht für drei Spalten nicht aus, Abbildung 17, linkes Bild. Um den Text gleichmäßig auf drei Spalten zu verteilen wählen Sie *Gruppe Seite einrichten / Umbrüche / Abschnittsumbrüche / Fortlaufend*. Nun wird der Text auf drei Spalten verteilt, Abbildung 17, rechts Bild.

2b: Wenn markierter Text in Spalten umgewandelt wird, interpretiert Word diesen als Abschnitt und verteilt die Spalten gleichmäßig innerhalb des Abschnitts.

Teil 7: Verzeichnisse und Seriendokumente

Inhaltsverzeichnis

1. Vorbemerkungen

Wer Microsoft Word für seine Korrespondenz und andere kürzere oder auch längere Texte nutzt, hat noch längst nicht alle Möglichkeiten des Programms ausgeschöpft. Neben den Funktionen, die in den anderen Teilen dieses Materials erläutert wurden, bietet das Programm auch alle Werkzeuge, um komplexe Dokumente mit vielen Seiten und verschiedenen Kapiteln zu erzeugen und gibt Hilfestellung beim Anfertigen von Seriendrucken.

Der 7. und letzte Teil der Anleitung zur Arbeit mit Word 2007 gliedert sich wieder in zwei Teile. Im ersten Teil werden die Funktionen in der Registerkarte Verweise (Verzeichnisse erzeugen) und im zweiten die der Registerkarte Sendungen (Seriendruck) beschrieben.

Wollen Sie beispielsweise eine Haus- oder Diplomarbeit oder sogar ein Buch mit Word schreiben, dann sind Inhalts- und Literaturverzeichnisse sowie ein Index unabdingbar. Diese Verzeichnisse selbst zu organisieren ist mühsam und fehleranfällig. Bei jeder nachträglichen Änderung können sich die Seitenangaben verschieben, oft auch unbemerkt. Für diese Aufgaben stellt Word eine Reihe von Werkzeugen bereit, die das Anfertigen solcher Verzeichnisse automatisieren.

Durch die Vielzahl von Möglichkeiten für das Erzeugen dieser Verzeichnisse ist das Einarbeiten in die Materie nicht ganz einfach. Es ist deshalb erforderlich, dass sich der Anwender intensiv mit den einzelnen Möglichkeiten auseinandersetzt und dann die für ihn am besten geeignete auswählt. Je Mehr Varianten ein Programm bietet, desto schwieriger ist die Übersicht. Die nachfolgenden Beschreibungen der unterschiedlichen Vorgehensweisen sollen eine Hilfestellung zum Verständnis und zur Auswahl der individuell geeigneten Methoden geben. Wer das Erzeugen der unterschiedlichen Verzeichnisse beherrscht, wird sich die Arbeit mit komplexen Dokumenten wesentlich erleichtern.

In der Registerkarte Sendungen sind alle Arbeitsmittel für den Druck von Serienbriefen und -umschlägen sowie der Druck von Etiketten zusammengefasst.

Diese Funktionen werden benötigt, wenn gleichlautende Dokumente an mehrere Empfänger versandt werden sollen. Dazu gehören Briefe oder E-Mails, deren Text nur einmal geschrieben zu werden braucht. Die unterschiedlichen Empfängeradressen werden beim Drucken automatisch eingetragen, so dass der Anwender nicht in jeden Brief extra die Empfängeranschrift eintragen muss. Es werden dann so viele Exemplare gedruckt, wie Adressen vorhanden sind.

Auf die Registerkarten Überprüfen, Ansicht und Add-Ins wird nur kurz eingegangen. Die Registerkarte Überprüfen stellt neben der Rechtschreibprüfung und eines Thesaurus Werkzeuge bereit, mit deren Hilfe andere Personen ein Dokument Korrektur lesen und im Dokument Hinweise zu Änderungen geben können, das betrifft Stil, Formulierung, Logik, Zeichensetzung, Rechtschreibung, Grammatik und Silbentrennung. (Online lektorieren).

2. Die Registerkarte Verweise

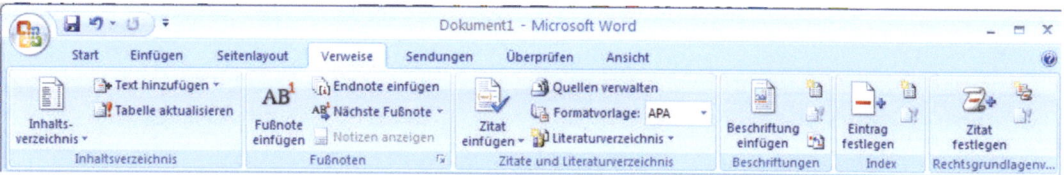

Wenn Sie umfangreiche Berichte, Broschüren, Hausarbeiten oder sogar Bücher zu verfassen, benötigen Sie Hilfsmittel, um beispielsweise Inhalts- oder Literaturverzeichnisse automatisch zu erzeugen. In der Multifunktionsleiste der Registerkarte *Verweise* finden Sie alle Funktionen, die dafür benötigt werden.

Microsoft Word 2007 stellt ein breites Sortiment dieser Hilfsmittel zur Verfügung. Sie können also mit wenig Aufwand verschiedene Arten von Verzeichnissen anlegen, das erspart „Hand"-Arbeit und vermeidet außerdem Fehler bei der Seitenzuordnung.

Voraussetzung für das automatische Erzeugen der verschiedenen Verzeichnisse ist die sorgfältige Vorbereitung des Dokumentes. Es ist zwingend erforderlich, dass zum Beispiel die Überschriften, die im Inhaltsverzeichnis erscheinen sollen, mit den entsprechenden Formatvorlagen formatiert wurden.

2.1 Ein Inhaltsverzeichnis anlegen

In der Gruppe Inhaltsverzeichnis klicken Sie auf die gleichnamige Schaltfläche. Ein Auswahlfenster mit zwei automatischen Verzeichnis-Layouts und einem benutzerdefinierten Layout wird geöffnet, siehe Abbildung 1. Die Verzeichnislayouts werden als Tabelle bezeichnet.

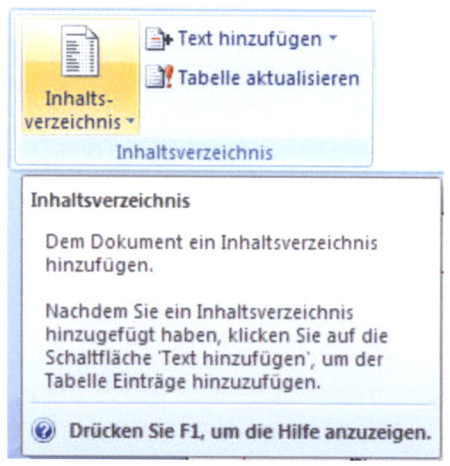

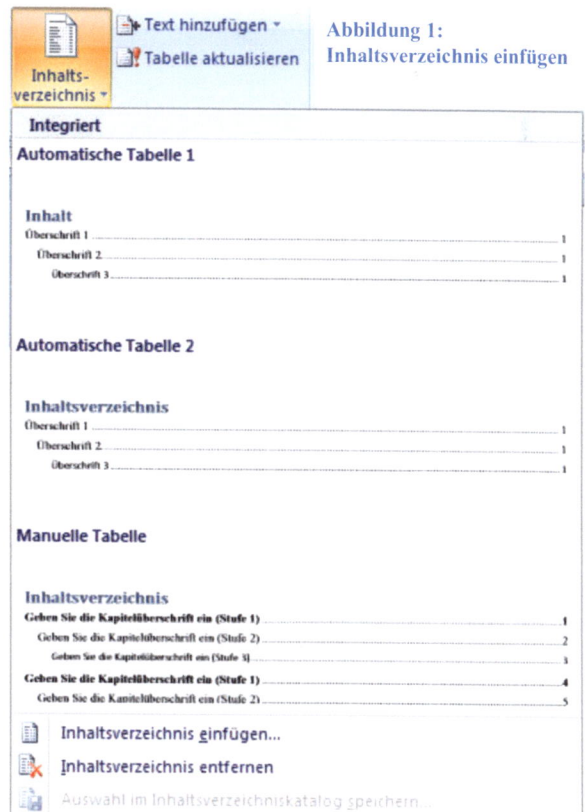

Abbildung 1:
Inhaltsverzeichnis einfügen

Das rechte Bild zeigt die unterschiedlichen Strukturen an. Mit einem Klick auf eine der Tabellen wird das Inhaltsverzeichnis in Ihr Dokument eingefügt. Für die automatischen Tabellen müssen Sie Ihre Kapitelüberschriften mit den Formatvorlagen Überschrift 1, Überschrift 2 bzw. Überschrift 3 formatieren.

Fügen Sie ein manuelles Inhaltsverzeichnis ein, müssen die Kapitelüberschriften und die Seitennummern selbst festgelegt werden, vorgegeben ist nur die Struktur.

Abbildung 2: Einfügen eines manuellen Inhaltsverzeichnisses

Neben den vorgefertigten Strukturen können Sie ein Inhaltsverzeichnis auch über die Schaltfläche *Inhaltsverzeichnis einfügen* erzeugen, siehe Abbildung 1 am unteren Rand. Über diesen Weg haben Sie die Möglichkeit, Struktur und Aussehen individuell Ihren Wünschen anzupassen. Hier können Sie alle denkbaren Einstellungen vornehmen. Wenn Sie auf diese Schaltfläche klicken, wird das Arbeitsfenster *Inhaltsverzeichnis* geöffnet.

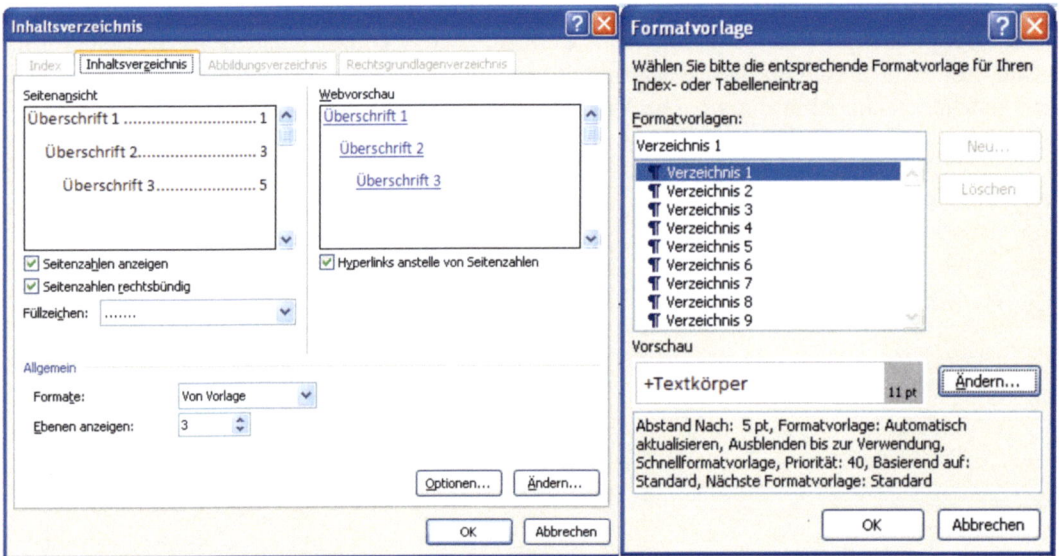

Abbildung 3: Inhaltsverzeichnis, Formate und andere Einstellungen

Im oberen Teil wird eingestellt, ob und wie Seitenzahlen angezeigt und Füllzeichen eingefügt werden sollen. Weiterhin können Sie die Anzahl der Ebenen eintragen (9 Ebenen sind möglich) und ein Format auswählen. Es stehen 9 Verzeichnisformate zur Verfügung, die Sie über die Schaltfläche *Ändern* erreichen. Es öffnet sich die Verzeichnisliste. Auch hier ein Klick auf *Ändern* und die dem Verzeichnis zugeordnete Formatvorlage wird geöffnet. Sie können nun die Formate entsprechend Ihren Wünschen abändern.

Die erste Schaltfläche *Ändern* steht nur zur Verfügung wenn *Formate / von Vorlage* gewählt wird. Ein Klick auf den Pfeil neben dem Feld Formate zeigt weitere Vorlagen: *Klassisch, Elegant, Ausgefallen, Modern, Formell, Einfach,* diese sind fest vorgegeben und können nicht geändert werden.

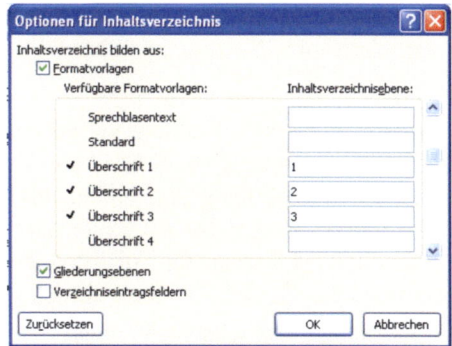

Abbildung 4: Festlegen der Überschriftebenen

Die Formatvorlagen *Verzeichnis 1 bis 9* entsprechen der Hierarchie der Inhaltsverzeichnisebenen. Wenn Sie im Inhaltsverzeichnisfenster auf die Schaltfläche *Optionen* klicken, werden in einem Fenster alle Formate angezeigt, die als Überschriften interpretiert werden. Das betrifft auch die von Ihnen erzeugten eigenen Überschriftenformate. Dieses Fenster heißt *Optionen für Inhaltsverzeichnis* (Abbildung 4). In der linken Spalte werden die installierten Formate angezeigt, Die rechte Spalte ist editierbar, hier tragen Sie für jedes Überschriftenformat die gewünschte Ebene ein. Die Formatierung der Inhaltsverzeichniseinträge (Schrift, Einzüge usw.) wird über die jeweiligen Formatvorlagen *Verzeichnis 1, 2, 3 ...* vorgenommen. Die Verzeichnisnummern entsprechen den Inhaltsverzeichnisebenen, also die 1 entspricht Verzeichnis 1, die 2 Verzeichnis 2 usw. Das Inhaltsverzeichnis wird entsprechend dieser Verzeichnisebenen erzeugt.

Die Seitenzahlen werden automatisch den entsprechenden Kapitelnamen (Formatvorlagen) zugeordnet. Haben Sie Ihr Dokument geändert oder erweitert, klicken Sie auf die Schaltfläche *Tabelle aktualisieren* in der Gruppe *Inhaltsverzeichnis*. Word passt nun die Seitenzahlen den neuen Positionen der Überschriften an. Über die Schaltfläche Text hinzufügen können Sie die vorhandenen Einträge ergänzen oder ändern. Bitte beachten: mit jeder Aktualisierung müssen manuell durchgeführte Einträge wiederholt werden.

In der Kopfzeile des Dialogfensters *Inhaltsverzeichnis* (Abbildung 3) befinden sich weitere Überschriften, die ausgegraut sind und nicht aus diesem Fenster heraus aufgerufen werden können. Das sind der *Index*, das *Abbildungs-* und *Rechtsgrundlagen-Verzeichnis*. Im Gegensatz zu den bisher bekannten ähnlichen Arbeitsfenstern, sind diese Funktionen nur einzeln über die entsprechenden Schaltflächen der Multifunktionsleiste erreichbar.

2.2 Fuß- und Endnoten einfügen

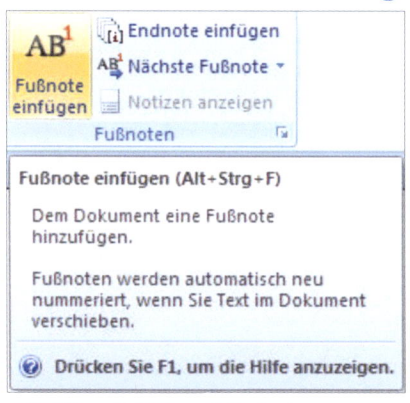

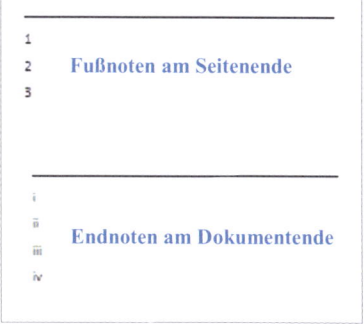

Abbildung 5: Fuß- und Endnoten

In gedruckten Dokumenten werden Fuß- und Endnoten verwendet, um Erklärungen, Kommentare oder Verweise auf Textstellen einzufügen. Sie können z. B. in Fußnoten ausführliche Kommentare erstellen und in Endnoten Quellen zitieren (siehe Literaturverzeichnis und Zitate). Eine Fuß- oder Endnote besteht aus zwei miteinander verknüpften Teilen: dem Fuß-/Endnotenzeichen und dem entsprechenden Text für die Fuß- bzw. Endnote.

Fuß- und Endnoten werden in Microsoft Word automatisch nummeriert. Sie können eine durchgehende Nummerierung für das gesamte Dokument festlegen oder für jedes Kapitel eine eigene. Wenn Sie automatisch nummerierte Fuß- oder Endnoten hinzufügen, entfernen oder verschieben, wird die Nummerierung der Fuß-/Endnotenzeichen von Word entsprechend der neuen Reihenfolge geändert.

Setzen Sie den Cursor an die Stelle im Dokument, die auf eine Fuß- oder Endnote verweisen soll. Klicken Sie dann auf der Registerkarte *Verweise* in der Gruppe *Fußnote* auf *Fußnote einfügen* oder *Endnote einfügen*. Wenn Sie kein anderes Zahlenformat festgelegt haben, fügt Word als Verweiszeichen für Fußnoten eine hochgestellte arabische und für Endnoten eine hochgestellte römische Ziffer an der Cursorposition ein. Gleichzeitig werden für Fußnoten am unteren Seitenrand und für Endnoten am Ende des Dokuments die Zahlen für den Fuß- oder

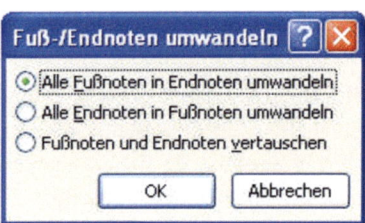

Abbildung 6: Fuß- und Endnoten

Endnotentext eingesetzt. Die Einfügemarke steht nun neben der neu eingefügten Nummer und Sie können Ihren Text dazu eingeben. Mit einem Doppelklick kommen Sie wieder zurück zu der aktuellen Position im Dokument

Die voreingestellten Zahlenformate, die Position und den Anfangswert der Fuß- oder Endnoten können Sie selbst festlegen. Öffnen Sie mit einem Klick auf den kleinen Pfeil rechts neben dem Gruppennamen *Fußnoten* das Arbeitsfenster *Fuß- und Endnote*. Hier nehmen Sie Ihre Einstellungen für die Anzeige vor. Über die Schaltfläche Konvertieren können Sie Fuß- in Endnoten und End- in Fußnoten umwandeln.

Um weitere Fuß- oder Endnoten einzufügen klicken Sie auf die jeweiligen Schaltflächen. Word nummeriert fortlaufend weiter. Das Gleiche erreichen Sie über die Tastenkombinationen *Strg+Alt+F* für Fußnoten und *Strg+Alt+D* für Endnoten.

Die Gruppe Fußnoten beinhaltet noch zwei weitere Schaltflächen: *Nächste Fußnote* und *Notizen anzeigen*. Über *Nächste Fußnote* können Sie Ihr Dokument vor- oder rückwärts nach Fuß- oder Endnoten im Text durchsuchen. Über *Notizen anzeigen* lassen Sie sich die Texte der Fuß- oder Endnoten anzeigen.

2.3 Literaturverzeichnis und Zitate

Wissenschaftliche Abhandlungen, Haus- und Diplomarbeiten, Dissertationen u .ä. benötigen ein Literaturverzeichnis mit dem Nachweis der Quellen, auf die in der Arbeit Bezug genommen oder deren Inhalt eingearbeitet wurde. Mit Hilfe der von Word bereitgestellten Funktionen können auch diese Arbeitsgänge weitgehend automatisiert werden. Word fasst im Literaturverzeichnis die Zitate und die Hinweise auf verwendete Literatur zusammen.

2.3.1 Das Literaturverzeichnis

Das Erstellen eines Literaturverzeichnisses geschieht über den *Quellen Manager*. Diese Funktion finden Sie in der Gruppe *Zitate und Literaturverzeichnis / Quellen* verwalten. Ein Klick auf diese Schaltfläche öffnet den *Quellen Manager*. Im linken Feld *(Masterliste)* sehen Sie alle Einträge, die für unterschiedliche Dokumente in Word bereits vorgenommen wurden. Die *Aktuelle Liste* enthält Einträge für das aktuelle Dokument. Zwischen beiden Listen können die Einträge ausgetauscht werden. Für das Erzeugen des Literaturverzeichnisses sind die Einträge der aktuellen Liste relevant. Indem Einträge aus der *Masterliste* in die *Aktuelle Liste* kopiert werden, können Sie bereits vorhandene Literaturstellen in ein neues Dokument übernehmen.

Über die Schaltfläche löschen werden nicht benötigte Literaturstellen gelöscht. Ein Klick auf *Neu* öffnet das Formular für die Einträge zu den Literaturstellen, ein Klick auf *Bearbeiten* das

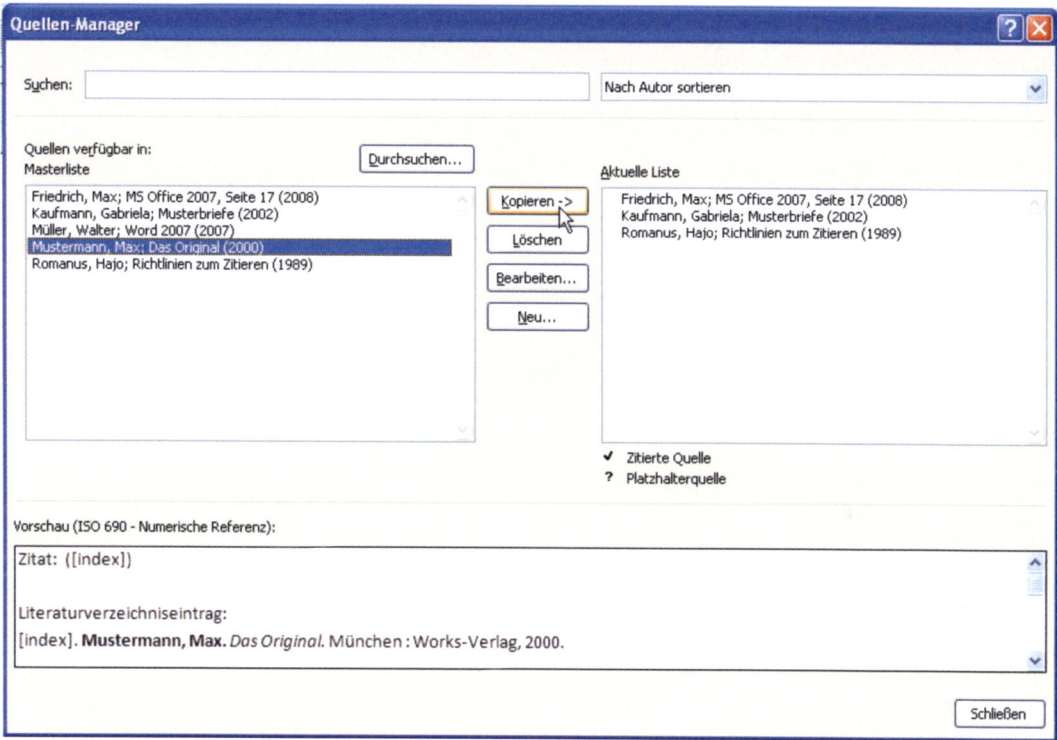

Abbildung 7: Der Quellen Manager

Formular zum Ändern eines vorhandenen markierten Eintrags. Im unteren Feld wird als *schau* der markierte Eintrag so angezeigt, wie er im fertigen Literaturverzeichnis erscheint. Die Form der Einträge wird durch das ausgewählte Format bestimmt, das über dem Vorschaufeld angezeigt wird. Das Format wählen Sie in der Gruppe *Zitate und Literaturverzeichnis / Formatvorlage* aus.

1. **Friedrich, Max.** *MS Office 2007, Seite 17.* München : Data Becker, 2008.

2. *Richtlinien zum Zitieren.* **Romanus, Hajo.** Hamburg : s.n., 1989.

3. **Kaufmann, Gabriela.** *Musterbriefe.* Bremen : Hauff, 2002.

Abbildung 8: Literaturverzeichnis für die in Abbildung 7 gezeigte Auswahl

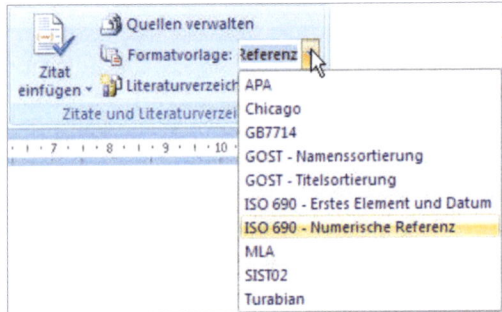

Diese Formatvorlagen legen Sie vor dem [stel]len des Literaturverzeichnisses fest. Aber auch danach kann das Format geändert werden. Dazu wird das Literaturverzeichnis nur markiert und danach auf die Formatvorlage geklickt.

Das fertige Literaturverzeichnis kann editiert, erweitert und ergänzt werden. Sinnvoll ist es jedoch, im Formular von vornherein alle Informationen einzutragen.

Abbildung 9: Inhaltsverzeichnis-Formatvorlagen

Abbildung 10: Literaturverzeichnis mit unterschiedlichen Formatvorlagen

Welches Format Sie für Ihr Literaturverzeichnis wählen, hängt von der Art Ihrer Ausarbeitungen ab und davon, wie die Vorschriften, beispielsweise für eine Diplomarbeit, lauten. Ist kein bestimmtes Format vorgeschrieben, treffen Sie die Wahl nach Ihrem persönlichen Geschmack. Alle hier aufgezählten Formate entsprechen den Anforderungen an ein Literaturverzeichnis.

Wenn Sie im Quellen Manager *Bearbeiten* oder *Neu* wählen, öffnet sich das Formular *Quelle bearbeiten* für die Eingabe der Daten. Hier füllen Sie die entsprechenden Felder aus, geben den Quellentyp, wie Buch, Zeitschrift, Bericht usw. an und drücken OK.

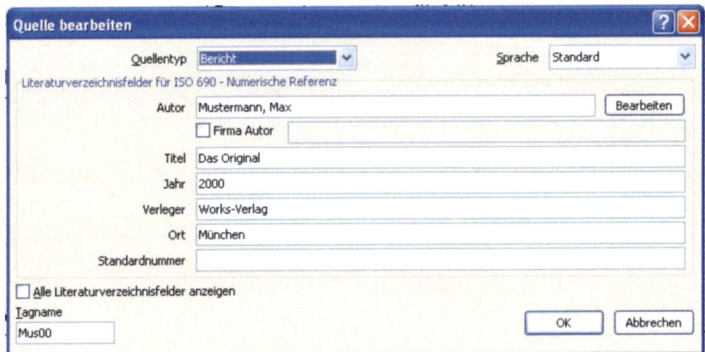

Die Eingaben werden in den *Quellen Manager* eingefügt und zwar in die Masterliste und die aktuelle Liste gleichzeitig. Falsche oder überholte Einträge können über die Funktion *löschen* aus einer oder beiden Listen entfernt werden.

2.3.2 Zitate einfügen

Wenn Sie in Ihren Ausarbeitungen fremde Texte oder Erkenntnisse einarbeiten, muss das in Form von Zitaten nachgewiesen werden. Es wird zwischen wörtlichen und allgemeinen Zitaten unterschieden. Kurze wörtliche Zitate werden in Anführungszeichen gesetzt. Längere wörtliche Zitate werden besser als eingerückter Absatz geschrieben. In beiden Fällen ist an der Stelle des Zitats ein Hinweis zu setzen. Ein Zitat kann auch als Fußnote erläutert werden, auf jeden Fall ist es im Literaturverzeichnis mit genauer Angabe der Quelle nachzuweisen.

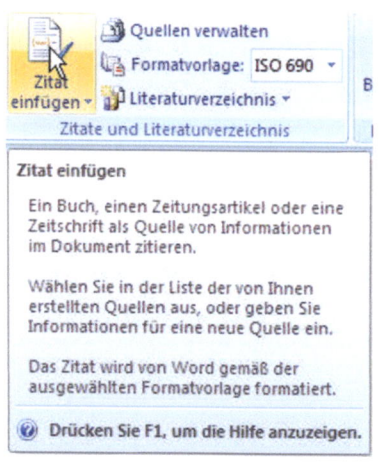

Wörtliche (direkte) Zitate sind vollständig aus dem Original zu übernehmen, vorhandene Tippfehler dürfen nicht korrigiert werden. Indirekte Zitate müssen in der Formulierung auf die Quelle verweisen, zum Beispiel: *Thomas Henke verweist in seinem Buch auf folgende Gesetze: ....).*

Abbildung 11: Zitat einfügen

Um ein Zitat einzufügen setzen Sie den Cursor an die entsprechende Position im Text und klicken in der Gruppe *Zitate und Literaturverzeichnis* auf die Schaltfläche *Zitat einfügen* (Abbildung 11). Im Auswahlmenü, das sich öffnet, sind die bereits eingetragenen Zitate aufgelistet. Im unteren Bereich wählen Sie ob eine neue Quelle oder nur ein *Platzhalter* eingefügt werden soll. Ein Platzhalter besteht nur aus einer Nummer, über die später die Quelle eingetragen werden kann. Über die Funktion *Bibliotheken durchsuchen* können Sie entweder die auf dem Computer vorhandenen Bibliotheken durchsuchen oder über *Office Online* Recherdienste in Anspruch nehmen. Normalerweise werden Sie jedoch die Funktion *Neue Quelle hinzufügen* nutzen. Ein Klick auf diese Schaltfläche öffnet den *Quellenmanager* (Abbildung 7). Tragen Sie hier Autor, Verlag, Erscheinungsort und -jahr ein, bei wörtlichen Zitaten auch die Seitennummern, und klicken auf OK.

Word setzt nun an der Cursorposition entweder eine in Klammern gefasste Kurzfassung der Quelle oder eine Ziffer ein. Die Ziffer wird bei weiteren Zitaten automatisch weitergezählt. Die Zitate werden im Literaturverzeichnis vor die allgemeinen Literaturangaben gesetzt, unabhängig davon wann sie eingetragen wurden.

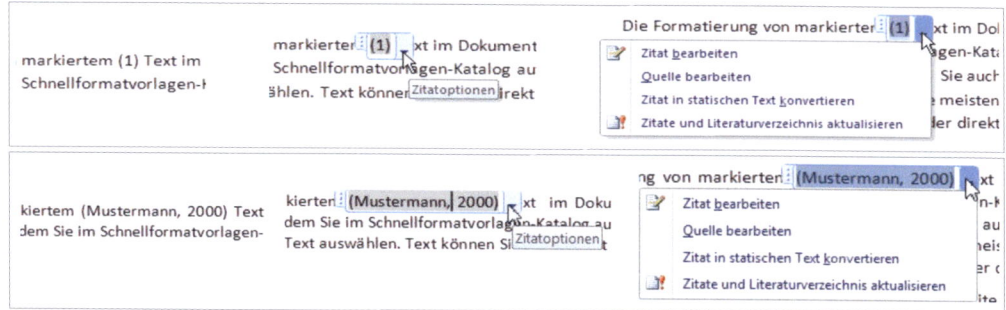

Abbildung 12: Zitat einfügen und bearbeiten mit Nummerierung (oben). mit Text (unten)

Abbildung 12 zeigt die Vorgehensweise beim Einfügen und Bearbeiten eines Zitats. Nachdem Wenn Sie die Quelle für das Zitat über den *Quellen Manager* eingetragen haben, setzt Word an der Cursorposition entweder eine laufende Nummer oder die Quelle des Zitats in Kurzform ein. Nun können Sie mit einem Klick in die Ziffer oder in den Namen (Abbildung 12, Mitte) die Eintragung markieren und mit einem Klick auf den kleinen Pfeil rechts das Menü zum Bearbeiten aufrufen (Abbildung 12, rechts). Welcher Eintrag an der Cursorposition erscheinen soll, wird über die Schaltfläche *Zitat bearbeiten* festgelegt. Als Standard ist die Anzeige der Quelle voreingestellt. Wenn Text unterdrückt werden soll, markieren Sie die entsprechenden Kästchen *Autor, Jahr* oder *Titel*. In das Feld *Seiten* tragen Sie die zitierte Seite ein. Mit dem linken Symbol des markierten Zitateintrags können Sie die Position des Zitats im Text nach Bedarf mit der Maus verschieben. Der Inhalt bleibt unverändert.

Quelle bearbeiten öffnet den Quellenmanager. *Zitat in statischen Text konvertieren* löst die Verbindung zwischen der Einfügeposition und dem Zitat. Sie können also nicht mehr mit einem Klick in den Eintrag im Text auf das Zitat zugreifen. Über *Zitate und Literaturverzeichnis aktualisieren* werden Ihre Änderungen im Quellenmanager gespeichert und das Literaturverzeichnis auf den neuen Stand gebracht.

Die Quellen für das Literaturverzeichnis und den Zitatennachweis können während der laufenden Arbeit eingetragen werden. Word sammelt alle Informationen und stellt diese für das Einfügen der Verzeichnisse zur Verfügung.

Um das Literaturverzeichnis und damit auch die Zitatenhinweise in ihr Dokument einzufügen, klicken Sie auf die gewünschte Position (in der Regel am Ende eines Dokuments), dann auf *Literaturverzeichnis / Literaturverzeichnis einfügen.* Es ist unerheblich wann Sie das Literaturverzeichnis in Ihr Dokument einfügen. Das kann gleich zu Anfang vorgenommen werden oder erst, wenn Ihre Arbeit fertig ist. Word merkt sich alle Änderungen und ändert auch ein bereits im Dokument vorhandenes Verzeichnis wenn Sie *Zitate und Literaturverzeichnis aktualisieren* anklicken.

Ein Sonderfall für den Nachweis verwendeter Zitate ist das Rechtsgrundlagenverzeichnis. Das Zitieren von Rechtsgrundlagen bedarf einer besonderen Form und diese Quellen werden auch in einem gesonderten Verzeichnis nach Kategorien zusammengefasst. Das Verfahren weicht von dem bisher beschriebenen ab. Dazu wird der entsprechende Text markiert und dann über *Zitat festlegen* in der Gruppe *Rechtsgrundlagenverzeichnis* gespeichert. Hier wird nicht weiter auf das Verfahren eingegangen. Wer diese Funktion benötigt, wird nach dem bisher Gesagten in der Lage sein, sich die Methode selbst zu erarbeiten.

Übung 1:

a) Nutzen Sie den von Word bereitgestellten Übungstext: =rand(60) oder schreiben einen eigenen mehrseitigen Text.

b) Teilen Sie diesen Text in mehrere Kapitel, mit teilweise drei Ebenen, auf. Die Überschriften nennen Sie Überschrift 1, Überschrift 2, Überschrift 3 und formatieren sie mit den gleichnamigen Absatzformaten.

c) Erzeugen Sie für dieses Dokument ein Inhaltsverzeichnis

Übung 2:

Legen Sie ein Literaturverzeichnis mit fünf Einträgen an, benutzen Sie die Vorlage APA.

2.4 Beschriftungen, Verweise und Indexeinträge

2.4.1 Beschriftungen einfügen

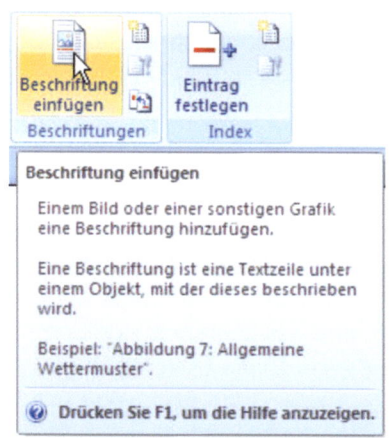

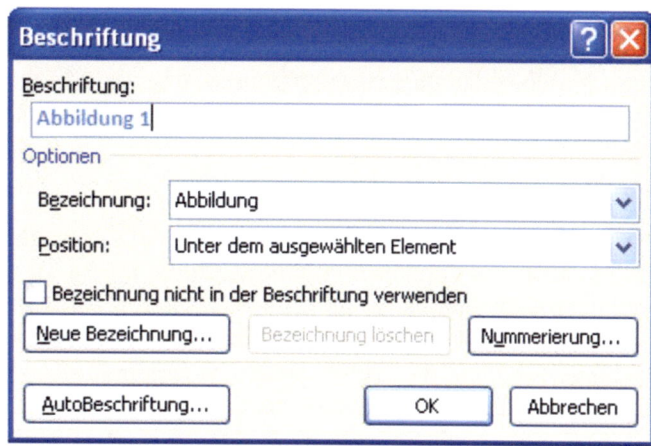

Abbildung 13: Einfügen einer Beschriftung

Über die Gruppe Beschriftungen können Sie Ihren Abbildungen, Grafiken, Tabellen, Formeln oder sonstigen Elementen eine Beschriftung zuweisen. Unter Beschriftung ist zum Beispiel eine Bildunterschrift zu verstehen, die an der Cursorposition eingetragen wird. Nach Bedarf kann Word diese Beschriftungen fortlaufend nummerieren.

Um beispielsweise ein Bild mit einer Unterschrift zu versehen, klicken Sie in der Gruppe Beschriftungen auf die Schaltfläche *Beschriftung einfügen*. Das rechte Fenster aus Abbildung 13 wird geöffnet. Hier können Sie den voreingestellten Text belassen, hinter die Bildnummer einen Doppelpunkt setzen und den Bildtext eintragen. Die von Word vorgeschlagene Bildnummerierung wird automatisch weitergezählt. Als Bezeichnung können Sie *Abbildung, Tabelle oder Formel* auswählen. Dieses Feld ist nicht editierbar. Möchten Sie eine eigene Bezeichnung eintragen, dann über das Feld *Neue Bezeichnung*. Unter Position legen Sie fest, ob die Beschriftung über oder unter dem markierten Element eingetragen werden soll. Im Feld *Nummerierung* legen Sie das Format der Nummern fest: Arabische Zahlen, römische Zahlen, große oder kleine Buchstaben. Über Autobeschriftung öffnet Word eine Liste von Objekten anderer Anwendungen, die in ein Dokument eingefügt werden können, zum Beispiel *Microsoft Excel Diagramm*. Wenn Sie das entsprechende Kontrollkästchen aktivieren, beschriftet Word alle Elemente dieses Formats automatisch.

Die Dialogbox Beschriftungen erreichen Sie auch direkt, wenn Sie Ihr Element und dann über die rechte Maustaste (oder Kontextmenütaste auf der Tastatur) das Kontextmenü aufrufen. Hier finden Sie unter anderem auch die Schaltfläche *Beschriftung einfügen*.

2.4.2 Abbildungsverzeichnisse erzeugen und ändern

Aus den eingefügten Beschriftungen können Sie zum Schluss ein Abbildungsverzeichnis erstellen, das kann nach Bedarf ein Bild-, ein Tabellen- oder ein Formelverzeichnis sein. Dazu klicken Sie auf das obere rechte Symbol in der Gruppe *Beschriftungen*. Das vom Inhaltsver-

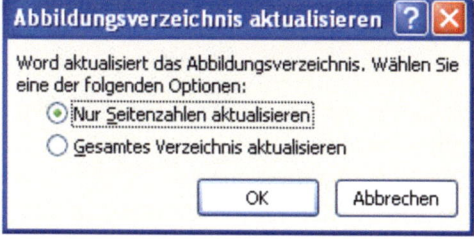

zeichnis her bereits bekannte Arbeitsfenster wird geöffnet, es heißt hier Abbildungsverzeichnis. Word erstellt das entsprechende Verzeichnis nach dem Muster des Inhaltsverzeichnisses. Das heißt, Sie legen fest, ob und wie die Seitenzahlen dargestellt werden und wählen die gewünschte Vorlage. Über das rechte mittlere Symbol der Gruppe *Beschriftungen* können Sie ein bereits vorhandene

Abbildungsverzeichnis aktualisieren. Dabei ist auswählbar, ob Sie nur die Seitenzahlen aktualisieren wollen (wenn Bilder verschoben wurden) oder ob das ganze Verzeichnis aktualisiert werden soll. Das bedeutet, Sie können ein Abbildungsverzeichnis bereits erstellen wenn Ihr Dokument noch nicht abgeschlossen ist und noch weitere Bilder/Tabellen/Formeln hinzukommen könnten. Ein Verzeichnis bereits vor Fertigstellung eines Dokuments einzurichten, kann die Übersicht über umfangreichere Arbeiten erleichtern. Mit Word ist dies kein Problem, da alle Verzeichnisse zwischenzeitlich aktualisiert und auf den neuesten Stand gebracht werden können.

2.4.3 Querverweise einfügen und bearbeiten

Ein Querverweis ist ein Verweis von einer Stelle, zum Beispiel eines Buches, auf eine andere, an der weitere Informationen zum gleichen Thema zu finden sind. Das können Textstellen sein oder eine Abbildung, auf die von mehreren Stellen verwiesen wird. Dazu setzen Sie den Cursor an die Position im Text, die den Verweis enthalten soll. Nun klicken Sie in der Gruppe *Beschriftungen* auf das rechte untere Symbol *Querverweis einfügen*. Einen Querverweis können Sie auch über die Registerkarte *Einfügen / Hyperlinks / Querverweis* einfügen. Wie schon oft in Word beschrieben, gibt es für das Aufrufen solcher Funktionen meistens mehrere Möglichkeiten. In beiden Fällen wird das Dialogfenster *Querverweis* aufgerufen.

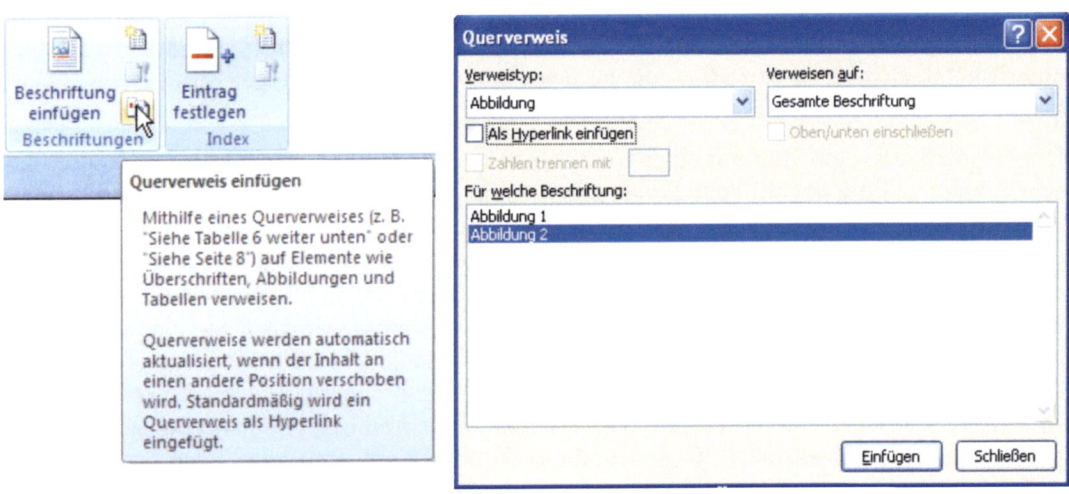

Abbildung 14: Einfügen eines Querverweises

Um den Querverweis auf eine Abbildung zu setzen, wählen Sie unter Verweistyp *Abbildung* und, wenn die Bildunterschrift mit eingesetzt werden soll, *Gesamte Beschriftung*. Voraussetzung dafür ist, dass Sie die Bildunterschriften über die Funktion Beschriftung eingetragen haben. Dann sehen Sie in der Querverweis-Dialogbox die vorhandenen Abbildungen. Markieren Sie die gewünschte Abbildung klicken auf *Einfügen*. Word trägt nun den Verweis an der Cursorposition ein. Wollen Sie zusätzlich noch die Seitennummer eintragen, schließen Sie den Querverweisdialog nicht, wählen *Seitenzahl* und markieren das Kästchen *oben/unten einschließen.* Ist diese Funktion markiert, setzt Word das Wort Seite vor die Seitenzahl. Befindet sich die Abbildung auf der gleichen Seite, trägt Word anstatt der Seitenzahl *oben* oder *unten* ein, je nachdem ob sich die Abbildung oberhalb oder unterhalb der Verweisposition befindet. Neben Querverweisen auf *Abbildungen* können Sie Querverweise auf *nummerierte Elemente, Textmarken, Überschriften, Fußnoten, Endnoten, Formeln oder Tabellen* setzen

Da es sich bei den Querverweisen, wie auch den Beschriftungen um *Feldfunktionen* handelt, kann Word die aktuellen Hinweise nach Bedarf korrigieren, wenn sich in der Reihenfolge oder bei den Seitenzahlen etwas ändert. Eine Aktualisierungsfunktion speziell für die Querverweise stellt Word nicht zur Verfügung, Das Programm aktualisiert diese Einträge jedoch automatisch bevor ein Dokument gedruckt wird. Sie können aber auch während der Arbeit Ihre *Querverweise* aktualisieren indem Sie einen Verweis, alle Verweise oder das gesamte Dokument markieren und dann *F9* drücken. Sie können auch im *Kontextmenü* (rechte Maus- oder Kontextmenütaste) die Funktion *Felder aktualisieren* benutzen. In diesem Fall werden nicht nur die Querverweise sondern alle von Ihnen genutzten Felder aktualisiert.

2.4.4 Indexeinträge einfügen und bearbeiten

In einem Index sind Begriffe und Themen eines Dokuments mit den dazugehörigen Seitenzahlen zusammengefasst. Um einen Begriff in den Index aufzunehmen, das können einzelne Wörter, Wortgruppen oder Ausdrücke sein, wird der Text markiert und dann in der Gruppe Index auf die Schaltfläche *Eintrag festlegen* (Abbildung 15, linkes Bild) geklickt.

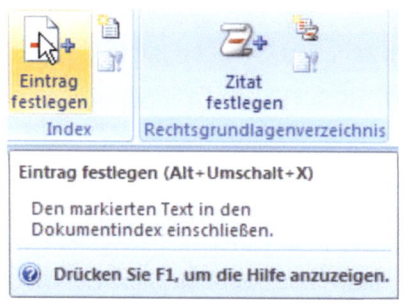
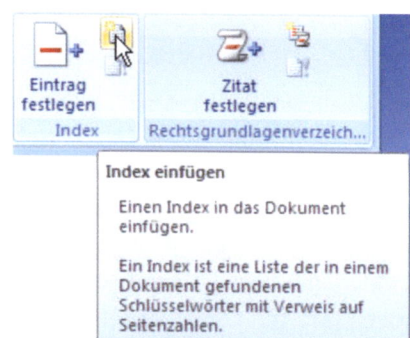

Abbildung 15: Einen Dokumentenindex erstellen

In der Dialogbox *Indexeintrag festlegen* ist der markierte Text unter *Haupteintrag* bereits eingetragen. Sie legen nun das Seitenzahlen-Format fest und ob im Indexverzeichnis die aktuelle Seite des Eintrags, ein Querverweis oder der Verweis auf eine Textmarke stehen soll. Außerdem können Sie noch Untereinträge festlegen. Das Dialogfenster *Indexeintrag festlegen* bleibt für weitere Einträge geöffnet. Sie können also in einem Arbeitsgang mehrere Einträge markieren und in den Index aufnehmen. Word sammelt die Einträge, sie stehen später für das Indexverzeichnis zur Verfügung. Mit einem Klick auf die Schaltfläche *Index einfügen* (Abbildung 15, rechtes Bild) wird die Dialogbox *Index* für die Formatierung des Verzeichnisses geöffnet.

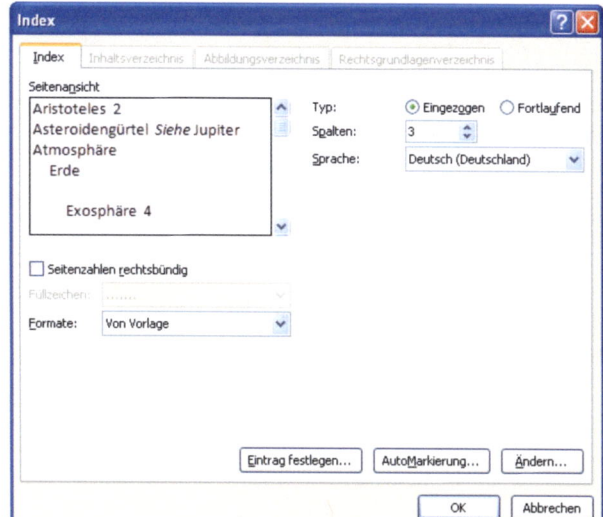

Dieses Dialogfenster ähnelt dem des Inhaltsverzeichnisses. Es gibt verschiedene Möglichkeiten der Darstellung des Index: Ein- oder mehrspaltig, rechtsbündige Seitenzahlen mit oder ohne Füllzeichen usw.

Über die Schaltfläche *Ändern / Formatvorlage* können Sie ein anderes Format auswählen, hier wiederum über *Ändern* die hinlänglich bekannte Dialogbox zum Ändern von Absatz- oder Zeichenformatvorlagen auswählen und weitere Formatänderungen vornehmen. In der Regel reichen jedoch die in der Index-Auswahlbox angebotenen Formate völlig aus.

Abbildung 16: Festlegen des Formates für den Index

Mit einem Klick auf OK wird der Index an der gewünschten Position in Ihr Dokument eingefügt. Das in Abbildung 16 festgelegte Format erzeugt den folgenden Index:

Index		
Auswahl **1**	Formatierung **3**	Schnellformatvorlagen-Katalog **8**
Designelemente **8**	Kataloge Elemente **9**	Seitenlayout **3**
Dokumentbausteine **9**	Layout **3**	
Format **3**	Registerkarte **3, 8**	

Sie können die Indexeinträge während des Schreibens markieren und als Index festlegen oder
später mehrere zusammen, zum Beispiel für jedes Kapitel extra. Word sammelt alle Einträge
und sortiert sie vor dem Eintrag alphabetisch. Bei umfangreichen Dokumenten können Sie ein
Format wählen, das die Einträge nach den Anfangsbuchstaben in Gruppen zusammenfasst.

Über die Schaltfläche Aktualisieren, rechte untere Schaltfläche in der Gruppe Index, wird ein
bereits vorhandener Index auf den aktuellen Stand gebracht, die Seitennummern aktualisiert
und die alphabetische Reihenfolge korrigiert.

Wenn Sie Text markieren und als Indexeintrag festlegen, wird in Word ein spezielles *XE* (Indexeintrag)-Feld hinzugefügt, das den festgelegten Haupteintrag sowie ausgewählte Querver-
weisinformationen enthält. Im Text erscheint der von Ihnen markierte Begriff mit einem da-
vorgesetzten *XE* für *Index* und in geschweifte Klammern eingeschlossen. Das alles sind
„Nichtdruckbare", also Steuerzeichen, Word schaltet deshalb automatisch auf die Anzeige der
Steuerzeichen um.

neue·{·XE·"Designelemente"·\b·}{·XE·"Registerkarte"·\b·}·auf·der·
it'·aus,·um·das·generelle·Layout·des·Dokuments·zu·ändern.·Verw

Wenn Sie diese Anzeige in der Registerkarte *Start*, Schaltfläche ¶ ausschalten, erhält der Text
wieder sein normales Aussehen und Sie können die Indexeinträge nicht mehr erkennen. Um
zu sehen, welche Indexeinträge Sie bisher vorgenommen haben, sollten Sie die Anzeige der
Steuerzeichen wieder einschalten. Sie können Word auch nach den Indexeinträgen *XE* suchen
lassen, das funktioniert aber nur wenn die Steuerzeichen eingeschaltet sind.

Anmerkung: In einem Dokument mit vielen Bildern, wie diese Anleitung, bereitet die automatische Anzeige der Index-Felder einige Probleme. Um solchem Dokument
ein professionelles Aussehen zu geben, muss auf sinnvolle Zeilen- und Seitenumbrüche geachtet werden. Die eingesetzten Feldinhalte verschieben Text und
Bilder ungewollt. Nicht immer ist nach dem Ausblenden der Steuerzeichen alles wieder an seinem Platz.

Übung 3: Erzeugen Sie aus dem Microsoft-Text ein Indexverzeichnis mit beliebigen Begriffen und drei Spalten. Als Format wird vorgegeben: *Von Vorlage, Seitenzahlen rechtsbündig*
und *Füllzeichen*.

3. Registerkarte Sendungen - Seriendruckfunktion

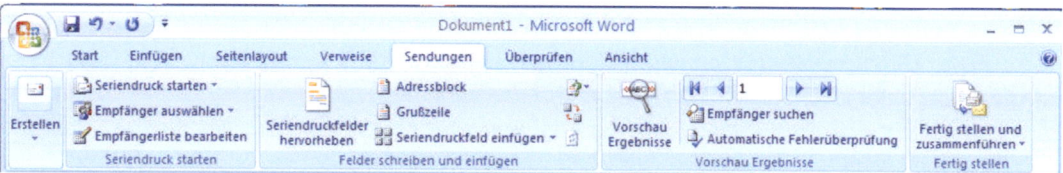

Die Seriendruckfunktion ist für Anwender gedacht, die oft Briefe oder andere Dokumente mit gleichlautendem Inhalt an verschiedene Adressen verschicken möchten. Dazu schreiben Sie den Brief nur einmal und speicher ihn auch nur einmal ab. Die Vervielfältigung geschieht beim Drucken. Hierbei wird für jede in einer Adressdatei vorhandenen Adresse ein Brief mit der entsprechenden Anschrift ausgefertigt. Ein ähnliches Prinzip gilt beim Drucken von Briefumschlägen und Adressaufklebern. In der Registerkarte Sendungen finden Sie alle Werkzeuge, die für den Seriendruck benötigt werden. Unter Seriendruck ist „das automatische Zuordnen verschiedener Anschriften zu einem Dokument" zu verstehen.

Um Seriendokumente zu drucken sind zwei Arbeitsgänge und zwei Dateien erforderlich. Da ist einerseits das Hauptdokument (zum Beispiel Ihr Brief) zu schreiben und andererseits eine Datenquelle (Datenbank, Adressdatei) anzulegen. Als Adressdatei kann auch die Outlook-Kontaktdatei genutzt werden.

Das Hauptdokument enthält den Text, der an verschiedene Adressen verschickt werden soll und für alle Ausdrucke gleich bleibt, außerdem Seriendruckfelder, in die der Feldinhalt aus einer Datenquelle beim Drucken automatisch eingetragen wird. Seriendruckfelder sind also Platzhalter für variable Inhalte, beispielsweise die Anschrift oder die Anrede. Die Datenquelle beinhaltet diese variablen Elemente für die Seriendruckfelder. Um Seriendokumente zu drucken müssen beide Dateien (Hauptdokument und Datenquelle) zusammengeführt werden.

3.1 Adressdateien anlegen und nutzen

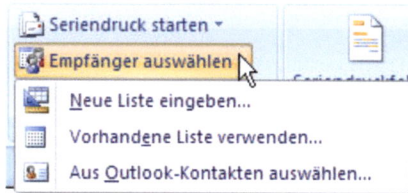

Es gibt mehrere Möglichkeiten, Adressen für den Seriendruck aufzubereiten. Um die Anschriften für den Seriendruck auszuwählen gehen Sie folgendermaßen vor: In der Gruppe *Seriendruck starten* gehen Sie auf die Schaltfläche *Empfänger auswählen*. Hier werden drei Möglichkeiten angezeigt:

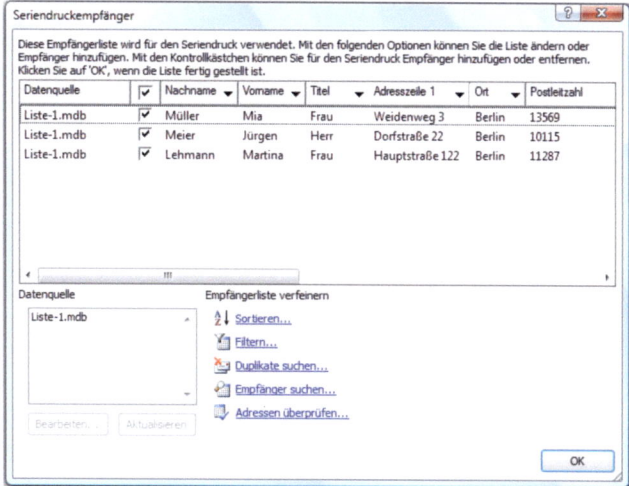

Abbildung 17: Liste der Seriendruckempfänger

Neue Liste eingeben...,
Vorhandene Liste verwenden... und
Outlook-Kontaktdaten auswählen...

Um eine Neue Liste zu erzeugen wählen Sie *Neue Liste eingeben...,* es öffnet sich ein Dialogfenster, das wie eine Tabelle strukturiert ist. In der Kopfzeile sind die Feldnamen (Spaltenbezeichnungen) eingetragen, zum Beispiel, Name, Vorname, Adresszeile usw. Hier tragen Sie zeilenweise die Namen, Anschriften und weitere Inhalte für die Empfänger ein. Nicht benötigte Spalten werden frei gelassen.

Sind alle Adressen eingetippt, drücken Sie auf OK. Die Dialogbox *Adressliste speichern* wird geöffnet und Sie vergeben einen Namen für diese Liste. Mit einem Klick auf OK steht die erzeugte Liste nun unter *Vorhandene Liste verwenden* im Ordner *Arbeitsplatz / Eigene Dateien / Eigene Datenquellen* (Windows XP) für die weitere Arbeit bereit. Unter Windows Vista ist die Liste unter *Computer / C: / Benutzer / Dokumente / Eigene Datenquellen* zu finden. Eine einmal erstellte Adressliste kann im Dialogfenster *Empfängerliste bearbeiten* geändert oder erweitert werden. Sie können Adressen hinzufügen oder löschen. In diesem Dialogfenster können auch andere Datenquellen ausgewählt werden.

3.2 Seriendruck starten

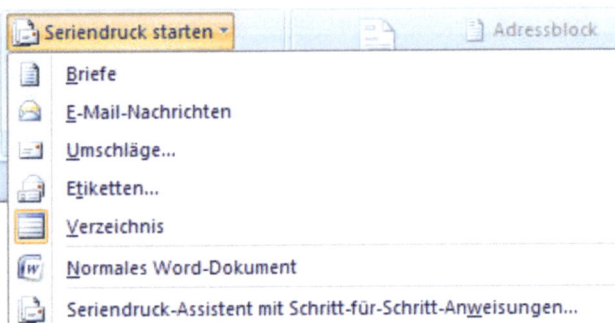

Nachdem die Datenbank- bzw. Adressdateien angelegt ist, können Sie diese für die verschiedenen Arten von Seriendokumenten nutzen. Mit einem Klick auf die Funktion *Seriendruck starten* wird ein Auswahlfenster geöffnet. Hier wählen Sie das gewünschte Dokument aus, also Briefe, Umschläge, Etiketten oder andere.

Wenn Sie zum ersten Mal mit der Seriendruckfunktion arbeiten und konkrete Hilfestellung brauchen, ist die Nutzung des Seriendruckassistenten sinnvoll. Sie finden ihn in der unteren Zeile des Fensters *Seriendruck starten*. Wenn Sie diese Funktion anklicken, wird im rechten Teil der Dokumentansicht eine Schritt-für-Schritt-Anleitung eingeblendet.

3.2.1 Serienbriefe versenden

Schreiben Sie nun Ihren Text, der als Seriendokument verschickt werden soll. Wenn es sich um einen Brief handelt, in den die Adresse der Empfänger eingedruckt werden soll, setzten Sie den Cursor an die gewünschte Position und klicken in der Gruppe *Felder schreiben und einfügen* entweder auf *Adressblock* oder auf *Seriendruckfelder*.

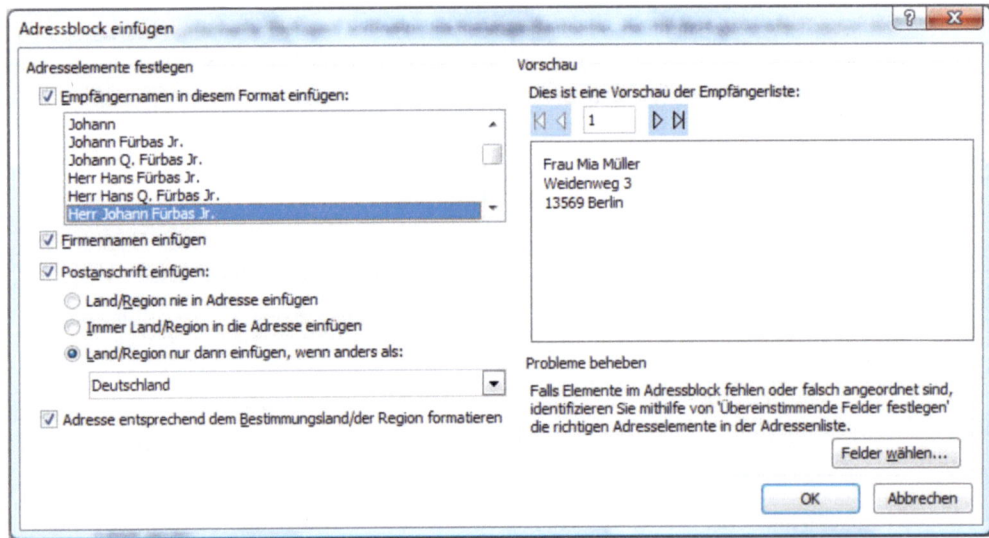

Haben Sie Adressblock gewählt, wird das Fenster *Adressblock einfügen* geöffnet. Hier können Sie festlegen, welche Felder eingefügt und in welchem Format die Empfängernamen gedruckt werden sollen. Außerdem können Sie sich im rechten Fensterteil die Empfängerliste anzeigen

lassen und mit Klicks auf die Pfeile durch die Liste blättern. Der gesamte Adressblock wird, so wie im Dialogfenster *Adressblock einfügen* auf der rechten Seite angezeigt, an der Cursorposition eingefügt.

Haben Sie *Seriendruckfelder* gewählt, müssen die Felder einzeln positioniert werden. Dabei ist zu beachten, dass bei nebeneinander liegenden Feldern, zum Beispiel Vorname und Name, ein Leerraum eingefügt werden muss. Word setzt die Abstände in diesem Fall nicht automatisch. Außerdem sind die Zeilenumbrüche zu setzen. Felder werden immer in typografische (französische) Anführungszeichen « » gesetzt, dadurch sind sie vom Klartext zu unterscheiden.

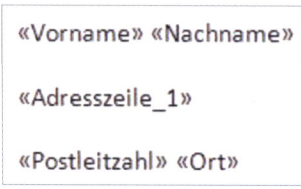

Wenn Sie in Ihrem Brief die entsprechenden Felder eingesetzt haben, hat das Anschriftenfeld das Aussehen wie im Bild links gezeigt.

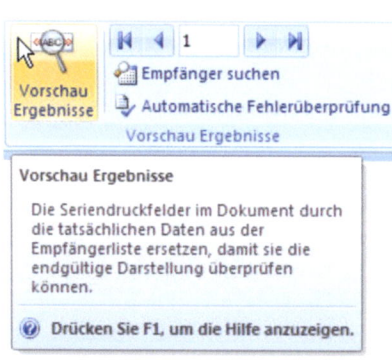

Um zu testen, ob die Adressen beim Drucken auch Ihren Wünschen entsprechend eingetragen werden, klicken Sie in der Gruppe *Vorschau Ergebnisse* auf die gleichnamige Schaltfläche. In der oberen Zeile des Vorschaudialogs sehen Sie die laufende Nummer der Adresse aus der Adressliste. Ein Klick auf die Pfeile rechts oder links davon zählt die Adressliste hinauf oder herunter und im Dokument wird anstelle der Feldnamen die jeweilige Adresse in Klarschrift angezeigt:

Die Auswahl, welche Anschriften aus der aktuellen Adressliste benutzt werden sollen treffen Sie in der Liste *Seriendruckempfänger* (Abbildung 17). Dort kann durch Einfügen oder Entfernen der Häkchen vor den Datensätzen eine Auswahl getroffen werden.

Neben den Anschriften können in Ihren Brief auch *Grußzeilen* automatisch eingesetzt werden. Unter Grußzeile ist hier die Anrede zu verstehen. Dazu nutzen Sie die Schaltfläche Grußzeile aus der Gruppe *Felder schreiben und einfügen*. Dieses Dialogfenster nutzt die Adressdatei, wenn die Anrede personenbezogen eingetragen werden soll. Word setzt automatisch die richtige Anrede für Herr und Frau und den entsprechenden Namen ein. Es kann aber auch die

neutrale Anrede „Sehr geehrte Damen und Herren" gewählt werden. Über die Zeile *Format für Grußzeile* können verschiedene Formen der Anrede ausgewählt werden.

Wenn alle Aktivitäten für das Drucken von Serienbriefen abgearbeitet sind, also der Brief geschrieben und eine Adressdatei vorbereitet wurde, dann müssen diese Dateien für den Druck zusammengeführt werden. Dazu kli-

cken Sie in der Gruppe Fertigstellen auf die zugeordnete Funktion. Im Auswahlmenü wählen
Sie *Dokumente drucken....*

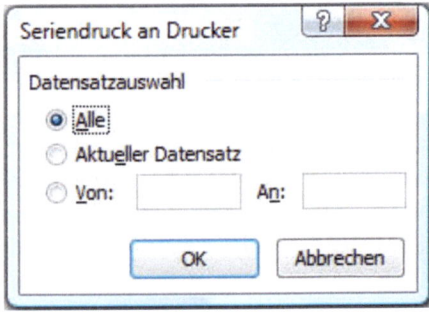
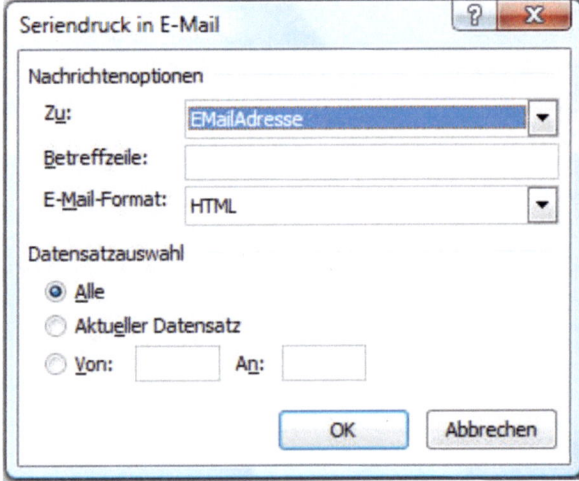

Im nächsten Fenster wählen Sie *Alle* und gelangen mit OK in Ihr Druckerfenster. Hier nehmen Sie die üblichen Einstellungen vor und Word druckt nun Ihren Brief mit so vielen
Exemplaren wie Adressen in der Adressdatei aktiviert sind..

Ebenso können Sie Serien-E-Mails verschicken. Word benutzt dazu die in den Adressdateien
eingetragenen E-Mail-Adressen. Wenn nicht alle vorhandenen E-Mail-Empfänger ange-
schrieben werden sollen, ist vorher eine entsprechende Auswahl zu treffen.

3.2.2 Briefumschläge, Etiketten und Verzeichnisse drucken

Neben Serienbriefen können auch Briefumschläge und Etiketten sowie Verzeichnisse gedruckt werden. Das Drucken von Briefumschlägen und Etiketten eignet sich für Dokumente,
die nicht als Brief gestaltet sind - also ohne Anschriftenfeld im Dokument und ohne Anrede.
In diesen Fällen ist es einfacher, die vorhandenen Adressen auf Umschläge oder Etiketten zu
drucken.

Um Umschläge oder Etiketten drucken, gibt es zwei Wege:
1. Gruppe *Erstellen / Umschläge* oder *Beschriftungen* (Beschriftungen = Etikettendruck)
2. Gruppe *Seriendruck starten / Seriendruck starten / Etiketten...* oder *Umschläge...*

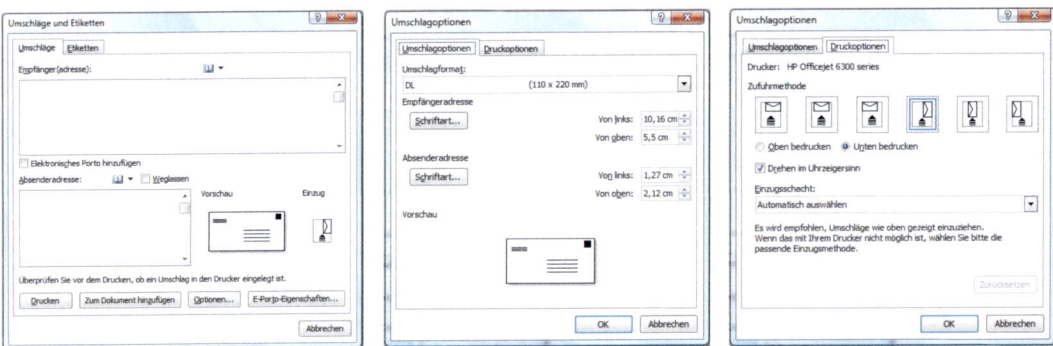

Abbildung 18: Die Dialogfenster zum Drucken von Briefumschlägen

Im ersten Fall wird ein Dialogfenster geöffnet, in dem Umschläge oder Etiketten ausgewählt
werden können. Im Fenster Umschläge erreichen Sie mit einem Klick auf Optionen die Auswahlfenster für die Schriftart und das Druckformat.

Im zweiten Fall erreichen Sie die Dialogfenster für das Drucken von Umschlägen aus Abbildung 18 auf direktem Weg, ebenso den Etikettendialog.

Das Verfahren für den Etikettendruck ist ähnlich und entspricht im Wesentlichen dem Druck von Briefumschlägen. Sie können auswählen, wie viele Etiketten auf eine Seite gedruckt werden sollen und in welcher Form. Dies hängt davon ab, welche Art von Etiketten Sie benutzen. Auf den Etikettenverpackungen sind Format, Art und Größe der Etiketten vermerkt. Wenn Sie also Etiketten kaufen, sollten sie zuvor sicherstellen, dass Word diesen Etikettenhersteller unterstützt. Einer der bekanntesten ist Avery Zweckform. Von Zweckform gibt es ein umfangreiches Angebot verschiedener Etikettenarten, damit sind Sie auf der sicheren Seite. Bei anderen Herstellern ist die Wordunterstützung vor dem Kauf zu prüfen.

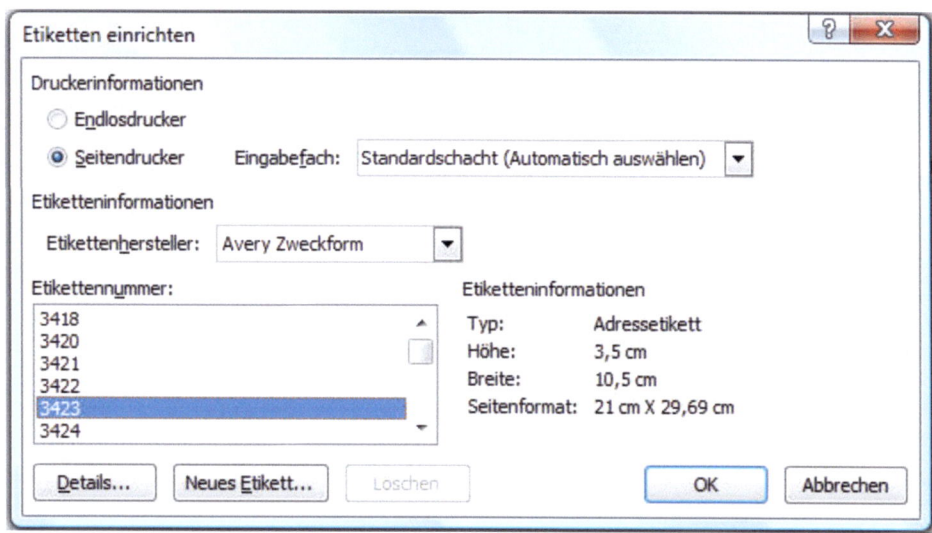

Abbildung 19: Auswahl eines Etikettenformates

Über die Schaltfläche *Details* können Sie sich die Maße und Abstände der Etiketten anzeigen lassen und, falls die Ausdrucke nicht exakt, sind notfalls korrigieren. Ob die Ausdrucke genau den Etikettenmaßen entsprechen, hängt auch vom eingesetzten Drucker ab. Viele Drucker können nicht bis zum Papierrand drucken oder lassen einen zu breiten Rand unbedruckt. Auf jeden Fall sollte vor dem Druck auf die teuren Etikettenblätter ein Probedruck auf einer normalen Seite vorgenommen werden. Wenn Sie beide Blätter übereinanderlegen (ein leeres Etikettenblatt hinter die Probeseite) und das Ganze gegen das Licht halten, können Sie sehen, ob die Einträge mit den Etikettenvordrucken übereinstimmen. Vielen Etikettenpackungen liegt auch eine Seite bei, auf der die Etikettenumrisse eingezeichnet sind. Diese eignen sich sehr gut für die Kontrolle der Probedrucke.

In der Gruppe *Seriendruck starten* steht eine weitere praktische Funktion zur Verfügung, *Verzeichnis drucken*. Dieses Werkzeug leistet gute Dienste, wenn Sie beispielsweise Namen, Anschriften und Telefonnummern aus einer Adressdatei als Liste ausdrucken wollen. Das funktioniert nach dem gleichen Prinzip wie bei den anderen Seriendrucken:
Gruppe *Seriendruck starten* / Schaltfläche *Seriendruck starten / Verzeichnis*. Dann öffnen Sie eine Datenquelle. Im Hauptdokument, das die Liste enthalten soll, fügen Sie über die Schaltfläche *Seriendruckfelder einfügen* in einer Zeile die gewünschten Platzhalter einzeln ein und schließen mit einem *Return* ab. Das ist wichtig, sonst schreibt Word den Inhalt aller Zeilen einfach nebeneinander. Wenn Sie die Vorschau einschalten, wird jeweils eine Zeile der Liste angezeigt, der Ausdruck erfolgt jedoch als vollständige Liste. Um zu drucken müssen Sie über die Schaltfläche *Fertigstellen und zusammenführen* die Schaltfläche *einzelne Dokumente bearbeiten* wählen und das Fenster *Seriendokument drucken* mit OK abschließen. Das Doku-

ment wird angezeigt, jedoch nicht gleich gedruckt, weil in der Regel noch Korrekturen vorgenommen werden müssen. Dazu gehört das Einfügen von Abständen durch Leerzeichen, Kommata oder Tabulatoren. Diese Trennungen sind auch schon beim Einfügen der Seriendruckfelder möglich. Da die Breite der einzelnen Spalten aber von der Länge der Einträge abhängt, ist es sinnvoll diese Formatierungen erst in der fertigen Liste vorzunehmen. Dieses über die Verzeichnisfunktion erzeugte Dokument ist ein ganz normales Word-Dokument, mit dem wie mit anderen Textdokumenten auch, gearbeitet werden kann.

Der Unterschied zu anderen Worddokumenten besteht lediglich darin, dass in der Word-Kopfzeile nicht *Dokument1...* angezeigt wird, *sondern Verzeichnis1...*

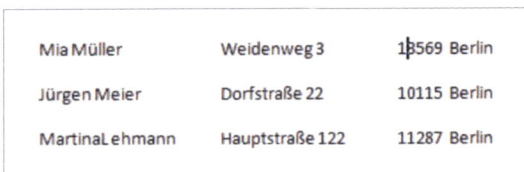

Sie können die erzeugte Liste in Ihren Text integrieren, mit Überschriften versehen oder auch anderweitig formatieren. Nachdem Sie die Liste entsprechend bearbeitet haben, kann sie wie gewohnt gespeichert und gedruckt werden.

Übung 4

a) Erzeugen Sie eine Adressdatei mit mindestens 5 Namen.
   Nutzen Sie dazu die Felder Titel (Anrede), Name, Vorname, Adresszeile-1, Ort, Postleitzahl und Telefonnummer.

b) Erstellen Sie aus diesen Adressen ein Verzeichnis.

c) Schreiben Sie einen Brief mit beliebigem Text und setzen in das Anschriftenfeld die erforderlichen Seriendruckfelder einzeln ein.
   Setzen Sie die Grußzeile ein
   Überprüfen Sie die Einträge mit Hilfe der Vorschaufunktion.

Haben Sie für Ihren Serienbrief reale Daten verwendet und wollen ihn versenden, können Sie die Briefe auch ausdrucken. Für die Übung ist dies nicht erforderlich.

4. Registerkarten Überprüfen/Ansicht/Add-Ins

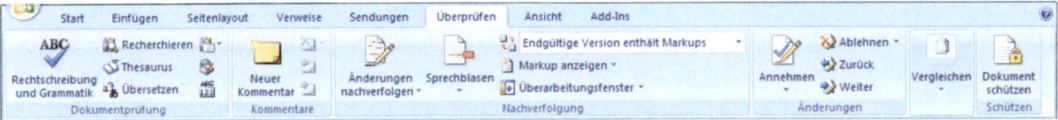

Überprüfen: In der Registerkarte *Überprüfen* sind alle Werkzeuge zusammengefasst, die für Dokumentprüfungen und -korrekturen benötigt werden. Neben Rechtschreibprüfung, Grammatik und Thesaurus finden Sie hier Schaltflächen für die Verfolgung von Änderungen und Korrekturen sowie die Handhabung von Kommentaren zu den Änderungen. Diese Funktionen sind hilfreich, wenn andere Personen Ihr Dokument Korrektur lesen und Ihnen Hinweise zu Änderungen oder zu Fehlern geben. Auf diese Weise können mehrere Personen an einem Dokument arbeiten. Für die Kennzeichnung von Änderungen und Korrekturen (Textauszeichnungen) wird der Begriff Markup verwendet. Dieser Begriff stammt ursprünglich aus dem Bleisatz. Damit wurden dem Setzer Anweisungen für den Satz gegeben.

Auf der rechten Seite des Dokuments befindet sich der Markup-Bereich. Wird über die Gruppe Kommentare / Neuer Kommentar ein neuer Kommentar eingefügt, öffnet Word im Markup-Bereich ein Kommentarfeld. Zuvor markierte Bereiche sind pinkfarben unterlegt.

Gestrichelte Linien führen zum Kommentarfeld. Hier werden die Kommentare zu den markierten Textpassagen eingegeben. Die laufenden Nummern dieser Kommentare vergibt Word automatisch, deshalb ist das Ändern, Einfügen und Löschen jederzeit möglich. Die Nummerierung wird nach jeder Einfügung neu sortiert. Die Kommentare sind frei editierbar.

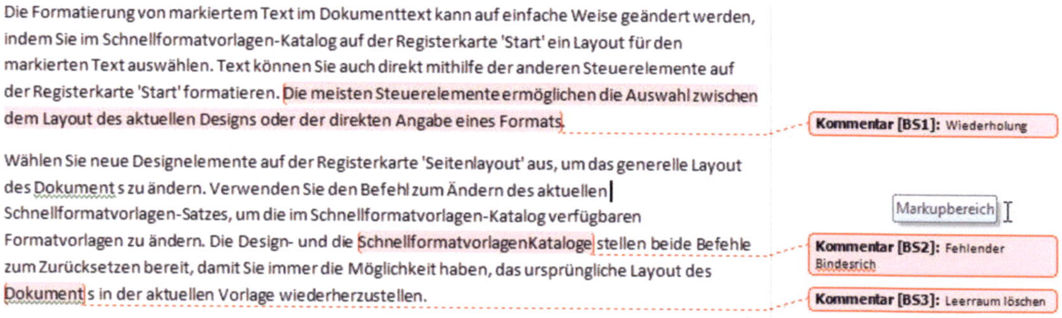

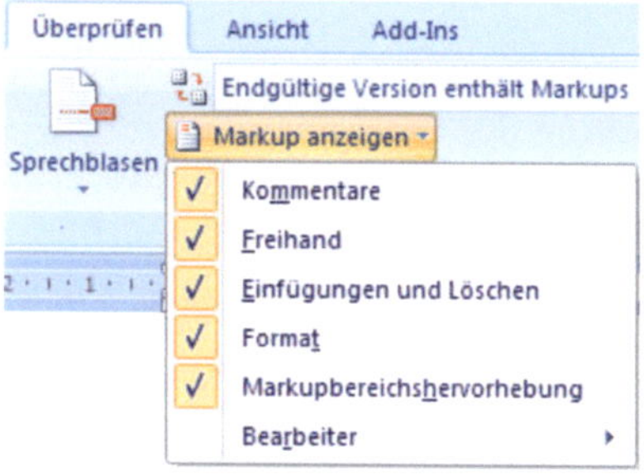

In der Gruppe Nachverfolgung legen Sie fest, welche Markups angezeigt werden sollen. Wenn Sie das Häkchen vor Kommentare entfernen, wird der Markupbereich geschlossen und sie sehen Ihr Dokument ohne Markierungen. Hier wird nur die Ansicht geändert, die Kommentare sind weiterhin vorhanden solange sie nicht gelöscht werden. Mit dem Setzen des Häkchens werden die Kommentare und Markierungen wieder angezeigt.

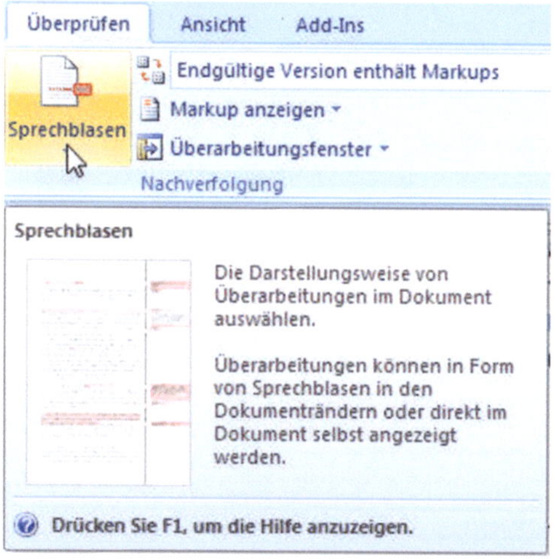

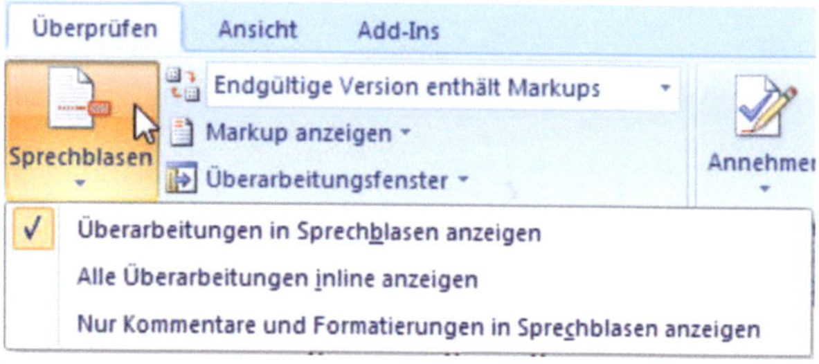

Über die Schaltfläche *Sprechblasen legen Sie das* Format der Kommentare und der Änderungen fest. Wenn das Feld *Alle Überarbeitungen inline anzeigen* markiert ist, wird der Markupbereich ausgeblendet und die laufende Nummerierung der Kommentare am markierten Text angezeigt.

Ansicht: Die *Registerkarte Ansicht* entspricht dem *Menü Ansicht* anderer Textprogramme. Die verschiedenen Ansichten haben keine Auswirkung auf Ihr Dokument, dieses wird lediglich in verschiedenen Varianten auf dem Desktop angezeigt.

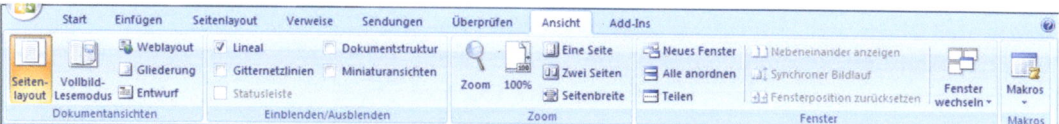

Add-Ins ist die letzte Registerkarte in der Reihe. Add-Ins sind Programmerweiterungen. Einige bringt Word mit, andere werden zusätzlich installiert. Bekannte zusätzliche Add-Ins sind z.B. *PDF-Koverter* und das Screenshot-Programm *SnagIt*. Werden solche Programme installiert, bindet Word sie automatisch als *Add-In* ein und zeigt dies in der Registerkarte an.

Lösungen

Übung 1a

Der Text und die formatierten Überschriften haben etwa folgendes Aussehen:

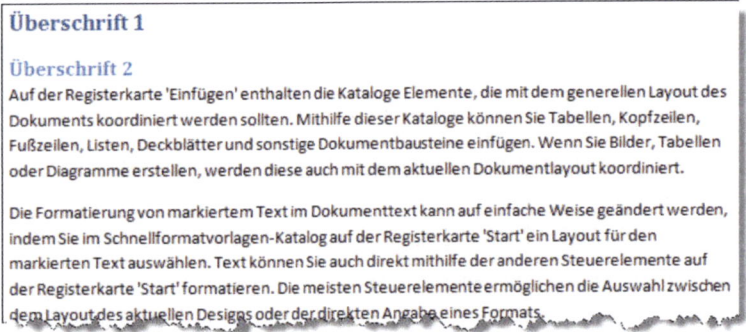

Übung 1b

Wechseln Sie nun auf die Registerkarte Verweise und klicken in der Gruppe *Inhaltsverzeichnis* auf die Schaltfläche *Inhaltsverzeichnis*. Die angebotenen Tabellen für das Inhaltsverzeichnis (linkes Bild) lassen Sie außer acht und klicken im unteren Bereich auf die Schaltfläche *Inhaltsverzeichnis einfügen...* Die im rechten Bild angezeigten Standardeinstellungen ändern Sie nicht. Ist hier etwas anderes eingestellt, bitte korrigieren.

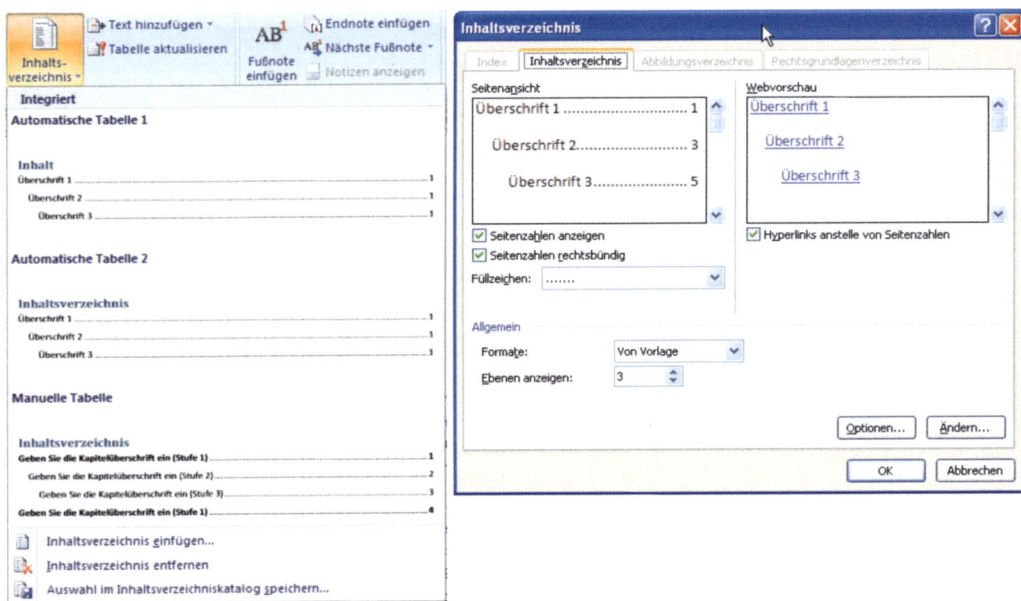

Klicken Sie auf die Schaltfläche Optionen im oberen rechten Bild, das Dialogfenster Optionen für Inhaltsverzeichnis öffnet sich. Haben Sie andere Formate für Ihre Überschriften gewählt, müssen Sie im Bereich *Inhaltsverzeichnisebene* die Hierarchie festlegen. Wenn Sie den Rollbalken rechts mit der Maus nach unten ziehen, sehen Sie alle im Dokument festgelegten Formate. Da Sie lt. Aufgabenstellung Ihre Überschriften mit den Überschriftformaten *Überschrift 1, 2, 3* versehen haben, brauchen Sie hier nichts zu ändern.

Übung 1c

Nachdem Sie noch eine Überschrift für Ihr Inhaltsverzeichnis festgelegt haben, klicken Sie auf OK und dann im Inhaltsverzeichnisfenster auf OK. Das von ihnen auf die oben beschriebene Art erzeugte Inhaltsverzeichnis könnte folgendes Aussehen haben:

Übung 2

Sie können ein Literaturverzeichnis unabhängig von einem Dokument erstellen. Dazu öffnen Sie den *Quellenmanager* aus der Registerkarte *Verweise / Gruppe Zitate und Literaturverzeichnis / Quellen verwalten*. Die Formatvorlage APA ist voreingestellt. Sollte dies nicht der Fall sein, muss sie unter *Formatvorlage* aus der Gruppe *Zitate und Literaturverzeichnis* eingestellt werden.

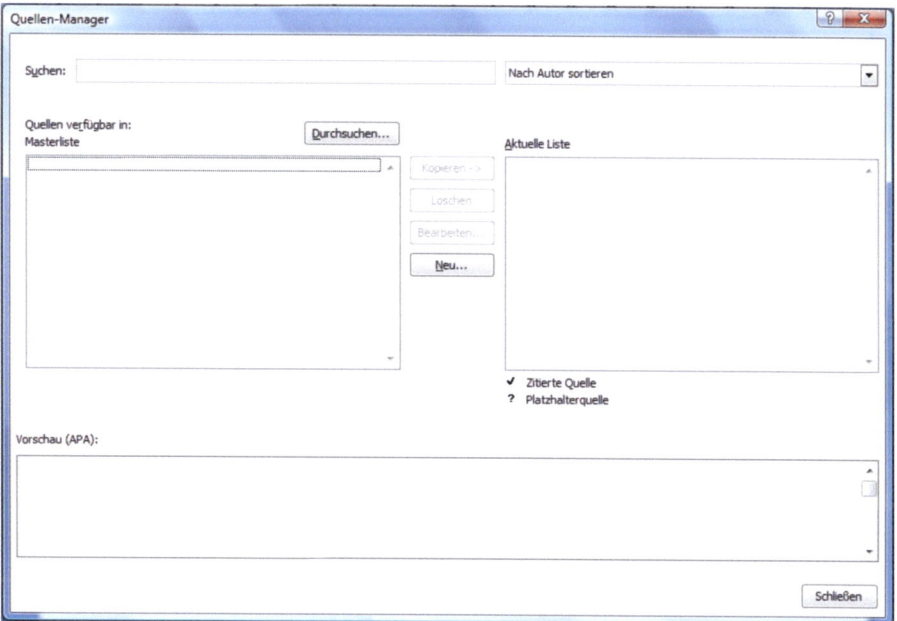

Im *Quellenmanager* klicken Sie auf *Neu...*

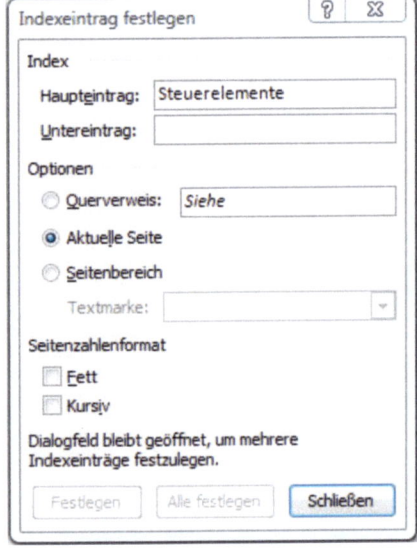

Im Quellenformular *(Quelle erstellen)* tragen Sie alle Informationen für jeweils eine Literaturstelle ein und klicken OK. Die von Ihnen eingegebenen Literaturstellen werden in der Masterliste und in der aktuellen Liste angezeigt. Nacheinander tragen Sie so die einzelnen Quellen ein. Dann klicken Sie auf Literaturverzeichnis und das Verzeichnis wird an der Cursorposition eingesetzt.

In jedem neuen Dokument stehen Ihnen nun die einmal eingetragenen Quellen in der Masterliste zur Verfügung.

Übung 3

Schritt 1: Markieren Sie das Schlagwort und klicken in der Gruppe *Index* auf *Index einfügen*.

Klicken Sie einmal in das Feld Haupteintrag. Der markierte Text wird angezeigt. Klicken Sie auf *Festlegen*. Markieren Sie nacheinander weitere Worte oder Textstellen, klicken jeweils in das Feld *Haupteintrag* (erst dann erscheint der aktuell markierte Text in diesem Feld) und dann auf *Festlegen*. Sind alle Einträge fertiggestellt, können Sie das Eingabefenster schließen.

Schritt 2: Um den Index fertig zu stellen, klicken Sie nun in der Gruppe Index auf *Index einfügen*.

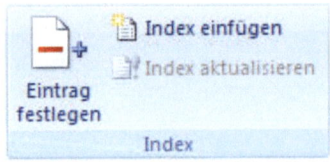

Der Dialog Index wird geöffnet, hier legen Sie abweichend vom Standard folgendes fest: Spaltenanzahl = 3, Seitenzahlen rechtsbündig, Füllzeichen .... Ein dreispaltiges Indexverzeichnis mit diesen Einstellungen im Standardformat *Vorlage* hat dann folgendes Aussehen:

Übung 4

4a) Klicken Sie in der Registerkarte *Sendungen* / Gruppe *Seriendruck starten* auf die Schaltfläche *Empfänger auswählen* und hier auf *Neue Liste eingeben*. Im Formular *Neue Adressliste* füllen Sie nacheinander die entsprechenden Felder aus. Um horizontal von einem Feld zum anderen zu springen, benutzten Sie die Tabulatortaste oder setzen den Mauscursor in das entsprechende Feld. Ein neuer Datensatz wird durch einen Klick auf die Schaltfläche *Neuer Eintrag* angelegt.

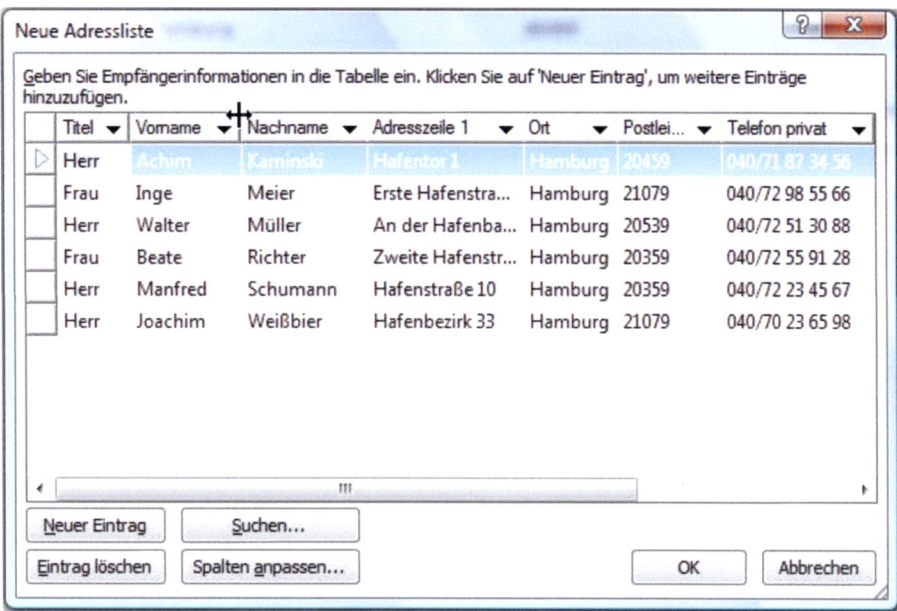

Um die einzelnen Spalten auf der Abbildung zur besseren Übersicht zusammenzuschieben, gehen sie mit dem Cursor auf die Spaltenbegrenzungen in den Überschriften. Ändert der Cursor sein Aussehen, wie in der Abbildung oben gezeigt, können Sie die Spalten mit der Maus nach Belieben vergrößern, verkleinern oder übereinanderschieben.

Ist die Liste abgeschlossen, klicken Sie auf OK, vergeben einen Namen für die Liste und speichern sie unter *Eigene Datenquellen* ab. Dieser Ordner ist voreingestellt.

4b) Wählen Sie *Seriendruck Starten / Verzeichnis*. Rufen Sie über die Schaltfläche *Empfänger auswählen / Vorhandene Liste verwenden / Dokumente / Eigene Datenquellen* die eben erstellte Adressliste mit einem Doppelklick auf.

In Ihrem Hauptdokument tut sich noch nichts! Es gibt auch kein Anzeichen dafür dass die Adressliste zur Verfügung steht. Bitte nicht verunsichern lassen! Klicken Sie nun auf *Seriendruckfeld einfügen*. Aus diesem Menü wählen Sie die benötigten Felder nacheinander aus (alle Felder in einer Zeile) und schließen die Zeile mit einem Return ab. Die Reihenfolge der Felder ist unabhängig von der Reihenfolge in der Adressdatei. Sie kann frei gewählt werden, beispielsweise den Nachnamen vor dem Vornamen, die Postleitzahl vor dem Ort.

Als nächstes klicken Sie auf *Fertigstellen und Zusammenführen* und dann auf *Einzelne Dokumente bearbeiten*. Das Auswahlfenster *Seriendruck in neues Dokument* wird geöffnet. Hier wählen sie aus, welche Datensätze Sie in die Liste übernehmen wollen, entweder alle oder eine Auswahl. Mit einem Klick auf OK wird die Namensliste in Ihr Dokument eingefügt.

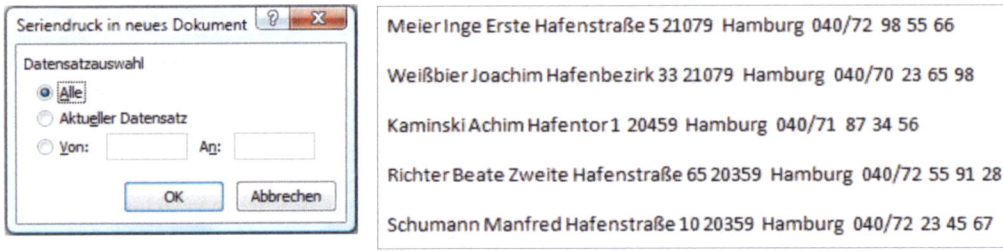

Bereiten Sie diese Liste nun wie im Beispiel unten auf, geben Abstände und Überschriften ein und formatieren die Spaltenüberschriften fett.

Name	**Vorname**	**Straße**	**PLZ Ort**	**Telefonnummer**
Meier	Inge	Erste Hafenstraß 5	21079 Hamburg	040/72 98 55 66
Weißbier	Joachim	Hafenbezirk 33	21079 Hamburg	040/70 23 65 98
Kaminski	Achim	Hafentor 1	20459 Hamburg	040/71 87 34 56
Richter	Beate	Zweite Hafenstraße 65	20359 Hamburg	040/72 55 91 28
Schumann	Manfred	Hafenstraße 10	20359 Hamburg	040/72 23 45 67

4c) Schreiben Sie Ihren Brief und wählen dann *Seriendruck Starten / Briefe.* Setzen Sie den Cursor auf die Anschriftenposition und rufen über die Schaltfläche *Empfänger auswählen / Vorhandene Liste verwenden / Dokumente / Eigene Datenquellen* die Adressliste mit einem Doppelklick auf. Mit Seriendruckfeld einfügen verfahren Sie wie oben beschrieben. Die Positionen der einzelnen Felder werden mittels Leerzeichen und Returns korrigiert. Danach setzten Sie die Grußzeile ein, Verfahren wie oben jedoch statt *Seriendruckfeld* wählen Sie *Grußzeile*.

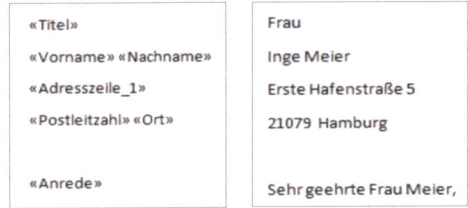

Die Standardeinstellungen im Grußzeilenfenster bleiben unverändert. Nun kontrollieren Sie die Einträge mit Hilfe der Funktion *Vorschau Ergebnisse*. Das Aussehen sollte den nebenstehenden Abbildungen entsprechen. Im Vorschaufenster kann zur Kontrolle durch die Adressen geblättert werden.

Für jeden Datensatz wird die aktuelle Adresse und Anrede an der Cursorposition angezeigt. Die Adresseinträge sollten den oben gezeigten Ausschnitten entsprechen. Die Zeilenabstände werden durch die Standard-Absatzabstände bestimmt.

Nachwort

Die intensive Beschäftigung mit Word 2007 hat gezeigt, dass mit diesem Programm (fast) jedes Dokument gestaltet werden kann. Alle erforderlichen Funktionen sind integriert. Der Umstieg auf die Steuerung über Multifunktionsleisten ist gewöhnungsbedürftig und manchmal ist dieses Verfahren auch lästig. Wer sich mit Word XP und 2003 auskennt, findet aber auch hier die gewünschten Werkzeuge in der bekannten Form. Die rechte Maustaste und die Kontextmenütaste auf der Tastatur funktionieren wie gewohnt.

Als universelles Textprogramm ist Word 2007 für viele Arbeiten geeignet. Jedoch nicht jeder Anwender benötigt diese Vielzahl an Funktionen. Schon Word 2003 war reichlich ausgestattet, die neue Version bringt zusätzliche Tools mit, die die Arbeit erleichtern sollen, das betrifft übrigens auch das Kalkulationsprogramm Excel.

Wer alles dies wirklich benötigt, ist mit Office 2007 gut bedient, zumal es die Grundversion Home und Student bereits für rd. 80 € zu kaufen gibt. Diese Version darf auf drei Computern eines Haushalts installiert werden. Trotz allem sollten Anwender, die viele dieser Funktionen gar nicht benötigen, überlegen, ob sie nicht mit einem einfacheren, überschauberen und leichter erlernbaren Textprogramm besser bedient wären. Anwender, die bisher gut mit Word 2003 gearbeitet haben und keine zusätzlichen Funktionen brauchen, sollten den Umstieg gut überlegen. Zu bedenken ist weiterhin, dass die Vorteile von Office 2007 beim Austausch von Dateien nur dann zum Tragen kommen, wenn auch der Empfänger die Version 2007 installiert ha. Selbst das Speichern aus Word 2007 (*.docx) in das Word-2003-Format (*.doc) funktioniert nicht immer problemlos.

Ein großer Vorteil von Word 2007 ist die geringere Größe der Dateien gegenüber den Vorgängern. Unter Office 2007 werden Dateien automatisch komprimiert. Aus Word 2007 gespeicherte Dateien sind deshalb deutlich kleiner als die aus Word 2003 und – ein weiterer Vorteil – sie wachsen nicht mit jedem weiteren Speichern unnötig an.

Als Alternativen für Anwender, die so viele Funktionen gar nicht brauchen, gibt es andere Möglichkeiten. Auf den meisten neueren Computern ist das Programmpaket Microsoft Works bereits installiert. Das Textprogramm von Works umfasst viele Funktionen, die auch Word bietet. Dazu gehören Seitenzahlen, Tabellen, Einfügen von Excel-Tabellen, Grafiken, Clip-Arts, verschiedene Dokumentvorlagen und die Möglichkeit, eigene Dokumentvorlagen zu erzeugen. Eine Seriendruckfunktion ist ebenso enthalten wie eine Datenbank für die Adressen. Dateien können im Doc- und Docx-Format gespeichert werden. Das Programm entspricht in etwa Word 97. Vermisst habe ich allerdings die Möglichkeit, Absatzformate wie gewohnt festzulegen. Auf jeden Fall sind die Funktionen hier übersichtlich in Menüs zusammengefasst, schnell und ohne Umwege erreichbar.

Außerdem gibt es eine kostenlose Office-Suite „Open Office", die mit Word kompatibel sein soll und nach wie vor mit Menüs arbeitet. Dieses Paket kann aus dem Internet heruntergeladen oder als DVD bezogen werden. Open Office gibt es auch für Linux, so dass im Bedarfsfall auch der Dateiaustausch zwischen Windows und Linux gewährleistet ist. Das Konvertieren der Dateien von Open Office und MS Office und umgekehrt funktioniert allerdings nicht immer reibungslos.

Deshalb gilt die Empfehlung: Bevor ein Programmpaket wie Microsoft Office 2007 käuflich erworben wird, sollte sich jeder potentielle Nutzer ernsthaft Gedanken zum persönlichen Nutzen dieses Erwerbs machen. Die Office-2007-Suite gibt es als Testversion für 30 oder 60 Tage aus dem Internet zum Herunterladen Auf neuen Computern ist das Paket oft als Testversion vorinstalliert und muss erst nach 60 Tagen käuflich erworben werden. Die vorliegende Anleitung soll unter anderem dabei helfen, sich mit dem neuen Word auseinanderzusetzen. Wenn dies damit erreicht wird, erfüllt sie ihren Zweck.

Literaturverzeichnis und Index

Verwendete Literatur

Braunschweig Charlotte von Microsoft Office Word 2007 für Windows [Buch]. - Bodenheim : HERDT-Verlag, 2007.

Microsoft Microsoft Hilfe - Unterschleißheim : Microsoft, 2007.

Natascha Nicol, Ralf Albrecht Wissenschaftliche Arbeiten schreiben mit Word 2007 [Buch]. - München : Eddison Wesley Verlag, 2007.

Rainer G. Haselier, Klaus Fahnenstich Microsoft Office Word 2007, Das Taschenbuch [Buch]. - Unterschleißheim : Microsoft Press Deuschland, 2007.

Index